U0617794

权威·前沿·原创

皮书系列为
"十二五""十三五""十四五"时期国家重点出版物出版专项规划项目

BLUE BOOK

智 库 成 果 出 版 与 传 播 平 台

甘肃城市发展蓝皮书

BLUE BOOK OF GANSU URBAN DEVELOPMENT

甘肃城市高质量发展报告
（2025）

REPORT ON HIGH-QUALITY DEVELOPMENT OF

CITIES IN GANSU PROVINCE (2025)

编委会主任／韩高年　罗　哲

主　　编／钱国权　景志锋

副　主　编／唐相龙　马利邦　王　博

　　　　　刘奔腾　张永凯　王　超

社会科学文献出版社

SOCIAL SCIENCES ACADEMIC PRESS (CHINA)

图书在版编目（CIP）数据

甘肃城市高质量发展报告．2025／钱国权，景志锋
主编．--北京：社会科学文献出版社，2025.5.
（甘肃城市发展蓝皮书）．--ISBN 978-7-5228-5237-9

Ⅰ．F299. 274. 2

中国国家版本馆 CIP 数据核字第 2025N1D934 号

甘肃城市发展蓝皮书

甘肃城市高质量发展报告（2025）

编委会主任／韩高年　罗　哲
主　　编／钱国权　景志锋
副 主 编／唐相龙　马利邦　王　博　刘奔腾　张永凯　王　超

出 版 人／冀祥德
责任编辑／徐崇阳
文稿编辑／王雅琪　王　娇　张　爽
责任印制／岳　阳

出　　　版／社会科学文献出版社·生态文明分社（010）59367143
　　　　　　地址：北京市北三环中路甲 29 号院华龙大厦　邮编：100029
　　　　　　网址：www. ssap. com. cn
发　　　行／社会科学文献出版社（010）59367028
印　　　装／天津千鹤文化传播有限公司

规　　　格／开　本：787mm×1092mm　1/16
　　　　　　印　张：23.5　字　数：349 千字
版　　　次／2025 年 5 月第 1 版　2025 年 5 月第 1 次印刷
书　　　号／ISBN 978-7-5228-5237-9
定　　　价／158. 00 元

读者服务电话：4008918866

编委会主任简介

韩高年　文学博士、复旦大学博士后。现任兰州城市学院党委副书记、院长，二级教授、博士生导师，国家哲学社会科学领军人才、教育部新世纪优秀人才、甘肃省拔尖领军人才、甘肃省宣传文化系统"四个一批"人才，甘肃省首届"飞天学者"特聘教授。兼任中国诗经学会副会长、中华文学史料学学会古代文学史料研究分会副会长、甘肃省古代文学学会会长、《丝绸之路》主编、《光明日报》光明文化遗产研究院特约专家。

罗　哲　理学博士，经济学博士后，中共党员，研究员，博士生导师，现任甘肃省社会科学院党委副书记、院长。曾任甘肃省社科联党组成员、副主席，甘肃省领军人才，"四个一批"人才，甘肃省政府决策咨询委员会委员，经济蓝皮书首席专家。西北师范大学、兰州理工大学及兰州商学院硕士研究生导师。主要研究方向为区域经济与城市经济。长期从事西部区域经济发展、工业经济发展和区域规划管理的研究工作，一些重要的理论观点和政策建议进入了各级政府决策。

主编简介

    钱国权　兰州城市学院甘肃省城市发展研究院院长，教授，兰州大学、中共甘肃省委党校、西北师范大学、兰州财经大学、兰州政法学院兼职教授，甘肃省人民政府参事室特约研究员，甘肃省人民政府文史研究馆研究员，兰州市委政策咨询顾问，甘肃省科技智库联盟秘书长。主要从事城市区域规划、循环经济方面的研究工作。主要讲授人文地理、城市地理、区域分析与规划等课程，出版著作6部，发表论文50多篇，获甘肃省社会科学优秀成果奖二等奖1项、三等奖2项。

    景志锋　先后在甘肃省教育厅、中共甘肃省委组织部等单位从事教育行政管理、中小学信息化教育、党员教育管理及信息化等工作。主持开发建设甘肃教育科研网、甘肃省中小学生数据库、陇原先锋党员教育智慧云平台。主持研发的甘肃党建平台及手机App有用户175万人，日活50万人。主持编写《乡村干部培训教材》，其中有两册被中国国家图书馆收藏。主持建设的甘肃省农村党员干部远程教育平台获2010年度甘肃省科学技术进步奖二等奖。

副主编简介

唐相龙 博士，兰州交通大学建筑与城市规划学院院长、教授、博士生导师，兰州交大设计研究院有限公司规划分院院长，国家注册城乡规划师，中国城市规划学会城市规划历史与理论分会委员，甘肃省城乡绿色人居工程研究中心主任，兰州交通大学城乡规划学科带头人。主要从事城乡规划设计与理论、城市规划历史与理论、国土空间规划理论与方法、城镇工业化与转型发展、城市更新设计、乡村振兴规划、特色小镇规划、旅游规划等方面的教学及科研工作。主持国家自然科学基金项目 3 项，主持省部级、市厅级科研项目 7 项，主持完成各级政府委托的规划设计咨询项目 100 余项，获省市级科技进步奖、优秀科研成果奖、教学成果奖、优秀指导教师奖等各类奖项 10 余项，独立出版学术著作 1 部，参编学术著作 3 部，发表学术论文 80 余篇。

马利邦 西北师范大学地理与环境科学学院院长，教授，博士研究生导师，甘肃省领军人才（第一层次）、甘肃省"飞天学者"青年学者、甘肃省创新创业教育教学名师。兼任甘肃省乡村振兴研究院副院长、中国地理学会理事、甘肃省地理学会副理事长以及 *Environment，Development and Sustainability* 副主编、*Applied Spatial Analysis and Policy* 编委等职务。主要从事城乡发展与空间规划、乡村转型与重构等方面的研究，主持国家自然科学基金项目、甘肃省科技重大专项项目项目、甘肃省杰出青年基金项目等 40 余项，在国内外核心刊物上发表论文 100 余篇。获得第 25 届"甘肃青年五四奖章"、甘肃省哲学社会科学优秀成果奖一等奖、甘肃省科学技术进步奖二等奖等奖项。

王　博　博士，兰州大学教授，博士生导师，兰州大学生态环境规划研究院院长，兰州大学城市规划设计研究院院长，兰州大学资源与环境专硕、专博学科点负责人，甘肃省生态环境标准化技术委员会秘书长。主要研究方向为应对气候变化、生态保护与修复、区域与园区温室气体核算、旋流分离工程、大气污染控制。甘肃省领军人才（第一层次）、甘肃省"飞天学者"特聘教授，教育部"新世纪优秀人才支持计划"，甘肃省科学技术进步奖一等奖，甘肃省专利发明人奖，甘肃省专利奖二等奖，甘肃省环境科学技术奖一等奖。主持国家重点研发计划课题、国家自然科学基金项目、中国工程院重点咨询项目等 40 余项。以第一作者或通讯作者在 SCI 刊物发表论文 40 余篇，发表国际会议论文 30 余篇，引用 1700 余次。

刘奔腾　教授，现任兰州理工大学建筑与艺术设计学院院长。担任中国城市科学研究会历史文化名城委员会数字名城学部委员、中国建筑学会建筑教育评估分会理事、中国建筑学会建筑教育分会理事、中国建筑学会学生分会理事、中国建筑学会小城镇建设分会理事、甘肃省土木建筑学会常务理事等职务。组织申报获批建筑学一级硕士点，组织申报并通过建筑学专业住建部评估及城乡规划"双一流"专业。"历史文化村镇保护模式研究"获得甘肃省第十五次哲学社会科学优秀成果奖二等奖，"朱家沟村传统村落保护与发展规划""康县生态修复与城市修补专项规划"分别获得甘肃省优秀工程勘察设计奖二等奖和三等奖，出版相关著作 4 部，发表相关论文 50 多篇。

张永凯　教授，现任兰州财经大学农林经济管理学院院长，人口资源与环境经济学和农业硕士研究生导师。甘肃省"飞天学者"特聘教授青年学者。2013 年受国家留学基金管理委员会资助赴加拿大莱斯布里奇大学访学。担任中国农业经济学会第十一届理事会理事、中国国土经济学会第五届理事会理事，甘肃省地理学会理事。担任《世界地理研究》《开发研究》《天津师范大学学报》《地理科学进展》《长安大学学报》《河北师范大学学报》等刊物的外审专家。兰州财经大学生态经济与区域发展科研创新团队负责人，主要研究方向为城乡规划和区域创新等。发表学术论文 50 余篇，主持国家社会科学基金项目、教育部人文社会科学研究项目和甘肃省社科规划项目等 10 余项，出版学术专著 2 部。

王　超　博士，副教授，国家注册城乡规划师，兰州城市学院硕士生导师，兰州城市学院环境与城市建设学院副院长，甘肃省地理学会理事，甘肃省遥感学会理事，甘肃省土木建筑学会信息化技术学术委员会委员，白银市、武威市、张掖市国土空间规划评审委员会专家。2013 年毕业于兰州大学地图学与地理信息系统专业。曾在白银市城乡规划局、白银市自然资源局、甘肃省扶贫开发办公室工作。主要从事国土空间规划、生态过程与生态系统服务评价、区域可持续发展方面的研究工作。曾参与《白银市城市总体规划（2015——2030 年）》编制工作，主持《白银市乡村地区生态修复规划关键技术研究》《青海省平安区"多规合一"实用性村庄规划》等多项区域发展研究与城乡规划编制工作。在 Ecological Indicators、《自然资源学报》等国内外高水平期刊上发表学术论文 30 余篇。

序

2024 年 7 月 18 日，中国共产党第二十届中央委员会第三次全体会议在北京召开，审议通过的《中共中央关于进一步全面深化改革、推进中国式现代化的决定》深刻阐述了进一步全面深化改革、推进中国式现代化的重大意义和总体要求，擘画了以中国式现代化全面推进中华民族伟大复兴的战略举措。甘肃省社会科学院高举中国特色社会主义伟大旗帜，全面贯彻习近平新时代中国特色社会主义思想，弘扬伟大建党精神，自信自强、守正创新、踔厉奋发、勇毅前行，在省委、省政府的正确领导和有关部门、单位的大力支持下，倾全院之力出版的甘肃各行业各领域蓝皮书，已成为知名的智库品牌。

"甘肃蓝皮书"作为甘肃经济社会各领域发展的年度性智库成果，记录了甘肃经济社会的巨大变迁和发展历程。2006 年《甘肃省经济社会发展分析与预测》《甘肃舆情分析与预测》面世，标志着"甘肃蓝皮书"正式诞生。"十一五"末，《甘肃社会发展分析与预测》《甘肃县域和农村发展报告》《甘肃文化发展分析与预测》相继面世，"甘肃蓝皮书"由原来的 2 种增加到 5 种。2011 年，甘肃省社会科学院首倡，由陕西、甘肃、宁夏、青海、新疆西北五省（区）社会科学院联合出版《中国西北发展报告》。从 2014 年开始，甘肃省社会科学院加强与省直部门和市州合作，先后与甘肃省住房和城乡建设厅、甘肃省民族事务委员会、甘肃省商务厅、甘肃省统计局、酒泉市合作出版《甘肃住房和城乡建设发展分析与预测》《甘肃民族地区发展报告》《甘肃商贸流通发展报告》《甘肃酒泉经济社会发展报告》。

2018 年，与甘肃省精神文明办、平凉市合作出版《甘肃精神文明发展报告》《甘肃平凉经济社会发展报告》。2019 年，与甘肃省文化和旅游厅、临夏回族自治州合作出版《甘肃旅游业发展报告》《临夏回族自治州经济社会发展形势分析与预测》。2020 年，与兰州市社会科学院合作出版《兰州市经济社会发展形势分析与预测》，与沿黄九省区（青海、四川、甘肃、宁夏、内蒙古、陕西、山西、河南、山东）社会科学院合作出版《黄河流域生态保护和高质量发展报告》。2021 年，与甘肃省人力资源和社会保障厅合作出版《甘肃人力资源和社会保障发展报告》。2022 年，与武威市、肃北蒙古族自治县合作出版《武威市文化与旅游发展报告》《肃北蒙古族自治县经济社会发展报告》。2023 年，与国网甘肃省电力公司合作出版《甘肃能源发展报告》。2024 年，与甘肃省广播电视局合作出版《甘肃广播电视和网络视听发展报告》，与兰州城市学院合作出版《甘肃城市高质量发展报告》。至此"甘肃蓝皮书"系列的出版规模扩大至 22 种，形成"5+2+N"的格局，涵盖经济、社会、文化、生态、舆情、住建、商贸、旅游、民族、能源、广播电视、城市发展、人力资源和社会保障等领域，地域范围从酒泉、武威、临夏、平凉、兰州等省内市（州）拓展到"丝绸之路经济带"、黄河流域以及西北五省（区）等相关区域。

十九年筚路蓝缕，十九年开拓耕耘。如今"甘肃蓝皮书"种类不断丰富，社会影响力逐渐扩大，品牌效应日益凸显，已由院内科研平台，发展成为众多省内智库专家学者集聚的学术共享交流平台和省内外智库研究成果传播转化平台，成为社会各界全面系统了解甘肃推进"一带一路"建设、西部大开发、黄河流域生态保护和高质量发展等国家战略，以及甘肃经济发展、生态保护、乡村振兴、文化强省等领域生动实践和发展成就的重要窗口，成为凝结甘肃哲学社会科学最新成果的学术品牌，体现甘肃思想文化领域的创新发展成果，展示甘肃有关部门、行业和市州崭新成就的工作品牌，在服务省委、省政府重大决策和全省经济社会高质量发展中发挥了重要作用。

2024 年"甘肃蓝皮书"秉持稳定规模、完善机制、提升质量、扩大影响的理念，始终融入大局、服务大局，始终服务党委政府决策，始终坚持目标导向和问题导向，坚定不移走高质量研创之路。在研创过程中遵循原创性、实证性和专业性要求，聚焦省委、省政府中心工作和全省经济社会发展中的热点难点问题，充分运用科学方法，深入分析研判全省经济建设、社会建设、生态建设、文化建设总体趋势、进展成效和存在的问题，提出具有前瞻性、针对性的研究结论和政策建议，以便更好地为党委政府决策提供事实依据充分、分析深入准确、结论科学可靠、对策具体可行的参考建议。

2025 年，甘肃省社会科学院以习近平新时代中国特色社会主义思想为指导，认真贯彻落实《中共中央关于进一步全面深化改革、推进中国式现代化的决定》和习近平总书记对甘肃重要讲话和重要指示精神，坚持为人民做学问，以社科之长和智库之为，积极围绕国家发展大局和省委、省政府中心工作，进一步厚植"甘肃蓝皮书"沃土，展现陇原特色新型智库新风貌，书写甘肃高质量发展新篇章，为加快建设幸福美好新甘肃、不断开创富民兴陇新局面贡献智慧和力量。

罗　哲

2025 年 5 月 10 日

摘　要

《甘肃城市高质量发展报告（2025）》，是甘肃省社会科学院和兰州城市学院合作编写的关于甘肃城市高质量发展的年度报告。

全书以新发展理念为指导，第一篇是总报告，从创新、协调、绿色、开放、共享五个维度，构建甘肃城市高质量发展评价指标体系，采用 2014～2023 年的数据分析甘肃城市高质量发展情况。

从综合发展指数平均值的时序变化来看，2014 年，甘肃各市（州）综合发展指数平均值为 0.192，2023 年达到 0.287，增加 0.095，增长率为 49.48%。2014～2023 年，甘肃城市高质量发展水平呈现稳步上升的态势。

从各市（州）综合发展指数的差距来看，各市（州）综合发展指数的差距不但没有缩小，反而有所扩大。2014 年综合发展指数最高的兰州市与最低的陇南市相差 0.376，2023 年两者的差距为 0.407，差距有所扩大。2023 年综合发展指数最高的兰州市与最低的临夏州相差 0.409，较 2014 年的差距也有所扩大。

2014～2023 年综合发展指数增幅最大的是陇南市，10 年间增长 152.54%，其次是临夏州，增幅为 107.04%。陇南市综合发展指数增速较快主要是因为社会基本公共服务水平有较大幅度提高。临夏州综合发展指数的提升得益于三产发展较快和生态环境质量改善。

综合发展指数较低的分别是陇南市和临夏州。从分项指标来看，陇南市和临夏州综合发展指数较低主要是由于人均 GDP 和城乡居民收入较低。

在城市创新发展方面，甘肃坚持建设智慧城市，树立"紧凑城市"理念，加强风貌特色管控，坚持"多规合一"与有机更新；在城市协调发展方面，甘肃坚持构建城镇发展格局，明确城市功能定位，打造六大产业集聚中心；在城市绿色发展方面，甘肃坚持"为城留绿""降碳向绿""严管护绿"；在城市开放发展方面，甘肃坚持构建全面对外开放新格局，拓展国际货运班列综合功能，打造陆港型和商贸服务型物流枢纽新高地；在城市共享发展方面，甘肃坚持民生导向，突出普惠性、基础性、兜底性、便捷性与安全性。

关键词： 新发展理念　智慧城市　高质量发展　甘肃省

目 录 ⟲

Ⅰ 总报告

Ⅱ 分报告

附　录

皮书数据库阅读**使用指南**

总 报 告

B.1
甘肃城市高质量发展总报告

钱国权 景志锋 刘旭挺 杨雪琴*

摘 要： 本报告以新发展理念为理论指导，从创新、协调、绿色、开放、共享五个维度入手，构建甘肃城市高质量发展评价指标体系，设置5个一级指标、15个二级指标和34个三级指标，标准化处理后，采用熵值法确定权重。从权重值来看，创新维度对甘肃城市高质量发展的影响最大。在城市创新发展方面，甘肃坚持建设智慧城市，树立"紧凑城市"理念，加强风貌特色管控，坚持"多规合一"与有机更新；在城市协调发展方面，甘肃坚持构建城镇发展格局，明确城市功能定位，打造六大产业集聚中心；在城市绿色发展方面，甘肃坚持"为城留绿""降碳向绿""严管护绿"；在城市开放发展方面，甘肃坚持构建全面对外开放新格局，拓展国际货运班列综合功能，打造陆港型和商贸服务型物流枢纽新高地；在城市共享发展方面，甘肃坚持民生导向，突出普惠性、基础性、兜底性、便捷性与安全性。

---

* 钱国权，兰州城市学院甘肃省城市发展研究院院长，教授，主要研究方向为城市区域规划、循环经济；景志锋，甘肃省社会科学院党委副书记，主要研究方向为社会治理；刘旭挺，兰州市社会科学院副研究员，主要研究方向为区域经济和城乡经济发展；杨雪琴，甘肃省社会科学院农业农村发展研究所助理研究员，主要研究方向为农村经济。

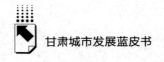

关键词： 高质量发展　新发展理念　智慧城市　甘肃省

党的十八届五中全会首次提出新发展理念，即创新、协调、绿色、开放、共享。创新解决技术的问题，协调解决社会的问题，绿色解决生态的问题，开放解决发展出路的问题，共享解决以人为本的问题。

2021 年 1 月 11 日，习近平总书记在省部级主要领导干部学习贯彻党的十九届五中全会精神专题研讨班上强调，党的十八大以来我们对经济社会发展提出了 13 个重大理论和理念，其中新发展理念是最重要、最主要的。[①]新发展理念回答了关于发展的目的、动力、方式、路径等一系列理论和实践问题，阐明了我们党关于发展的政治立场、价值导向、发展模式、发展道路等重大政治问题，经过实践检验、彰显实践伟力，是管根本、管全局、管长远的指导理论，能有效应对百年未有之大变局，是我们在国际竞争中赢得优势、赢得主动的重要法宝，能有机衔接"两个一百年"奋斗目标，为把握新发展阶段、构建新发展格局提供行动指南。

2023 年，中共中央党史和文献研究院编辑出版《习近平关于城市工作论述摘编》，明确了城市发展的价值观和方法论，深刻揭示了中国特色社会主义城市发展规律，深刻回答了城市建设发展依靠谁、为了谁的根本问题，以及建设什么样的城市、怎样建设城市的重大命题，指出城市发展要以新发展理念为指导，推进城市治理体系和治理能力现代化，提高新型城镇化水平，建设宜居、宜业、智慧、韧性的现代化城市。

新发展理念和习近平总书记视察甘肃的重要讲话精神，给甘肃城市高质量发展指明方向、明确思路、教会方法、提出要求。我们要坚定不移沿着习近平总书记指引的方向阔步前进，加快建设幸福美好新甘肃、不断开创富民兴陇新局面，谱写中国式现代化甘肃篇章。

---

① 《新发展理念是习近平经济思想最重要最主要内容》，光明网，2022 年 9 月 30 日，https：//m. gmw. cn/baijia/2022−09/30/36059545. html。

一　甘肃城市高质量发展的变化

第一，城市规模逐步扩大。常住人口城镇化率由 2015 年的 42.94% 提高到 2023 年的 55.49%；17 个城市规划用地建设面积为 1430.6 平方公里、建成区面积为 973.5 平方公里、城区总人口为 707.7 万人，分别比 2015 年增长 50%、17%、11%。

第二，基础设施不断完善。十年来，建成区累计建成道路 7115.9 公里，兰州轨道交通 1 号、2 号线开通运营，已接通管道天然气县（市、区）达 77 个，新增 36 个，城市和县城集中供热面积达 4.9 亿立方米。

第三，生活保障更加有力。城镇就业、教育医疗、社保养老、住房保障等水平均有所提升，累计改造城镇老旧小区 6759 个，惠及 7.5 万户居民，建设保障性住房和棚户区安居房 106.3 万套，低保、低收入住房困难家庭基本实现应保尽保。

第四，人居环境明显改善。2023 年，全省空气质量平均优良天数比例达 96.2%，比 2015 年提高 7.5 个百分点，县城生活垃圾无害化处理率达 99.9%，提高 30 个百分点，5 个城市成功创建国家园林城市。

第五，城市管理持续加强。发布城市管理法规、政府令 23 部，14 个市州及兰州新区和 72 个县（市、区）建成城市管理信息化平台，精细化管理第三方评估中群众满意度在 90% 以上。

二　甘肃城市高质量发展存在的问题

（一）创新发展方面存在的问题

城市没有形成抢占科技制高点的合力。城市抢占科技制高点要坚持目标导向、需求导向和问题导向，促进产业链、创新链、资金链、人才链、政策链协同融合，着力发挥区位优势、产业优势、资源优势与科技优势，是一个

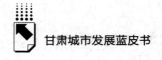

以体系建设为支撑的系统工程。甘肃还没有建立区域协同、上下联动、部门协作的工作机制，没有明确责任分工、细化工作任务，没有明确时间表、路线图，没有形成工作合力。

1. 城市科技成果转化率低

2023年，全省研发经费投入占GDP比重达1.4%，比全国平均水平低1.2个百分点；技术合同成交金额达468.15亿元，占全国的1.35%；甘肃登记科技成果2140项，应用技术成果1463项，占比为68.36%，远低于87.70%的全国平均水平。近5年，甘肃申请专利12000多件，可称得上是一个专利大省，但真正转化为产品的不超过600件，占比非常低。这说明，创新链与产业链的衔接方面还存在不少问题。2023年，甘肃科技进步贡献率为60%，比全国平均水平低3.2个百分点。

2. 城市科研人才流失严重

2023年，全省R&D人员有4.3万人，不足西部地区总数的5%，仅占四川的两成，重庆和陕西的三成。甘肃科技创新人才结构不合理，高级专业技术人员匮乏。相对而言，一般层次人才多，高层次人才少，特别是高层次产业人才流失严重，已成为甘肃创新发展的主要瓶颈；专业人才集中在省会城市，县域引不进人、留不住人，也是影响甘肃科技创新发展的重要因素；民族地区人才匮乏现象更加严重，对经济发展和社会进步的影响是长期存在的。

（二）协调发展方面存在的问题

1. 城镇化水平总体偏低

全省常住人口城镇化率为55.49%，比全国平均水平低10.67个百分点。城镇人口集聚能力较弱，常住人口超过100万人的城市只有兰州、天水、定西，甘南、金昌、嘉峪关人口不足50万人。

2. 经济结构不合理

甘肃的经济结构以农业为主导，工业发展相对滞后，现代服务业和高新技术产业的发展相对薄弱，导致产业结构不合理。甘肃的产业结构以农业、工业和服务业为主。2023 年，甘肃的三次产业结构为 14：36：50，与全国 7.1：38.3：54.6 的三次产业结构相比，第一产业占比明显偏高，第二产业占比偏低。

3. 城市发展缺乏区域协作

随着交通通信设施的不断升级，单个区域经济发展的约束因素可以通过区域间的经济协作、优势互补得到解决。但研究发现，甘肃经济发展较为落后且各地区差距较大，其主要原因是各个城市之间经济发展保持相对独立，缺乏区域协作。一方面，由于甘肃特殊的地形，城市之间的空间距离大且交通不便，限制了区域之间的经济交流；另一方面，各个城市对自身的相对优势认识不足，打造优势产业力度不足，没有通过优势互补建立经济合作关系，抱团发展不到位。

（三）绿色发展方面存在的问题

1. 生态环境差

水资源短缺，甘肃多年平均降水量在 400 毫米左右，仅相当于全国平均水平的 66%；人均水占有量为 1200 立方米，只有全国的 1/2 和世界的 1/8，比国际上公认的水资源紧张警戒线（人均 1700 立方米）低 29.4%。全省森林覆盖率为 13%，比全国平均水平低近 7 个百分点。除了干旱外，甘肃常年发生洪涝、病虫害、泥石流、滑坡等自然灾害，绝大多数地区属水土流失区域；沙化、荒漠化、水土流失严重，面积分别占国土面积的 28.6%、45.8% 和 66.0%。2013 年，国家主体功能区发展战略区域划分，全省 88% 的地区属限制和禁止开发区域。

2. 绿色资源利用率低

全省能源发展仍存在电力保供压力较大、煤炭发展不平衡不充分、油气资源高质量发展不足、能源技术创新亟待加强等方面的不足。城市建设的过程中忽视了产业发展的协调性，很多城市以环境污染和严重的资源浪费为发展代价，制约了可持续发展，加之缺乏产业发展动力，导致这些城市与中心城市的差距不断扩大。近年来甘肃"三废"排放量快速增加，虽然污染物

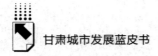

综合利用措施已初见成效，但其利用量还不足排放量的一半。同时，资源开采量不断增加，但利用率低下，2023年甘肃能源加工总效率为70.07%，火力发电效率仅为40.93%，资源浪费严重。

3.绿色技术壁垒难攻克

绿色产业的发展需要一定的技术支持，但技术创新不容易，可能会面临技术难题和知识产权问题。可再生能源包括太阳能、风能、水能、地热能和生物质能等。采用这些技术，有助于减少对化石燃料的依赖，降低碳排放量。常见的能源存储技术，如锂离子电池、固态电池、飞轮储能和压缩空气储能等，用于储存可再生能源的电力，确保能源的稳定供应，减少能源浪费。智能电网通过数字化管理和监控电力分配，优化能源使用，减少浪费，并促进可再生能源的整合。绿色建筑技术包括高效隔热、节能窗户、自然通风系统等，以及被动房、绿色屋顶和垂直花园等，采用该技术有助于减少建筑物的能源需求。可持续水管理技术，如雨水收集、污水处理和再利用、节水灌溉等技术，可减少水资源消耗和污染。清洁交通技术包括电动汽车、氢燃料电池汽车、共享出行和自动驾驶等，采用该技术有助于减少对化石燃料的依赖，降低碳排放量。采用循环经济技术，如废物转化能源、再生材料和3D打印等技术，有助于减少垃圾填埋和资源浪费，实现资源的循环利用。采用垂直农业等现代农业技术，有助于提高农业生产效率和资源利用率。

（四）开放发展方面存在的问题

1.对外开放水平低

2023年，全国实际利用外资1.33万亿美元，甘肃实际利用外资1.39万美元，只占全国的万分之一；甘肃进出口额为491.7亿元，占全国的比重不到0.2%，开放度在"一带一路"建设重点省份中排名靠后。甘肃距主要消费市场远，对外经济联系度低，产品单一，对外部投资的吸引力和利用能力不足。从自身来看，一是进口和出口不平衡，买进来的东西多，卖出去的东西少。2023年，甘肃外贸出口额为123.8亿元，进口额为367.9亿元，两者差距较大。二是"走出去"和"引进来"不平衡，甘肃企业到国外投资得多，而吸引的外资较少，引进的先进项目和高端要素偏少，每年引进外资不到1亿美元。

2. 平台作用发挥不充分

甘肃虽然成立了物流集团，但未实现规划、建设、品牌、管理"四个统一"。各个开放平台在功能定位、提供服务、主营业务等方面都存在同质化竞争。国际班列运营线路重叠，存在争抢货源、压价竞争、多头谈判等问题，加之本地货源不足，业务拓展的"天花板效应"明显，很难形成合力共同开拓市场。另外，商务、发改、交通、海关等各部门对中欧班列的关注度虽高，但由于缺乏统筹协调，难以与重庆、四川、陕西、河南等省份竞争，难以为全省打造对外开放新高地提供强有力的支撑。作为具体承担陆港公益性项目建设发展任务的主体，兰州、武威、天水三大国际陆港管委会在项目实施过程中没有行政审批职能。目前，陆港管委会仍为各市政府直属事业单位，不具有市级经济管理权限，严重影响招商引资、项目建设、土地供应的效率和效果。

3. 对外合作对象单一

甘肃主要合作伙伴为阿联酋、沙特阿拉伯、俄罗斯、伊朗等国家。自2011年起，甘肃出口至共建"一带一路"国家的额度占全省出口额的1/3以上，其比例超过全国平均水平7~17个百分点。以印度尼西亚、马来西亚、新加坡为代表的"东向"沿线地区仍与其保持频繁的贸易往来，是甘肃对外贸易合作的重点地区。在甘肃与RCEP各成员国的贸易往来中，澳大利亚、韩国、日本、马来西亚、新加坡、印度尼西亚与中国甘肃的贸易往来较其他成员国更为频繁，贸易额占甘肃与RCEP各成员国贸易总额的比重在90%以上。其中，出口至印度尼西亚、马来西亚、新加坡的贸易额占比总体呈下降趋势，出口至澳大利亚、韩国、日本的贸易额占比总体呈上升趋势；与马来西亚、新加坡、韩国、日本进口额占比总体呈上升趋势，与澳大利亚、印度尼西亚进口额占比呈下降趋势。澳大利亚是甘肃第一商品进口国，其进口额占比在35%左右。总体来看，虽然甘肃同RCEP成员国中6个主要贸易国的出口额占出口总额的比重大于进口额占进口总额的比重，但甘肃的

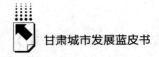

进口总额远大于出口总额，即甘肃同 RCEP 成员国之间的贸易逆差进一步扩大，出口贸易状况不断恶化。①

（五）共享发展方面存在的问题

1. 经济总量偏低

2023 年，甘肃地区生产总值为 11863.8 亿元，不到全国的 1%；城镇居民人均收入为 4.79 万元，远低于 8.94 万元的全国平均水平。甘肃曾是我国脱贫任务最重的省份之一，贫困面积大、贫困人口多、贫困程度深。虽然甘肃已全面消除绝对贫困，实现了 75 个贫困县全部摘帽、7262 个贫困村全部出列、552 万名农村建档立卡贫困人口全部脱贫，但甘肃是一个以农牧业和能源原材料工业为主的省份，经济欠发达且生态环境脆弱，尽管政府投资政策刺激了经济增长，但经济增长的内生动力明显不足，缺乏新的增长点和带动力。

2. 财政自给率偏低

甘肃 67 个直管县总面积占全省近九成，人口占七成，地区生产总值占四成，税收占两成，县级一般公共预算收入不足两成，经济、税收、财政规模较小，县域面积、人口、经济、税收、财政呈现"97422"格局。省级财政自给率不到 30%，县级财政自给率只有 14%，最低的县只有 3%。县域经济不强，全省68 个县域经济体中生产总值过百亿元的只有 5 个，还有 5 个县不足 20 亿元。

3. 基础设施短板明显

建成区路网密度低于全国平均水平，需要改造的老旧供水管网有 1500多公里、供热管道有 4200 多公里、排水管道有 1800 多公里，有的市（州）污水收集管网雨污分流不彻底，雨季积水问题严重，一遇到强降雨就变"水城"，交通高峰拥堵、"马路拉链"问题突出。多地尚未编制排水防涝、环卫等基础设施专项规划，城市规划与产业发展不匹配，区域规划缺乏统筹，存在"千城一面"现象。有的城市设计水平不高，风貌管控欠缺，建

---

① 张存刚、董宇、罗小艳：《RCEP 背景下甘肃省进出口贸易发展的现状与对策建议》，《甘肃理论学刊》2022 年第 6 期。

筑物参差不齐、落差太大，天际线混乱。个别市（州）撤销了规委会，例如，临夏州及永靖县、康东县、临夏县3县，陇南市文县、宕昌县、徽县等6县因机构精简撤销规委会。

总体来看，甘肃城市发展既面临提速扩量、跟上全国进程的迫切需要，也面临提质增效、破解矛盾问题的多重挑战。要把习近平总书记重要论述作为全省城市工作的总遵循，要更加注重以新发展理念为指导，加快高质量发展步伐，补短板、强弱项，不断开创城市高质量发展新局面。

三 甘肃城市高质量发展评价指标体系构建

（一）评价指标体系构建

根据习近平总书记2024年对甘肃视察的重要指示精神和甘肃城市经济社会发展情况，从创新、协调、绿色、开放、共享五个维度入手，遵循科学性、真实性、可行性、综合性等原则，参考学者们的相关研究成果，构建甘肃城市高质量发展评价指标体系，对甘肃城市经济社会高质量发展情况进行综合评价，共设置5个一级指标、15个二级指标和34个三级指标（见表1）。

表1 甘肃城市高质量发展评价指标体系

一级指标	二级指标	三级指标	指标单位	指标性质	指标权重
创新 0.412	创新投入	R&D 经费投入/GDP	%	正指标	0.062
		人均国家财政性教育费投入	元	正指标	0.020
		教育支出占一般公共预算比例	%	正指标	0.010
		科学技术支出占 GDP 的比例	%	正指标	0.061
	创新成效	万人专利申请受理量	件	正指标	0.046
		万人专利授权量	件	正指标	0.065
	创新潜力	万人拥有高校专任教师数	人	正指标	0.078
		万人拥有普通高校在校生数	人	正指标	0.070

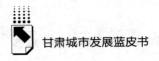

续表

一级指标	二级指标	三级指标	指标单位	指标性质	指标权重
协调 0.155	城乡发展	农村居民收入/城镇居民收入	%	正指标	0.020
		农村居民消费/城镇居民消费	%	正指标	0.009
		常住人口城镇化率	%	正指标	0.030
	地区发展	人均GDP/全国人均GDP	%	正指标	0.046
		居民人均消费支出/全国居民人均消费支出	%	正指标	0.020
	产业结构	产业结构高级化指数	无量纲	正指标	0.029
绿色 0.059	污染排放	单位GDP废水排放	万吨	负指标	0.004
		单位GDP废气排放	万吨	负指标	0.003
		单位GDP固体废物排放	万吨	负指标	0.007
	污染治理	工业固体废物综合利用率	%	正指标	0.022
		生活垃圾无害化处理率	%	正指标	0.001
	绿色环境	绿地面积覆盖率	%	正指标	0.008
		空气质量二级以上天数占比	%	正指标	0.006
		建成区绿化覆盖率	%	正指标	0.006
	安全生产	亿元地区生产总值安全事故死亡率	人/亿元	负指标	0.002
开放 0.166	外贸	外贸依存度	%	正指标	0.124
	旅游	年旅游人数	万人	正指标	0.042
共享 0.208	经济成果	人均GDP	万元	正指标	0.042
		人均社会消费品零售额	元	正指标	0.042
	社会保障	每万人口医生数	人	正指标	0.024
		万人卫生机构床位数	张	正指标	0.015
		普通中小学师生比	无量纲	正指标	0.016
		人均受教育年限	年	正指标	0.020
	基础设施	人均道路面积	平方米	正指标	0.018
		人均公园绿地面积	平方米	正指标	0.024
		燃气普及率	%	正指标	0.007

1. 创新发展

从创新投入、创新成效、创新潜力三个方面衡量创新发展水平，R&D

经费投入/GDP 和人均国家财政性教育费投入分别衡量企业和公共机构用于科研技术发展暨创新方面的投入，教育支出占一般公共预算比例和科学技术支出占 GDP 的比例两项指标用于衡量财政对教育和科技的投入强度与重视程度。创新成效从创新产品的市场规模和专利两方面进行衡量，设置了万人专利申请受理量、万人专利授权量两项指标。创新潜力选取万人拥有高校专任教师数、万人拥有普通高校在校生数两项指标，这几项指标数值越大，则意味着未来城市创新驱动高质量发展的潜力就越大。随着甘肃各城市创新驱动发展战略的深入实施，各类主体创新潜力将不断释放，为高质量发展注入动能。

2. 协调发展

高质量发展不仅需要关注经济发展的动力，也要注重经济社会系统内部的结构优化，当前我国主要矛盾为人民日益增长的美好生活需要和不平衡不充分的发展之间的矛盾，最大的不平衡即城乡发展的不平衡，最大的不充分是农村发展的不充分，这一现象在甘肃尤为显著。因此，选取农村居民收入/城镇居民收入和农村居民消费/城镇居民消费以及常住人口城镇化率衡量城乡发展情况，用甘肃各市（州）人均 GDP/全国人均 GDP、甘肃各市（州）居民人均消费支出/全国居民人均消费支出这两项指标衡量地区发展情况。产业结构反映了一个地区不同产业之间技术联系及要素集聚情况，也是资源有效利用程度的反映。通常产业结构越合理，经济发展就越有潜力和后劲。根据干春晖、郑若谷、余典范构建的计量经济模型，产业结构的合理化、高级化对经济增长具有非常明显的推动作用。[①] 根据产业结构演变的一般规律，随着经济的不断发展，包括劳动力在内的各种生产要素会从农业逐渐流向工业及服务业。在信息化的推动下，第一产业和第二产业会逐渐出现服务化的趋势，非农产业比重越高，产业结构就越高级，本报告采用产业结构高级化指数反映产业结构升级的情况。

---

① 干春晖、郑若谷、余典范：《中国产业结构变迁对经济增长和波动的影响》，《经济研究》2011 年第 5 期。

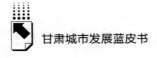

3. 绿色发展

绿色发展是当今世界的主要发展趋势，也是我们必须长期坚持的新发展理念。甘肃作为我国北方地区的重要生态屏障，近年来坚决落实习近平总书记对甘肃视察重要指示精神，坚定不移贯彻新发展理念，在产业结构调整、污染治理、生态环境保护等方面有了新突破。本报告从污染排放、污染治理、绿色环境、安全生产四个方面评价绿色发展水平。污染排放选取单位 GDP 废水排放、单位 GDP 废气排放、单位 GDP 固体废物排放三项指标。污染治理选取工业固体废物综合利用率、生活垃圾无害化处理率两项指标。绿色环境选取绿地面积覆盖率、空气质量二级以上天数占比、建成区绿化覆盖率三项指标，这三项指标越大说明经济增长的同时环境保护越好，越有利于可持续发展。安全生产选取亿元地区生产总值安全事故死亡率这一指标衡量。

4. 开放发展

改革开放是我国的基本国策，也是推动高质量发展的根本动力。近年来甘肃抢抓"一带一路"区位优势，在对外开放方面取得了显著进步，根据甘肃省情特点和近年来疫情对旅游业发展的影响，选取外贸依存度、年旅游人数两项指标。

5. 共享发展

发展成果人人共享，一切发展为了人民，既是社会主义发展的本质要求，也是逐步实现共同富裕的必然要求。共享发展成效主要体现在经济、社会、基础设施建设、公共服务等几大领域，人均 GDP、人均社会消费品零售额反映了经济成果，每万人口医生数、万人卫生机构床位数、普通中小学师生比、人均受教育年限则体现了社会保障程度。其中，人均受教育年限是指某一特定年龄段人群接受学历教育年限总和的平均数，通常用人均受教育年限表示人力资本存量。计算公式：平均受教育年限 =（文盲人数×1+小学学历人数×6+初中学历人数×9+高中和中专学历人数×12+大专及以上学历人数×16）/6 岁以上人口总数。基础设施建设水平用人均道路面积、人均公园绿地面积、燃气普及率三项指标衡量。

（二）指标权重值测算

构建甘肃城市高质量发展评价指标体系，指标数据来自历年《中国统计年鉴》《甘肃统计年鉴》《中国区域经济统计年鉴》《中国城市统计年鉴》。不同指标在高质量发展中的作用是不同的，这就需要用科学的方法给每一项指标进行赋权，首先要计算出每项指标的权重值。计算权重主要有因子分析法、主成分分析法、层次分析法、优序图法、熵值法、CRITIC 权重法、独立性权重法、信息量权重法等，这些方法计算原理各不相同，根据评价对象的特点，本报告采用熵值法计算指标权重。

熵值法是一种客观赋权法，根据评价对象指标提供的信息量大小确定权重。根据熵值判断一个事件的随机及无序程度，某个指标的离散程度越大，熵值就越小，则该项指标对综合评价的影响越大，权重就越大；反之则对综合评价的影响较小，权重也就越小。计算步骤如下所示。

x_{ij} 表示第 i 年第 j 项指标的原始数值，本报告选取了 34 个三级指标，因此数据可形成一个矩阵 $X = \{X_{ij}\}_{n \times m}$，其中 $i = (1, 2, \cdots, n)$；$j = (1, 2, \cdots, m)$。不同评价测度指标的量纲不同，首先要对矩阵中数据进行标准化处理，把绝对值转化为相对值。对于正向指标，标准化公式为 $x_{ij}' = \dfrac{x_{ij} - \min\{X_{1j}, \cdots, X_{nj}\}}{\max\{X_{1j}, \cdots, X_{nj}\} - \min\{X_{1j}, \cdots, X_{nj}\}}$，对于负向指标，标准化公式为 $x_{ij}' = \dfrac{\max\{X_{1j}, \cdots, X_{nj}\} - x_{ij}}{\max\{X_{1j}, \cdots, X_{nj}\} - \min\{X_{1j}, \cdots, X_{nj}\}}$。

X_{ij} 为第 i 年第 j 项指标标准化后的数值，因计算数据较少，为简便起见，仍将标准化后的数据记为 x_{ij}。再计算第 i 年第 j 项指标的权重，公式如下：$p_{ij} = \dfrac{x_{ij}}{\sum\limits_{i=1}^{n} x_{ij}}$，其中 $j = (1, 2, \cdots, m)$。再计算第 j 项指标的熵值，公式如下：$e_j = -k \sum\limits_{i=1}^{n} p_{ij} \ln(p_{ij})$，其中 $k = \dfrac{1}{\ln(n)} > 0$ 满足 $e_j \geqslant 0$。计算第 j 项指标的差异性系数 d_j，其代表第 j 项指标的效用值，公式如下：$d_j = 1 - e_j$。计算指

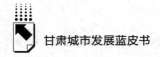

标权重 w_j，$w_j = \dfrac{d_j}{\sum\limits_{j=1}^{m} d_j}$，其中 $j =$（1，2，…，m）。用同一年度每一个标准化

后的数值乘以该项指标的权重值，即可得到该年度二级指标和一级指标测算

值，公式如下：$s_i = \sum\limits_{j=1}^{m} w_j \cdot p_{ij}$。

  对 2014~2023 年甘肃 14 个市（州）的数据，按照上述方法标准化处理后，用熵值法确定权重。从各项一级指标权重来看，创新为 41.2%、协调为 15.5%、绿色为 5.9%、开放为 16.6%、共享为 20.8%。其中，创新的指标权重最大，其次为共享、开放和协调，绿色最低。创新对甘肃各市（州）经济社会高质量发展的影响最大，能够反映各市（州）高质量发展水平的差异。正如习近平总书记在宁夏考察时强调的，越是欠发达地区，越需要实施创新驱动发展战略。① 从创新维度下的三级指标来看，其中万人拥有高校专任教师数、万人拥有普通高校在校生数、万人专利授权量、R&D 经费投入/GDP 这 4 项三级指标的权重值较高，对创新维度的影响较大，说明要想提高创新能力，应将这 4 项指标作为重点。教育支出占一般公共预算比例权重最小，说明各市（州）这一指标表现差别不大，基本保持在国家要求的范围之内。协调维度从城乡发展、地区发展、产业结构三个方面对甘肃各市（州）经济社会高质量发展情况进行测度，其中权重最大的是人均 GDP/全国人均 GDP，人均 GDP 是衡量区域经济发展水平和发展速度的重要指标，该指标反映了评测地区与全国平均水平之间的差距。产业结构高级化指数的权重也较大，从甘肃的实际情况来看，传统农业占比较大，工业发展后劲不足，产业结构调整难度大，工业的发展对全省经济发展的贡献度比农业高，因此产业升级对经济高质量发展贡献较大。再看绿色维度，主要从污染排放、污染治理、绿色环境、安全生产几个方面评估甘肃各市（州）可持续发展能力，其中工业固体废物综合利用率权重最大，生活垃圾无害化处理率、亿元地区生产总值安

---

① 《欠发达地区更需要实施创新驱动发展战略》，光明网，2022 年 7 月 26 日，https：//m. gmw. cn/baijia/2022-07/26/35908451. html。

全事故死亡率、单位 GDP 废气排放等权重较小。从数据来看，该一级指标下的各项三级指标在观测期内变化幅度较小，指标的信息量较少，对甘肃各市（州）高质量发展贡献度不高。在开放维度，外贸依存度权重较大，年旅游人数权重较小。最后是共享维度，该指标权重为 20.8%，其中人均社会消费品零售额、人均 GDP 两项指标权重较大，同时燃气普及率权重最小，只有 0.7%，说明各市（州）该项指标差距较小。

（三）数据来源和采用原则

本报告使用 2014～2023 年的面板数据对甘肃各市（州）城市高质量发展水平进行测度。测度数据主要来自历年《中国统计年鉴》《甘肃统计年鉴》《中国城市年鉴》《教育统计年鉴》及各市（州）的统计年鉴。部分数据根据官方数据计算得出，缺失数据使用线性插值法补齐。

1. 科学性原则

立足于现有的研究成果，合理选择指标，确保指标具有科学性。结合发展的实际情况，在避免受到主观因素影响的前提下，选择符合高质量发展内涵的指标，使指标能够客观、准确地评价城市高质量发展水平。

2. 真实性原则

通过合理选择指标来保证数据采集的真实性。指标数据要能从官方资料中获取，保证数据的可靠性和真实性，以确保结果的准确。

3. 可行性原则

选择的指标应在统计口径上保持一致，能够对数据进行处理，进行量化分析。指标要能够进行合理的量化，易于计算和进行分析，评价指标内容要通俗易懂，所需的数据资料要便于搜集和整理。

4. 综合性原则

评价指标体系的构建要保证各个指标之间形成有机整体，把经济发展作为一个整体考虑，把相关指标都联系起来，体现全面性与系统性。综合选取各方面的衡量指标，进行整体、全面的评估。要统筹各方面指标，在综合信息评价的基础上，进行准确的经济发展评估。

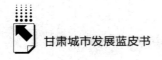

（四）甘肃城市高质量发展实证分析

通过甘肃各市（州）的综合发展指数及创新发展指数、协调发展指数、绿色发展指数、开放发展指数、共享发展指数，测度各市（州）的高质量发展状况及变化趋势。

1. 综合发展指数分析

用熵值法进行测度，得到反映2014～2023年甘肃14个市（州）经济社会高质量发展水平的综合发展指数（见表2）。

表2　2014～2023年甘肃14个市（州）综合发展指数

市（州）	2014年	2015年	2016年	2017年	2018年	2019年	2020年	2021年	2022年	2023年
兰州市	0.435	0.459	0.459	0.469	0.494	0.537	0.496	0.528	0.521	0.556
嘉峪关市	0.379	0.388	0.432	0.404	0.444	0.442	0.425	0.464	0.430	0.441
金昌市	0.357	0.352	0.373	0.382	0.394	0.381	0.416	0.456	0.487	0.482
白银市	0.172	0.156	0.169	0.191	0.210	0.212	0.234	0.251	0.254	0.270
天水市	0.139	0.142	0.153	0.172	0.183	0.198	0.218	0.225	0.224	0.230
武威市	0.132	0.146	0.150	0.165	0.192	0.213	0.243	0.236	0.239	0.259
张掖市	0.258	0.235	0.262	0.276	0.291	0.291	0.321	0.325	0.316	0.331
平凉市	0.115	0.124	0.136	0.143	0.155	0.163	0.180	0.189	0.209	0.209
酒泉市	0.213	0.226	0.233	0.214	0.266	0.267	0.262	0.325	0.325	0.348
庆阳市	0.138	0.148	0.149	0.146	0.151	0.159	0.171	0.189	0.197	0.206
定西市	0.096	0.103	0.112	0.120	0.125	0.143	0.164	0.179	0.182	0.188
陇南市	0.059	0.066	0.082	0.089	0.108	0.114	0.128	0.129	0.134	0.149
临夏州	0.071	0.084	0.088	0.095	0.104	0.120	0.130	0.130	0.133	0.147
甘南州	0.130	0.132	0.136	0.149	0.162	0.172	0.190	0.196	0.198	0.200
平均值	0.192	0.197	0.210	0.215	0.234	0.244	0.255	0.273	0.275	0.287
标准差	0.120	0.121	0.126	0.121	0.127	0.128	0.117	0.129	0.125	0.128

从甘肃综合发展指数平均值的时序变化来看，2014～2023年，甘肃14个市（州）综合发展指数平均值有所提高，但提升幅度不尽相同。2014年，甘肃各市（州）综合发展指数平均值为0.192，2023年达到0.287，增加0.095，增长率为49.48%。2014～2023年，甘肃经济高质量发展水平处于稳

步上升状态，上升幅度保持平稳，未出现大的波动。甘肃经济高质量发展总体态势向好，有较大的提升空间。随着甘肃推动经济高质量发展举措的进一步落实，可以预见，各市（州）的经济高质量发展水平也将稳步提升。

从甘肃14个市（州）的综合发展指数测算结果来看，各市（州）的综合发展指数存在较大差距。2014年，综合发展指数最高的兰州市与最低的陇南市相差0.376，2023年两地的综合发展指数相差0.407，两者的差距有所扩大。2023年，综合发展指数最高的兰州市与最低的临夏州相差0.409，较2014年的差距也有所扩大。从2014年和2023年各市（州）综合发展指数的极值来看，甘肃各市（州）高质量发展水平极不平衡。经过十年的发展，差距不但没有缩小，反而有所扩大。分地区来看，各市（州）综合发展水平存在差异。兰州市作为甘肃省会，具有省内其他城市不具备的科技、人才、教育、政治、文化等优势资源，兰州市的综合发展水平一直位于全省第一。嘉峪关市、金昌市、酒泉市是典型的工业城市，工业基础雄厚、综合实力较强，人均GDP、人均国家财政性教育费投入、人均受教育年限等多项指标位于全省前列，综合发展水平较高。考察期内，综合发展指数增幅最大的是陇南市，10年间增长152.54%，其次是临夏州，增幅为107.04%。陇南市综合发展指数增速较快主要是由于社会基本公共服务水平有较大提高。临夏州综合发展指数的提升得益于三产发展较快和生态环境质量的改善。2014年和2023年得分最低的分别是陇南市和临夏州，从各分项指标来看，陇南市和临夏州得分落后主要是由于人均GDP和城乡居民收入较低。再从综合发展指数的标准差来看，甘肃14个市（州）综合发展指数的标准差从2014年的0.120逐步提升至2023年的0.128，甘肃各市（州）综合发展水平的绝对差异呈扩大趋势。

2. 各分项指数分析

5个一级指数平均值和综合发展指数平均值如图1所示，2014～2023年，创新发展指数和共享发展指数呈现明显的上升趋势，且走势与综合发展指数趋同，说明这两个一级指数对综合发展指数的提升有重要贡献。协调发展指数和绿色发展指数整体有所提升，但是走势较平稳，说明这两个一级指数对综合发展指数的提升作用有限。而开放发展指数在多个年份出现下降，2023 年的指数值低于 2014 年，对综合发展指数的提升没有起到正向促进作用。

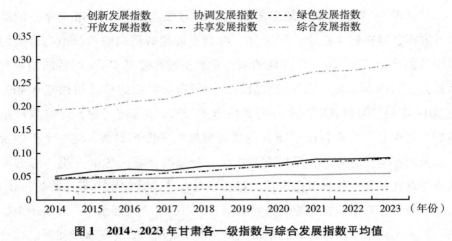

图 1　2014～2023 年甘肃各一级指数与综合发展指数平均值

（1）创新发展指数分析

根据创新发展指数的测算结果（见表 3），2014～2023 年甘肃各市（州）创新发展水平整体表现较平稳且呈现上升趋势，创新发展指数的平均值由 2014 年的 0.051 上升到 2023 年的 0.089，上升 74.51%，说明近 10 年甘肃各市（州）的创新发展情况整体较好，创新能力逐年提升。就各市（州）而言，酒泉市和定西市的创新发展指数提升幅度较大，两个城市 10 年间创新发展指数分别提高 211.11% 和 200.00%。酒泉市创新发展指数的显著提高主要是万人专利授权量和万人拥有高校专任教师数有所提高所致。定西市创新发展指数提升是由万人专利授权量、科学技术支出占 GDP 的比例提升所致。武威市和平凉市的创新发展指数也有较大幅度提升，2014～2023 年增幅分别为 165.38% 和 160.00%。创新发展指数进步最小的是甘南州，2014～2023 年增幅为 28.21%，主要原因是万人专利申请受理量大幅下降。兰州市得益于人才资源丰富等优势，创新发展指数遥遥领先于其他市（州），但评测期内进步较为缓慢，仍需加大人才、资金等方面的投入力度。

总体而言，当前甘肃各市（州）创新发展水平不断提高，创新作为经济高质量发展过程中的重要影响因素，能够推动甘肃城市实现高质量发展。

表3 2014~2023年甘肃14个市（州）创新发展指数

市（州）	2014年	2015年	2016年	2017年	2018年	2019年	2020年	2021年	2022年	2023年
兰州市	0.191	0.204	0.211	0.225	0.240	0.267	0.254	0.275	0.282	0.293
嘉峪关市	0.111	0.135	0.173	0.131	0.150	0.150	0.146	0.172	0.150	0.150
金昌市	0.086	0.122	0.123	0.120	0.092	0.086	0.116	0.117	0.129	0.142
白银市	0.037	0.035	0.038	0.039	0.048	0.052	0.053	0.062	0.059	0.062
天水市	0.043	0.040	0.043	0.049	0.057	0.064	0.069	0.073	0.072	0.071
武威市	0.026	0.032	0.032	0.031	0.051	0.058	0.054	0.057	0.057	0.069
张掖市	0.048	0.071	0.085	0.094	0.117	0.106	0.119	0.118	0.107	0.104
平凉市	0.020	0.023	0.026	0.026	0.031	0.032	0.037	0.038	0.052	0.052
酒泉市	0.036	0.046	0.050	0.027	0.077	0.066	0.054	0.105	0.106	0.112
庆阳市	0.034	0.043	0.043	0.040	0.036	0.040	0.047	0.052	0.055	0.055
定西市	0.013	0.016	0.022	0.024	0.024	0.025	0.037	0.046	0.043	0.039
陇南市	0.011	0.012	0.015	0.015	0.020	0.018	0.023	0.023	0.023	0.023
临夏州	0.013	0.018	0.018	0.019	0.020	0.022	0.026	0.023	0.026	0.025
甘南州	0.039	0.044	0.038	0.038	0.038	0.040	0.045	0.044	0.048	0.050
平均值	0.051	0.060	0.065	0.063	0.072	0.073	0.077	0.086	0.087	0.089

（2）协调发展指数分析

根据协调发展指数的测算结果（见表4），2014~2023年甘肃各市（州）协调发展水平整体表现较平稳且呈现上升趋势，协调发展指数的平均值由2014年的0.045上升到2023年的0.055，上升22.22%，说明近10年甘肃各市（州）的整体发展较为平衡。就各个市（州）而言，2014~2023年，只有兰州市、嘉峪关市、酒泉市的协调发展指数有小幅下降，其他市（州）的协调发展指数均有所提升。在评测期内，嘉峪关市协调发展指数下降13.16%，降幅较大，主要是由于人均GDP/全国人均GDP下降幅度较大。嘉峪关市的人均GDP从2014年的96771元增长到2023年的121290元，增长25.34%，但同期全国人均GDP从46912元增长到89358元，增长

90.48%，增长幅度为嘉峪关市的 3.57 倍。兰州市和酒泉市的协调发展指数小幅下降，也是同样的原因。协调发展指数增长最快的是甘南州，10 年来增长了 1.38 倍，其次是定西市，增长了 1.00 倍。甘南州和定西市的协调发展指数增长较快主要是因为常住人口城镇化率提升幅度较大。虽然嘉峪关市协调发展指数有所下降，但协调发展指数得分始终保持全省第一，嘉峪关市的人均 GDP/全国人均 GDP、常住人口城镇化率、居民人均消费支出/全国居民人均消费支出等多项指标多年来均位居全省第一。2023 年，嘉峪关市的协调发展指数比兰州高 32.00%。指数偏低的市（州）有陇南市、临夏州、庆阳市和天水市，主要原因是人均 GDP/全国人均 GDP 偏低。

表 4 2014~2023 年甘肃 14 个市（州）协调发展指数

市（州）	2014 年	2015 年	2016 年	2017 年	2018 年	2019 年	2020 年	2021 年	2022 年	2023 年
兰州市	0.078	0.080	0.081	0.080	0.079	0.078	0.076	0.074	0.075	0.075
嘉峪关市	0.114	0.106	0.099	0.102	0.110	0.103	0.097	0.097	0.099	0.099
金昌市	0.072	0.066	0.065	0.060	0.064	0.067	0.074	0.075	0.082	0.083
白银市	0.032	0.033	0.032	0.032	0.034	0.033	0.039	0.038	0.040	0.040
天水市	0.023	0.027	0.027	0.028	0.029	0.031	0.035	0.034	0.035	0.036
武威市	0.035	0.037	0.038	0.040	0.042	0.052	0.057	0.056	0.058	0.059
张掖市	0.057	0.060	0.060	0.060	0.062	0.064	0.069	0.068	0.070	0.071
平凉市	0.025	0.030	0.030	0.029	0.031	0.031	0.036	0.036	0.036	0.037
酒泉市	0.079	0.076	0.076	0.072	0.071	0.068	0.072	0.072	0.075	0.076
庆阳市	0.028	0.029	0.028	0.027	0.028	0.029	0.032	0.032	0.034	0.035
定西市	0.019	0.025	0.026	0.027	0.029	0.037	0.039	0.039	0.039	0.038
陇南市	0.017	0.022	0.024	0.026	0.031	0.031	0.032	0.031	0.032	0.032
临夏州	0.021	0.027	0.028	0.031	0.031	0.032	0.034	0.033	0.034	0.034
甘南州	0.024	0.034	0.035	0.038	0.039	0.042	0.051	0.053	0.059	0.057
平均值	0.045	0.047	0.047	0.047	0.048	0.050	0.053	0.053	0.055	0.055

（3）绿色发展指数分析

根据绿色发展指数的测算结果（见表 5），2014~2023 年甘肃各市（州）绿色发展水平整体表现较平稳且呈现上升趋势，绿色发展指数的平均值由 2014 年的 0.028 上升到 2023 年的 0.033，上升 17.86%，说明近 10 年甘肃各市（州）的整体绿色发展情况较好。就各市（州）而言，2014～2023 年，甘肃各市（州）的绿色发展指数较稳定，但与创新发展指数、协调发展指数和共享发展指数相比，绿色发展指数偏低。甘肃各市（州）在实现经济高质量发展的过程中，绿色发展水平有待提高。除兰州市和酒泉市的绿色发展指数出现小幅下降外，其他市（州）都略有增长（或维持稳定）。10 年间，绿色发展指数增幅较大的是金昌市和陇南市。金昌市绿色发展指数提升主要是因为单位 GDP 废气排放下降幅度较大，陇南市是因为单位 GDP 废气排放下降幅度较大和绿地面积覆盖率提升较快。总体来看，甘肃各市（州）在评测期内绿色发展较为平衡，都能践行"绿水青山就是金山银山"的可持续发展理念，对绿色发展越来越重视，对生态文明理念的理解也在不断加深。10 年来，甘肃各市（州）绿色发展水平稳步提升。各市（州）积极开展生态文明建设，加大环境污染综合治理力度，进一步促进绿色经济发展，为实现经济高质量发展做出积极贡献。

表 5　2014～2023 年甘肃 14 个市（州）绿色发展指数

市（州）	2014 年	2015 年	2016 年	2017 年	2018 年	2019 年	2020 年	2021 年	2022 年	2023 年
兰州市	0.030	0.030	0.027	0.027	0.028	0.030	0.030	0.029	0.029	0.029
嘉峪关市	0.026	0.024	0.025	0.029	0.032	0.031	0.031	0.031	0.030	0.030
金昌市	0.020	0.018	0.022	0.024	0.025	0.026	0.026	0.027	0.028	0.030
白银市	0.028	0.027	0.028	0.032	0.032	0.032	0.034	0.034	0.035	0.035
天水市	0.035	0.032	0.033	0.035	0.034	0.034	0.043	0.038	0.038	0.038
武威市	0.031	0.029	0.030	0.034	0.034	0.034	0.051	0.036	0.035	0.035
张掖市	0.029	0.029	0.035	0.032	0.031	0.031	0.037	0.035	0.036	0.037
平凉市	0.030	0.028	0.032	0.032	0.032	0.033	0.036	0.035	0.035	0.035
酒泉市	0.031	0.032	0.030	0.031	0.031	0.033	0.031	0.029	0.029	0.028
庆阳市	0.036	0.032	0.033	0.034	0.035	0.035	0.036	0.036	0.036	0.036
定西市	0.031	0.029	0.031	0.032	0.033	0.035	0.036	0.035	0.038	0.042
陇南市	0.020	0.019	0.021	0.022	0.028	0.029	0.032	0.031	0.030	0.029
临夏州	0.027	0.025	0.027	0.027	0.035	0.036	0.035	0.035	0.034	0.033
甘南州	0.023	0.019	0.023	0.025	0.032	0.033	0.033	0.032	0.031	0.031
平均值	0.028	0.027	0.028	0.030	0.032	0.032	0.035	0.033	0.033	0.033

（4）开放发展指数分析

根据开放发展指数的测算结果（见表6），2014～2023年甘肃各市（州）开放发展整体表现不佳，呈现下降趋势，开放发展指数的平均值由2014年的0.022下降到2023年的0.021，下降了4.55%，说明近10年甘肃各市（州）的整体开放发展水平较差。就各个市（州）而言，2014～2023年甘肃各市（州）的开放发展指数呈现不同的态势。14个市（州）中有5个市（州）的开放发展指数呈现持续下行的态势，金昌市的开放发展指数表现为先上升后下降的"倒U"形走势，外贸依存度和年旅游人数在小幅上升后又逐渐下降。从收集到的各市（州）原始数据可以发现，甘肃各市（州）对外开放水平普遍不高，主要原因是国际形势的变化严重影响了我国进出口规模，同时由于西北地区的地理位置偏远，位于内陆地区，交通不是很发达，来此地发展的外资企业较少，这些不利因素阻碍了甘肃各市（州）对外开放水平的提高。

表6　2014～2023年甘肃14个市（州）开放发展指数

市（州）	2014年	2015年	2016年	2017年	2018年	2019年	2020年	2021年	2022年	2023年
兰州市	0.047	0.053	0.040	0.030	0.034	0.037	0.024	0.034	0.021	0.037
嘉峪关市	0.024	0.017	0.030	0.024	0.021	0.013	0.011	0.011	0.012	0.012
金昌市	0.111	0.075	0.093	0.100	0.125	0.105	0.096	0.111	0.111	0.077
白银市	0.027	0.011	0.019	0.032	0.038	0.029	0.036	0.037	0.039	0.049
天水市	0.016	0.018	0.022	0.028	0.030	0.031	0.022	0.025	0.023	0.025
武威市	0.003	0.006	0.004	0.004	0.005	0.007	0.005	0.006	0.005	0.009
张掖市	0.043	0.005	0.007	0.010	0.011	0.015	0.014	0.013	0.006	0.014
平凉市	0.005	0.006	0.006	0.008	0.010	0.012	0.009	0.011	0.010	0.014
酒泉市	0.006	0.007	0.009	0.011	0.012	0.016	0.011	0.014	0.007	0.017
庆阳市	0.003	0.003	0.004	0.003	0.003	0.004	0.000	0.003	0.003	0.007
定西市	0.009	0.003	0.003	0.003	0.003	0.004	0.004	0.004	0.005	0.007
陇南市	0.003	0.003	0.005	0.005	0.007	0.008	0.006	0.006	0.005	0.013
临夏州	0.003	0.004	0.001	0.005	0.004	0.004	0.004	0.002	0.001	0.010
甘南州	0.010	0.002	0.004	0.005	0.009	0.004	0.005	0.006	0.001	0.007
平均值	0.022	0.015	0.018	0.019	0.022	0.021	0.018	0.020	0.018	0.021

（5）共享发展指数分析

根据共享发展指数的测算结果（见表 7），2014～2023 年甘肃各市（州）共享发展水平整体呈现上升趋势，共享发展指数的平均值由 2014 年的 0.047 上升到 2023 年的 0.088，上升了 87.23%，说明近 10 年甘肃各市（州）整体共享发展情况较好。就各个市（州）而言，2014～2023 年，甘肃14 个市（州）的共享发展指数均有所上升，上升幅度较大的是陇南市和临夏州，这两个地区在评测期内共享发展指数上升了 628.57% 和 542.86%。从原始数据的变化情况来看，这两个市（州）共享维度下的各项指标数据均有较大幅度增长。从共享发展指数的绝对值来看，近年来，嘉峪关市和金昌市共享发展指数较高，兰州市紧随其后，共享发展指数较低的是甘南州、陇南市和临夏州，这三个市（州）的共享发展指数仍有较大的提升空间。随着区域城市公共服务水平的提升、基础设施的建设以及社会保障制度的完善，甘肃城市共享发展水平将得到进一步提升。

表 7　2014～2023 年甘肃 14 个市（州）共享发展指数

市（州）	2014 年	2015 年	2016 年	2017 年	2018 年	2019 年	2020 年	2021 年	2022 年	2023 年
兰州市	0.090	0.092	0.099	0.107	0.113	0.125	0.111	0.117	0.115	0.122
嘉峪关市	0.104	0.106	0.105	0.118	0.132	0.144	0.140	0.154	0.138	0.150
金昌市	0.068	0.069	0.071	0.078	0.088	0.096	0.103	0.126	0.136	0.148
白银市	0.048	0.050	0.051	0.056	0.058	0.065	0.072	0.080	0.081	0.083
天水市	0.022	0.025	0.028	0.033	0.034	0.039	0.049	0.055	0.056	0.059
武威市	0.037	0.041	0.047	0.056	0.060	0.062	0.075	0.081	0.084	0.087
张掖市	0.081	0.071	0.074	0.080	0.070	0.076	0.082	0.091	0.097	0.104
平凉市	0.036	0.038	0.041	0.047	0.050	0.056	0.062	0.071	0.076	0.073
酒泉市	0.061	0.064	0.068	0.073	0.075	0.085	0.094	0.104	0.108	0.114
庆阳市	0.038	0.040	0.041	0.042	0.048	0.052	0.055	0.066	0.070	0.073
定西市	0.024	0.030	0.031	0.034	0.036	0.041	0.048	0.054	0.057	0.061
陇南市	0.007	0.010	0.017	0.021	0.023	0.030	0.035	0.038	0.042	0.051
临夏州	0.007	0.010	0.013	0.013	0.016	0.026	0.031	0.036	0.038	0.045
甘南州	0.033	0.032	0.036	0.044	0.044	0.052	0.055	0.060	0.058	0.055
平均值	0.047	0.048	0.052	0.057	0.060	0.068	0.072	0.081	0.083	0.088

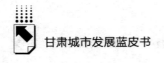

四　推动甘肃城市高质量发展的对策建议

根据"诺瑟姆"曲线理论，甘肃正处在城镇化中期，今后 10 年城镇化水平将保持较快增长。甘肃要以新发展理念为指导，深入贯彻习近平总书记关于城市工作的重要论述，遵循城市发展规律，坚持以人为本、科学发展、改革创新、依法治市，统筹推进高标准规划、高质量建设、高效能治理，推动从规模扩张向质量提升转变、从要素驱动向创新驱动转变、从传统治理向现代治理转变，努力建设和谐宜居、富有活力、各具特色的现代化城市。

（一）推动城市创新发展的对策

创新是城市发展的不竭动力，是甘肃高质量发展的澎湃动能。当前我国正处在转变发展方式、优化经济结构、转换增长动力的攻关期，培育创新人才，孵化高端企业，增强政策支持，为城市创新赋能。城市创新在宏观上应具有全球视野，科学谋划创新发展；在微观上应精心布局，深挖优势资源，以人才创新为根本，以企业创新为主体，以制度创新为保障，切实提高城市创新引领力、城市创新动力、城市创新活力、城市创新实力。

1. 建设智慧城市

注重科技赋能，重塑城市技术架构，创新城市管理流程，推动全域数字化转型。探索建设"数据大脑"。建立城市楼宇、公共空间、地下管网等数字档案，形成地上地下基础数据"一张图"，探索建立共性组件、模块等共享协作机制，加快建设统一的、依行政区域和管理职责分层分级的城市信息模型基础平台。要推进"一网统管"。推动规划、建设、管理、运维各环节数据融通，构建基层一体化智慧治理体系，促进业务协同、上下联动。探索开发基于城市统一标识的"城市码"，开展兰州市、兰州新区工程建筑项目全生命周期数字化管理改革试点，建立房屋建筑"落图+赋码"机制，形成"多码合一、一码互联"的服务体系。丰富应用场景。加强基础设施智能化建设，部署智能交通、智能电网、智能市政等感知终端，开发智慧餐饮、智能出行、数字家庭等新场景，打造智慧街区、智慧社区、智慧楼宇。兰州要先行先试，构建道路、建筑、公共设施融合感知体系，打造重点区域"全息路网"。

2.树立"紧凑城市"理念

完善"四级三类"规划体系，不断提升城市规划的科学性。要高度重视城市规划与土地政策的融合创新，严格规范城镇开发边界管理，建立以亩均效益为导向的土地差异化供应机制，推动城市内涵式、集约化发展。明确城市发展定位。好的城市规划必须与城市发展定位紧密衔接，没有体现城市发展定位的规划必然是难以落地的。

3.加强风貌特色管控

塑造富有特色的城市风貌是城市高质量发展的必然要求。过去一段时间，我们的很多城市在扩张和更新的进程中，喜欢搞大拆大建，导致城市建设同质化问题突出。应进一步完善城市设计、城市管理制度，加强空间立体性、平面协调性、风貌整体性、文脉延续性等，出台《甘肃省城市风貌管控提升导则》，进一步明确公共空间、天际线、建筑限高、建筑色彩等管控要求，通过设立城市总规划师、总建筑师加强指导监督，构建"国土空间规划+建筑设计（景观设计）+批后管控"的管控体系。河西地区的城市风貌管控要突出戈壁绿洲、通道走廊、现代工业等元素，陇中地区要突出自然生态、地域文化、历史脉络和产业基础等特色，陇东地区要突出红色基因、农耕文明、黄土高原等特征，陇东南地区要突出山水格局、人文魅力、水路枢纽等特点，民族地区要注重把民族民俗、地质地貌、自然风光等特色与现代城市建设模式有机结合，全方位塑造各美其美、美美与共的陇原城市风貌。

4.坚持"多规合一"

使用统一的底图底数，编制交通、农业、生态环保、文物保护等专项规划，做好详细规划编修，加强对管控边界、约束性指标等执行情况的动态监测、综合评估和预警预报，各类建设活动必须服从规划管理，任何部门和个

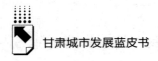

人不得随意修改、违规变更，确保规划落地见效。

5. 坚持有机更新

以城市体检为牵引，坚持"留、改、拆"并举，以保留、利用、提升为主，深入实施城市更新行动，实现空间形态持续优化和城市功能完善。要实施重点区域改造工程。采取拆除新建、改翻建、抗震加固等方式对 C 级、D 级危旧房实施改造，加快在建棚改项目进度，对城中村系统提升配套设施和公共服务设施，开展老旧小区"楼道革命""环境革命""管理革命"，2025 年底完成 2000 年前建成的老旧小区改造工作。推进老旧厂区、老旧街区更新，通过引入新业态、转变空间功能，打造更多城市"第三空间"，更好盘活低效资源。

（二）推动城乡协调发展的对策

按照习近平总书记的指示，中国共产党甘肃省第十四次代表大会提出，着眼整体发展、立足各地优势，推动构建"一核三带"区域发展格局，牵引带动全省协同联动发展。这不仅完全符合习近平总书记的重要指示精神，而且完全符合党的二十大报告所提出的促进区域协调发展的战略部署，更是主动融入国家区域重大战略、区域协调发展战略的体现。

1. 构建城镇发展格局

坚持国土空间规划的主导地位，准确把握自然地理条件、人口流动规律和区域发展形势，构建"一带一廊、一核两个区域中心"城镇发展格局。构建丝绸之路甘肃段城镇综合发展带、西部陆海新通道南向开放发展廊道，和以兰州和兰州新区为中心、以兰州—白银一体化为重点，辐射定西、临夏的一小时核心经济圈，着力建设酒泉、天水两个区域中心城市。促进"大中小"联动发展，中心城市和城市群已成为承载发展要素的主要空间形式，推动兰州—白银一体化发展，加强白银、定西、临夏等腹地建设，打造通勤圈、产业圈、生活圈，大力发展总部经济、首发经济，提高城市能级和辐射带动力。建设酒泉、天水两个区域中心城市，发展酒嘉双城经济圈，提升武威、陇南、张掖、庆阳、平凉等中等城市发展水平，因地制宜发展小城市，建设一批工业重镇、商贸强镇、文旅名镇，到2035年力争建设城区人口300万~500万人的Ⅰ型大城市1个、100万~300万人的Ⅱ型大城市1个、50万~100万人的中等城市5个、20万~50万人的Ⅰ型小城市13个。

2. 明确城市功能定位

将城市分为六类，一是综合型城市，如兰州；二是资源型城市，如金昌、庆阳、白银、平凉；三是工业型城市，如酒泉、嘉峪关；四是农业型城市，如武威、定西；五是旅游型城市，如张掖、天水；六是生态型城市，如陇南、甘南、临夏。我们要树立超前意识，在制定城市规划时统筹经济社会发展的阶段性特征和未来需求，按照促进生产空间集约高效、生活空间宜居舒适、生态空间山清水秀的总体要求，引领不同类型城市的生产、生活、生态空间合理布局。比如，工业型城市规划要系统考虑用地、交通、仓储、环保等各类要素，实现城市规划与产业发展的精准匹配；农业型城市规划要把用好农田、保护环境、落地产业、改善生活等有机结合起来，打造城乡一体化的田园城市；旅游型城市规划要践行"城市就是景区"理念，形成多形态、多场景、多业态的旅游空间，建设城景合一、主客共享、宜居宜游的全域旅游城市。

3. 打造六大产业集聚中心

按照省委、省政府"强省会"的战略部署，将兰白都市圈打造为全省要素聚集中心、科技创新中心、先进制造业中心、物流输转中心、区域消费中心，成为塑造全省经济增长极和现代化产业体系的"头雁"，形成高新技术、先进装备制造、新材料、生物制药、金融、贸易、物流等领域的产业集群，促进庆阳—平凉形成以石化、电力、煤化工、特色农业为主的产业集群；促进天水—陇南形成以电子电器、机械制造、装备制造、文化旅游与康养、中药材种植与加工为主的产业集群；促进临夏—甘南形成以畜牧、皮革加工、清真食品与民族用品为主的产业集群；依托国家新能源基地建设，促进武威—金昌形成以新能源、冶金新材料、化工新材料、特色农业为主的产业集群；促进张掖形成以特色寒旱农业、旅游为主的产业集群；促进酒泉—

嘉峪关形成以新能源及装备制造、航空航天、冶金新材料、核产业、现代农业、旅游为主的产业集群，最终形成牵引带动全省协同联动发展的六大产业集群。

（三）推动城市绿色发展的对策

在规划、建设、治理各环节全面落实绿色转型要求。在城市建设发展全局中，规划、建设、治理不仅一脉相承，而且紧密联系。因而，在城市发展中践行绿色转型理念，就是要坚持系统观念，把城市视为一个有机"生命体"，把绿色转型的各项发展要求全面贯穿到城市规划、建设、治理的每个环节，努力让绿色成为城市发展最亮丽的底色。

1. "为城留绿"

积极拓展城市建设发展的绿色空间。习近平总书记指出，考察一个城市首先看规划，规划科学是最大的效益，规划失误是最大的浪费，规划折腾是最大的忌讳。[①] 城市规划关乎城市发展愿景，起到战略引领作用。科学的城市规划是系统的、全面的，决不能只看重经济效益而忽视生态效益。一些城市过分看重经济账，忽略了环境、能耗等生态账，出现了规划偏差，城市被规划成密不透风的"水泥森林"，短期来看似乎获益了，但长远来看，毁掉了城市的未来。在城市规划中践行绿色发展理念、落实绿色转型要求，就是要按照"倡导绿色低碳规划设计理念"，将经济效益与生态效益相结合，既算经济账，又算生态账，既考虑眼前，又着眼长远，为城市未来的发展留下绿水青山，让那些一度消失的湖泊水系、湿地浅滩重现。推进留白增绿、拆违建绿、见缝插绿等工作，适当增加常绿树和针叶林，合理配置乔木、灌木、花草，提倡栽植经济林木，打造更多小微公园、口袋公园，彰显城市"方寸之美"，到2030年建成区绿化覆盖率从2023年的36.8%提高到45.0%以上。

---

① 《走进习近平心中"那座城"》，新华网，2015年12月20日，https：//www. xinhuanet. com/politics/2015-12/20/c_ 128549102. htm。

2. "降碳向绿"

系统性践行城市规划与治理的绿色要求。城市建设既是将规划的绿色蓝图转化为现实的落地之举，也是碳排放较为集中的环节。一些城市在建设中为追求所谓现代化，绿色循环低碳理念贯彻不够，不仅建设环节大量采用高耗能建材，而且后续使用环节能耗同样居高不下。还有一些城市在城市更新中，工程施工缺乏统筹，如"拉链马路"搬进了小区，挖了填、填了挖等，严重背离绿色建设理念，引发居民不满。在城市建设中践行绿色发展理念、落实绿色转型要求，一方面，要遵循新时代"适用、经济、绿色、美观"的建筑方针，推广绿色建造方式，优先选用绿色建材，在建设初始环节就做到绿色低碳；另一方面，在城市更新中要注意应用系统观念，一举多得，最大限度地减少污染与能耗。

3. "严管护绿"

在城市治理过程中，既要推进绿色治理，努力将山水林田湖作为城市生命体的组成部分，也要为城市规划与建设的绿色转型提供有效保障。长期以来，一些城市过分考量经济效益，推动绿色转型发展动力不足，城市过度开发，原有的山水格局遭到破坏，绿色廊道不复存在；还有一些城市甚至出现违规越界开发、侵占湖泊湿地等情形，致使耕地面积缩减，湖泊湿地生态功能遭到破坏。在城市治理中践行绿色发展理念，为绿色转型提供根本性保护，一方面，严守城镇开发边界，控制新增建设用地过快增长，保护和修复绿地、水域、湿地等生态空间，让城市再现绿水青山；另一方面，要强化治理的刚性约束，让制度"长牙""带电"，严格监管、严肃惩戒破坏行为，通过严的举措让城市生态保护取得成效，让城市蓝天常在、碧水长驻，让人们在城市就能体验山水田园的自然风光。开展污染防治行动，推进多污染物协同治理，细化燃煤、工业排放、机动车尾气等治理措施，到 2030 年细颗粒物浓度控制在 25 微克/米^3 以内（2023 年为 26.1 微克/米^3）。建立黑臭水体治理长效机制，开展老城区雨污合流管网错混接改造，推进黄河干支流污水处理设施升级，建立生活垃圾分类投、收、运、处系统，到 2030 年基本实现县城污水全收集、全处理（2023 年处理率为 98.4%），生活垃圾回收利用率达到 65% 以上（2023 年回收利用率为 60%）。坚持"四水四定"，强化用水总量、定额和效率控制，加快供排水管网建设、水处理设施升级，推动生活污水收集处理设施"厂网一体化"，在工业生产、绿化、建筑施工等领域优先使用再生水，到 2030 年公共供水管网漏损率控制在 9% 以内，缺水城市再生水利用率达到 30%（2023 年再生水利用率为 22%）。

（四）推动城市开放发展的对策

近年来党中央、国务院密集出台的"西部陆海新通道建设""新时代推进西部大开发形成新格局""黄河流域生态保护和高质量发展""城市群和中心城市发展""打好产业基础高级化、产业链现代化的攻坚战""碳达峰与碳中和"等重大战略决策，从深化要素市场化配置改革、提升创新发展能力、加快新能源发展、强化基础设施与物流通道规划建设、推动形成现代化产业体系、加强区际互动合作、发展高水平开放型经济等诸多方面，为推动甘肃城市高质量发展提供了全方位的政策支持和保障。

1. 构建全面对外开放新格局

加强与陇海线省市及港口合作，对接粤港澳大湾区，形成联结日本、韩国等国家及中国香港、台湾等地区市场的重要门户。深化与中亚、西亚、欧洲的交流合作，与白俄罗斯、尼泊尔、格鲁吉亚共建物流园，建设国家级中欧（中亚）班列集结中心，形成联结中亚、西亚、中东欧市场的重要门户。加强与渝、桂、川、黔等西南省份的合作，深耕新加坡、泰国、越南等东南亚市场，积极参与中巴、孟中印缅经济走廊建设，推动实现"一带"与"一路"的有效连接，形成联结西北地区与东南亚国家市场的重要门户。推进嘉策铁路改造，开辟"蒙煤入甘""疆 16 煤东运"煤炭战略运输通道，建设西部煤炭物流中心。争取马鬃山口岸恢复通关，建立与俄罗斯库尔干州、新西伯利亚州友好省州合作关系，互设仓储集散中心，加强中国甘肃与俄罗斯、蒙古国的贸易合作，形成与中蒙俄经济走廊有效对接的重要门户。

2. 拓展国际货运班列综合功能

加强与陆海新通道沿线平台公司合作，积极拓展货源，加密南向班列。

推进中欧（中亚）班列与南向班列对接，依托指定口岸开展木材、棉纱、粮食等转口贸易、分拨加工，吸引外向型产业落地，形成"物流+加工贸易"的发展模式，提升班列运行质量。国际物流大通道建设是兰州未来转型的重大机遇，也是带动全市招商引资、通道物流业发展、产业升级、结构调整的重大契机。从结构调整、经济增长的现实需要出发，在稳步增加国际货运班列货运量的基础上，兰州争取常态化运营第二条南亚公铁联运班列（兰州—伊斯兰堡），开辟多式联运国际物流新通道。深化与欧洲、中亚、南亚和东南亚各国经贸合作，提升互联互通水平，并通过进一步加大招商引资力度，吸引更多产业集聚，打造成国际物流知名品牌，不断提升开放型经济水平。同时，在甘肃（兰州）国际陆港、兰州新区北站建设中欧（中亚）班列集结中心，对经兰州进出口国内列车实施重新编组，将其编为国别班列，统一集结在兰州发运。全面提高中欧（中亚）班列运行速度和效率，降低运行费用，实现优势互补、无缝衔接、资源共享、合作共赢。稳定开行兰州—钦州港直达班列，对接开行兰州—重庆中转班列，积极开行市（州）专列和农产品冷链物流班列，增设从新加坡、越南等东南亚国家进口海产品、热带水果等回程班列。与沿海省市合作共建兰州无水港，加强沿海港口与兰州铁路口岸兰州新区中川北站作业区、兰州东川铁路物流中心作业区的对接合作，在兰州合作共建无水港，把港口功能延伸到内陆口岸，实现港口与内陆腹地进出口物流的无缝对接。加强海港与陆港的联系，推动开展海铁多式联运，实现海上运输与铁路运输的便利互通，构建智能物流体系。推动"临海经济"与"内陆经济"协同发展，促进大型物流园区与企业联动发展，扩展物流产业链条，增强物流节点运营能力，为企业提供便捷、畅通的物流服务。

3.打造陆港型和商贸服务型物流枢纽新高地

以兰州获批陆港型国家物流枢纽为契机，加快推进兰州国际陆港多式联运物流园、保税物流中心（B型）、兰州新区有色金属交割库、甘肃公航旅金融仓储基地等重点项目建设，将兰州国家物流枢纽建成连接共建"一带一路"国家和地区的骨干枢纽。以兰州国际陆港、兰州国际空港为重点，建设兰州新区航空快件中心、邮政快件中心、跨境电商分拨中心、兰州进口商品集散分拨中心。推动兰州、武威、天水、敦煌、嘉峪关等陆港空港协同发展，加快建设兰州商贸服务型、酒泉陆港型国家物流枢纽，优化商贸物流发展布局，推进西部（甘肃）煤炭交易中心、甘肃（武威）进境木材加工基地等物流基础设施建设。加快通道物流基础设施建设，启动定西—平凉—庆阳铁路、天水—陇南铁路、兰州—汉中—十堰高速铁路、兰州—重庆高速铁路、敦煌—若羌铁路以及嘉策铁路扩能改造等项目，推进兰州至合作铁路、西宁至成都铁路甘肃段项目建设。

（五）推动城市共享发展的对策

1. 坚持民生导向

践行人民城市为人民理念，让城市服务更温暖，开展文明城市创建工作，从群众所思所盼出发，在服务细微处彰显为民情怀。

2. 突出普惠性

开展高品质生活城市建设行动，倾力解决群众就业、教育、医疗等急难愁盼问题，推进社区就餐、家政便民、健康服务、体育健身、文化休闲等嵌入式服务设施建设，开展完整社区试点，打造一刻钟便民生活圈，支持有条件的小区布局生活服务综合体、社区连锁店，建设充满烟火气的品质社区。健全租购并举住房制度，构建"保障+市场"住房供应体系，完善配套设施和物业服务，加快建设好房子、好小区、好社区、好城区。

3. 突出基础性

紧盯"一老一小"两个重点，推进无障碍环境建设和适老化、适儿化改造，推广兰州城关区虚拟养老模式，加强医养康养一体化服务，建设公办托育服务网络，打造一批儿童友好空间建设样板，努力实现老有颐养、幼有善育。

4. 突出兜底性

深入实施"结对帮扶·爱心甘肃"工程，完善社会救助、社会福利、优抚安置制度，开展志愿服务、社会公益、慈善捐助等活动，把扶孤助残济困的工作做得更有温度，让暖心善举蔚然成风。

5. 突出便捷性

加强城镇道路与高速公路出口、国道、省道的衔接，构建快速路、主干路、次干路、支路等立体化路网格局，完善机动车道、非机动车道、人行道"三行系统"，提高交通通达性和便捷性，到 2030 年建成区平均道路网密度达到 7.6 公里/公里^2 以上（2023 年平均道路网密度为 7.3 公里/公里^2）。鼓励住宅小区和机关企事业单位停车位错峰共享，因地制宜建设立体停车设施，有效缓解停车难、乱停车等问题。

6. 突出安全性

实施生命线建设工程，加强燃气、供水、排水等管道和设施更新升级，重点改造不符合标准规范、存在安全隐患的燃气管道、燃气场站、居民户内设施，支持有条件的城市建设地下管廊。

参考文献

张存刚、董宇、罗小艳：《RCEP 背景下甘肃省进出口贸易发展的现状与对策建议》，《甘肃理论学刊》2022 年第 6 期。

李金昌、史龙梅、徐蔼婷：《高质量发展评价指标体系探讨》，《统计研究》2019 年第 1 期。

杨耀武、张平：《中国经济高质量发展的逻辑、测度与治理》，《经济研究》2021 年第 1 期。

张涛：《高质量发展的理论阐释及测度方法研究》，《数量经济技术经济研究》2020 年第 5 期。

欧进锋、许抄军、刘雨骐：《基于"五大发展理念"的经济高质量发展水平测度——广东省 21 个地级市的实证分析》，《经济地理》2020 年第 6 期。

分 报 告 ⊐⊅

B.2
兰州市城市高质量发展报告

王 超 聂晓英 徐柏翠*

摘 要： 2014~2023 年兰州市的综合发展指数从 0.435 增长至 0.556，城市高质量发展水平整体呈现稳步上升趋势，但是在 2020 年和 2022 年出现轻微下降。综合发展指数的年均增长率为 2.76%，反映出兰州市在实现经济结构优化和社会进步的同时，逐步达成高质量发展的目标。从综合维度看，创新指标的显著提升是综合发展指数增长的重要驱动力。这表明兰州市在推动经济结构转型方面取得了显著成效，创新能力的增强为城市的发展注入了活力。尽管创新和共享指标有所提升，协调和绿色指标却表现平稳，这显示出兰州市在社会资源的均衡分配和环境保护方面仍面临挑战。未来需要更加注重城乡协调和绿色发展，以确保城市发展的可持续性。

---

* 王超，博士，兰州城市学院环境与城市建设学院副院长、副教授，主要研究方向为国土空间规划、生态过程与生态系统服务评价、区域可持续发展；聂晓英，博士，兰州城市学院环境与城市建设学院副教授，主要研究方向为区域可持续发展、城市生态系统服务；徐柏翠，博士，兰州城市学院环境与城市建设学院讲师，主要研究方向为生态环境遥感、GIS 空间分析、生态系统服务流模拟与应用。

关键词: 城市发展 高质量发展 兰州

一 兰州市概况

（一）地理与环境

兰州是甘肃省的省会，位于中国陆域版图的几何中心，地处黄河上游。独特的地理位置使得兰州成为连接西北与其他地区的重要交通枢纽，同时也是丝绸之路经济带的核心节点城市。境内多山，黄河穿城而过，赋予了这座城市独特的自然风貌。兰州市现辖城关、七里河、西固、安宁、红古五个区，以及永登、榆中、皋兰三个县，拥有一个国家级新区——兰州新区，以及两个国家级开发区——兰州高新技术开发区和兰州经济技术开发区。全市地域总面积为 1.31 万平方公里，截至 2023 年末，常住人口达 442.51 万人。

兰州市属于温带半干旱气候，四季分明，年平均气温为 10.9℃。夏无酷暑，冬无严寒，是著名的避暑胜地。年平均日照时数为 2374 小时，无霜期为 172 天，年平均降水量为 300 毫米。尽管兰州市在生态环境方面具备一定的优越条件，但随着城市化的加速和工业化的推进，水资源短缺、空气污染等问题逐渐显现。根据近年来的环境监测数据，兰州市的空气质量指数（AQI）在部分时段显示出较高的污染水平，亟须通过政策干预和科技创新来改善环境质量。

（二）经济结构

兰州市的经济以第三产业为主，其次是第二产业和第一产业。第一产业约占地区生产总值的 2%，主要包括种植业、畜牧业及农产品加工业，为周边居民提供基本生计保障。第二产业是兰州市的重要支柱，约占地区生产总值的 34%，涵盖化工、冶金和机械制造等领域，虽然传统工业比重较大，但其面临转型升级的压力。第三产业近年来快速增长，约占地区生产总值的 64%，特别是金融、物流和旅游等现代服务业逐渐成为新的经济增长点。

从2018~2023年的地区生产总值变化来看，兰州市整体呈现持续增长的趋势，说明经济发展稳步向前。2023年，兰州市地区生产总值为3487.3亿元。其中，第一产业增加值为73.1亿元，比上年增长5.0%；第二产业增加值为1120.6亿元，比上年增长0.4%；第三产业增加值为2293.6亿元，比上年增长6.2%。三次产业结构比为2.1∶32.1∶65.8（见图1）。这显示出兰州市经济结构呈现转型升级的趋势。

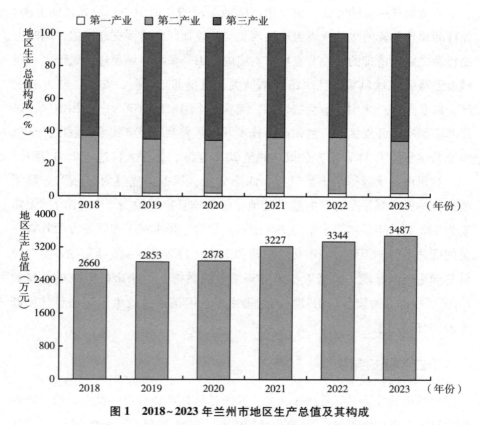

图1　2018~2023年兰州市地区生产总值及其构成

资料来源：历年《兰州市国民经济和社会发展统计公报》；历年《兰州统计年鉴》。

新中国成立后，兰州被国家确定为重点建设的工业基地之一，在"一五""二五""三线建设"期间，布局建设了被誉为共和国长子的兰炼、兰化等一批大中型企业，成为国家重要的石油化工、装备制造、生物制药和新材料基地。围绕重振"兰州制造"，攻坚推进"强工业"行动，截至 2023 年 5 月，规上工业企业有 454 家，覆盖 33 个行业大类、91 个行业中类。新设立兰州市西固区化工园区，布局发展百万吨乙烯和百万吨新材料，同步做大做强兰州新区精细化工园区，延伸拓展石化产业并推动其高质量发展；依托兰石集团、蓝科石化、中车兰州机车厂、兰州高阀厂等骨干企业，在石油钻采机械、炼油化工设备、机车造修、高压阀门等领域形成了一批拳头产品；依托兰州生物制品研究所、兰州兽医研究所等，大力发展生物制药产业，脑膜炎、麻疹等部分人用疫苗和猪口蹄疫等动物疫苗生产技术和数量在全国处于领先地位；依托方大炭素、兰州海亮、兰州德福等知名企业，培育壮大炭素新材料、高端铜箔新材料、磷酸铁锂正负极材料等新兴产业，形成了产业集聚效应。此外，政府还致力于提升传统产业的技术水平，推动制造业向智能化、绿色化转型，以应对日益严峻的市场竞争和环境挑战。

（三）社会发展

兰州市在社会发展方面取得了一定的进展，但仍然面临多重挑战。根据兰州市统计数据，2023 年末兰州市常住人口为 442.51 万人。其中，城镇人口为 375.45 万人，占比（常住人口城镇化率）为 84.85%，比上年末提高 0.78 个百分点。这一变化不仅反映了城市化的加速，同时也对城市基础设施建设和社会服务提出了更高的要求。

在教育方面，兰州市重视教育事业的发展，已经建立起较为完善的教育体系。截至 2022 年，全市共有各类学校 1556 所，涵盖了从幼儿园到高校的各个阶段。学龄儿童入学率为 100.0%，九年义务教育巩固率为 100.1%，高中阶段入学率为 99.6%。其中，兰州大学作为全国重点大学，承担着人才培养和科学研究的重要任务。

在医疗服务方面，兰州市的医疗体系不断完善，2023 年末全市共有医疗卫生机构 2279 个。其中，医院有 117 个，卫生院有 61 个，妇幼保健院（所、站）有 10 个，专科疾病防治院（所、站）有 2 个，社区卫生服务中

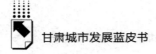
心（站）有 258 个，诊所、卫生所、医务室有 982 个。全市卫生技术人员数量为 4.78 万人，医疗卫生机构床位数为 3.61 万张。这些机构在提供基本医疗卫生服务的同时，也在积极推动健康教育和预防保健工作，以提高居民的整体健康水平。

尽管如此，兰州市仍存在一些社会问题，如老龄化加剧、就业压力加大、收入分配不均等。这些问题对社会和谐与经济高质量发展构成了挑战。根据统计数据，2019~2021 年兰州市的失业率均为 3% 以上，需要通过多种政策手段来加以解决。

二 兰州市高质量发展的现状与挑战

（一）高质量发展现状

1. 经济发展向高质量转型

兰州市在经济增长速度保持相对稳定的同时，经济发展开始逐步向高质量转型。2023 年兰州市的地区生产总值同比增长率达到 4% 以上，显示出经济增长的韧性和潜力。同时，政府加大了对科技创新的投入，推动了一批高新技术企业的发展，促进了传统产业的转型升级。以兰州新区为例，该区域依托政策优势和地理优势，吸引了一批高端制造业和服务业企业落户，它们成为经济发展的新引擎。

2. 社会服务水平逐步提升

在社会建设方面，兰州市致力于提升居民的生活质量，公共服务体系不断完善。教育和医疗领域的投入逐年增加，教育资源的均衡分配以及医疗卫生服务的改善，使得城市居民的幸福感和满意度明显提升。2022 年教育经费支出为 802339 万元，占一般财政总支出的 16%；医疗卫生支出为 498950 万元，占一般财政总支出的 10%。同时，社会保障体系也在不断完善，城镇职工基本养老保险覆盖率逐年提高，2023 年末全市参加城镇职工基本养老保险人数为 101.37 万人，比上年末增加 2.71 万人。

3. 生态环境保护逐渐加强

随着高质量发展的深入推进，兰州市在生态环境保护方面的措施逐步落实。政府积极推行绿色发展，推动能源结构调整和清洁能源的使用。此外，兰州市加大了对空气、水源和土壤污染的治理力度，通过加强环境监管和执法，显著改善了生态环境质量。2023 年全市空气质量优良天数比例为77.3%，比上年降低 5.2 个百分点[①]。黄河兰州段地表水国控、省控断面水质达标率 100%，城市集中式饮用水水源水质达标率 100%。土壤环境安全总体可控，全市受污染耕地安全利用率保持在 100%，重点建设用地安全利用得到有效保障[②]。

（二）面临的主要挑战

1. 经济结构单一与低端制造业占比较高

兰州市的经济结构仍然较为单一，第二产业中低端制造业占比较高，经济增长对传统资源的依赖性较强。兰州的工业结构以重化工为主，多元化发展不足。尽管近年来新兴产业有所崛起，但高新技术产业和现代服务业的比重仍较低，限制了整体经济的创新能力和可持续发展，这使得兰州市在全球经济转型的背景下，面临较大的竞争压力。因此，兰州市需要制定更具针对性的政策，以促进产业升级和经济结构多元化，提升整体竞争力。

2. 环境问题依然突出

尽管生态环境保护取得了一些进展，兰州市依然面临严重的环境问题，如空气污染和水资源短缺。根据最新监测数据，兰州市部分区域的 $PM_{2.5}$ 浓度仍高于国家标准，水体污染问题也较为严重。这主要是重工业的高能耗和高污染特点，导致资源利用效率低下，环境治理的资金投入需要增加、技术水平亟待提升，以实现真正的可持续发展。未来，兰州市需要进一步加大对清洁生产和绿色经济的支持力度，促进生态环境的全面改善。

---

① 《2023 年兰州市国民经济和社会发展统计公报》。
② 《兰州市 2023 年生态环境状况公报》。

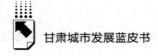

3. 社会问题亟待解决

随着城市化的加速，兰州市的人口流动和结构变化带来了诸多社会问题。老龄化问题日益突出，2023 年 65 岁及以上老年人口比例已达到15.93%，对养老服务、医疗保障和社会保障体系提出了更高的要求。此外，年轻人口的流失和人才引进的困难，进一步加剧了社会发展压力。政府需针对这些社会问题，优化社会政策，加强社会保障，提升公共服务水平，以确保社会的和谐与稳定。

4. 政策落实与执行力度不足

尽管兰州市政府制定了多项促进高质量发展的政策，但在政策落实与执行过程中，仍存在执行力度不足和部门协同不够等问题。这使得一些好的政策未能真正发挥应有效果，导致资源配置效率不高。为改善这一现状，政府应加强政策落实的监督与评估，确保政策措施的有效执行，推动经济的转型与发展。

三 兰州市高质量发展水平分析

（一）兰州市高质量发展水平时间变化分析

根据甘肃城市高质量发展评价指标体系，通过收集各项指标数据，运用加权求和法计算兰州市高质量发展水平，结果如图 2 所示。

从时间维度纵向来看，2014～2023 年兰州市的综合发展指数从 0.435 增长至 0.556，城市高质量发展水平整体呈现稳步上升趋势，但是在 2020 年和2022 年出现轻微下降。这一增长趋势表明，兰州市在推动经济、社会和环境协调发展方面逐渐取得了积极的成果。综合发展指数的年均增长率为 2.76%，反映出兰州市在实现经济结构优化和社会进步的同时，逐步达成高质量发展的目标。

从分维度看，创新发展指数从 2014 年的 0.191 增长至 2023 年的 0.293，增幅显著。这表明兰州市在科研、技术开发和创新方面的投入不断增加，特

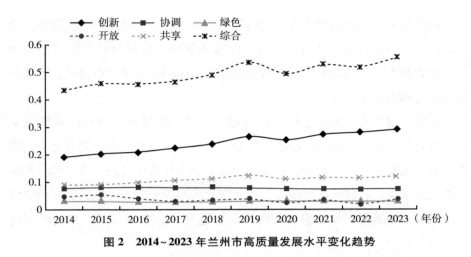

图 2　2014～2023 年兰州市高质量发展水平变化趋势

别是在技术创新能力提升和科技成果转化方面取得了良好的成效。这种创新能力的提升为兰州市经济转型和产业升级提供了重要支撑，体现了兰州市在推动高质量发展过程中的决心与努力。

协调发展指数维持在 0.080 左右，波动不大。这显示出尽管兰州市在某些方面有所进展，但城乡发展和区域协调的提升空间仍然存在。城乡收入差距、基础设施建设的不均衡以及公共服务的差异化等问题依然是制约兰州市实现全面协调发展的关键因素。因此，未来需要制定更加有效的政策，推动资源的合理配置和均衡发展。

绿色发展指数保持在 0.030 左右，显示出在环境保护和可持续发展方面，兰州市尚未实现显著的改善。尽管有一些环境治理措施的实施，但整体生态环境质量的提升仍显缓慢。环保意识的增强、清洁能源的推广及绿色经济的构建应成为兰州市未来发展的重点，以应对日益严峻的环境问题。

开放发展指数整体呈下降趋势，尽管 2023 年有所回升，显示出对外开放的意愿和努力，但兰州市的整体开放程度仍需提升，以促进经济的多元化发展。进一步拓展对外合作空间，吸引更多优质投资，是提升开放水平的关键。

共享发展指数从 2014 年的 0.090 增长至 2023 年的 0.122，显示出兰州市在社会保障、民生改善等方面的积极进展。居民的生活水平和消费能力逐步提升,这与政府在公共服务、医疗保障和教育投资等领域的努力密切相关。这种共享发展理念的推广,有助于提升市民的获得感和幸福感,为社会的稳定与和谐奠定基础。

从综合维度看,创新指标的显著提升是综合发展指数增长的重要驱动力。这表明兰州市在推动经济结构转型方面取得了显著成效,创新能力的增强为城市的发展注入了活力。尽管创新和共享指标有所提升,协调和绿色指标却表现平稳,这显示出兰州市在社会资源的均衡分配和环境保护方面仍面临挑战。未来需要更加注重城乡协调和绿色发展,以确保城市发展的可持续性。

综上所述,兰州市在高质量发展方面取得了一定的进展,尤其是在创新和共享方面表现突出。然而,在协调、绿色与开放发展方面仍需加大力度,以推动更全面的可持续发展。通过实施有针对性的政策措施,兰州市有望在未来继续提升其高质量发展水平,增强综合竞争力,为实现经济与社会的全面协调发展打下坚实基础。

(二)兰州市高质量发展水平空间对比分析

从全省来看,2023年兰州市的综合发展指数为0.556,位居甘肃省之首。这一结果表明,兰州市在高质量发展方面的表现相对其他城市更为突出,综合发展指数高意味着兰州市在经济、社会、环境等多个维度上取得了一定的成就。相比之下,嘉峪关市的指数为0.441,金昌市为0.482,明显低于兰州市,这反映出兰州市在推动高质量发展方面的优势。

从分维度看,兰州市2023年创新发展指数为0.293,明显高于甘肃省其他城市,如嘉峪关市的0.150和金昌市的0.142。这一指标的高分说明兰州市在科研投入、技术开发、人才培养和成果转化等方面做出了显著努力。通过增加研发经费、促进科技企业发展和加强高校与企业的合作,兰州市推动了高新技术产业的增长,为经济转型奠定了基础。尤其是在新兴产业的布局上,兰州市展现出积极的态势,助力其经济结构向更高层次发展。

　　兰州市的协调发展指数为0.075，尽管相对稳定，但在全省范围内并不是最高，这表明兰州市在城乡协调发展、区域资源均衡配置方面仍有提升的空间。与嘉峪关市（0.099）和金昌市（0.083）相比，兰州市在这一领域的表现稍显逊色。这提示我们，兰州市需要制定更有效的政策来缩小城乡差距，例如通过加强基础设施建设、推动公共服务的均等化来促进协调发展。

　　兰州市的绿色发展指数为0.029，在全省范围内并不突出，仍需重点关注。尽管近年来政府在生态环境保护和推动绿色经济发展方面采取了一些措施，但整体的绿色发展指数仍显示出改善的必要性。兰州市需要加大对清洁能源、绿色科技的投入，推动工业转型升级，以降低污染排放，提升生态环境质量。这可以通过加强环保法律法规的执行、推进绿色项目和公共宣传来实现。

　　兰州市的开放发展指数为0.037，相比于金昌市处于较低水平，这反映出兰州市在外贸、招商引资及国际合作方面存在相对不足。这一现象可能限制了兰州市在全球经济中的竞争力和影响力。为了提升开放水平，兰州市应采取措施优化营商环境，吸引外资并加强与其他城市及国家的经济交流与合作，特别是在引进新技术和新模式方面。积极参加各种展会和交易会，提升兰州市的知名度和吸引力也是一个有效的策略。

　　兰州市的共享发展指数为0.122，显著高于白银市（0.083）和武威市（0.087）等城市。这一指标反映了兰州市在社会保障、民生改善等方面的积极进展，显示出对居民生活水平提升的重视。随着政府在教育、医疗、住房等方面的投入增加，市民的生活质量逐步提高。未来，兰州市可继续扩大公共服务的覆盖面，进一步提升社会保障水平，以实现更加公平的共享发展。

　　在甘肃省的整体比较中，兰州市的高质量发展水平明显高于其他城市，尤其是在创新和共享方面表现突出。然而，整体上甘肃省各城市在协调、绿色和开放发展方面普遍面临挑战，这反映出全省在推动可持续发展和经济转型方面所需克服的困难。尤其是绿色发展领域，各市在生态保护和提升资源利用效率上需加大努力。

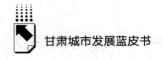

四 兰州市高质量发展的对策与建议

（一）加强城乡协调

兰州市在高质量发展过程中，应重点关注城乡发展不均衡的问题，通过加大对农村基础设施建设的投资力度、提升农村公共服务水平，以缩小城乡差距，促进全面协调发展。城乡协调不仅关乎经济的均衡发展，也关系到社会的和谐稳定，是实现可持续发展的重要基础。

1. 解决城乡发展不均衡的问题

尽管兰州市在城市化过程中取得了一定成就，但城乡之间的差距依然显著。城市在经济、教育、医疗等方面的资源相对丰富，而农村地区则面临基础设施落后、公共服务不足等问题。这种不均衡的发展状态不仅影响了农村居民的生活质量，也制约了经济的全面发展。根据统计数据，兰州市的城乡居民收入差距仍然较大，农村居民的收入水平亟须提升、生活条件亟待改善。

2. 加大基础设施建设投资力度

兰州市应优先加大对农村基础设施建设的投资力度，特别是在交通、水利、电力和信息等领域。基础设施的改善是提高农村生产力和生活水平的关键。加强乡村道路建设，提升农村交通的便利性，推动农产品的流通。通过修建乡村公路、改善公交服务，降低农村居民出行的时间和经济成本。同时，形成与城市交通的衔接，提高农村与城市之间的交通联通性。确保农村地区能够获得安全、稳定的水源和电力。政府应投资建设水利工程，推动农村饮水安全工程，提高水质和供水保障水平。同时，推广清洁能源，如太阳能、风能等，提升农村的能源自给能力。推动信息基础设施建设，加快农村宽带网络和移动通信网络的覆盖。通过信息化手段，提升农业生产效率，促进农民的数字化转型，增强其市场竞争力。

3. 提升农村公共服务水平

政府应加大对农村公共服务的投入，特别是在教育、医疗、文化等领域，确保农村居民能够享受到与城市相当的公共服务。增加对农村学校的资金支持，改善教学设施和条件，吸引优秀教师到农村任教。可以通过设立乡村教师专项补贴、提供职业发展机会等方式，提高教师的待遇和职业吸引力。提升农村医疗卫生服务水平，加强乡村卫生室和乡镇卫生院的建设。应当鼓励城市医院与农村医疗卫生机构的对接，开展下乡义诊和远程医疗服务，确保农村居民能够及时获得医疗保障。丰富农村文化生活，开展各类文化活动和培训，增强农民的文化自信与认同感。可以建立社区文化活动中心，提供读书、艺术、体育等多样化的文化活动场所。

4. 鼓励城市资源下沉

为促进城乡协调，兰州市应鼓励城市资源向农村下沉，通过城市资源的流动促进农村经济的发展。通过政策支持和资金补贴，吸引城市企业到农村投资，发展乡村特色产业和生态农业。这不仅可以创造就业机会，还能推动农村经济的多样化发展。鼓励城市专业人才到农村创业和服务。政府可以制定相关奖励措施，吸引技术、管理、服务等领域的人才到农村工作，提升农村的综合发展水平。

5. 促进农村经济发展

兰州市应积极推动农村经济的发展，提高农村居民的收入水平和生活质量。通过政策引导和资金扶持，鼓励农民组建合作社，提升农业生产的规模化和专业化水平。政府可以提供技术培训、市场信息和资金支持，帮助农村居民提升生产能力和市场竞争力。依托兰州市丰富的自然和文化资源，推动乡村旅游的发展，吸引城市居民前来体验乡村生活，增加农村经济收入。同时，鼓励农民参与乡村旅游服务，提升其收入水平。帮助农村生产的优质农产品打造品牌，提高市场知名度，促进销售。可以通过组织农产品展销会、参与地方特色产品的营销活动等方式，推动农产品的市场化。

6. 促进政策协同与创新

要实现城乡协调，兰州市需要在政策层面进行协同与创新，形成有效的

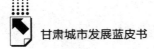

政策合力。政府应制定符合城乡发展需求的综合政策,打破城乡发展壁垒,促进资源的合理配置和有效流动。通过综合治理,增强城乡发展的互动性,实现优势互补。利用数字技术提升城乡公共服务的效率和质量。例如,建设城乡统一的公共服务平台,通过数字化手段提高政府服务的便利性和透明度,为农村居民提供更为便捷的服务。

(二)推动绿色发展

在当今全球经济与环境相互交织的背景下,兰州市应当进一步加强生态环境保护,增加对绿色技术和项目的投资,以提升绿色发展指数,实现可持续发展目标。近年来,兰州市成功入选国家"无废城市"建设城市,标志着其在推动绿色发展方面的努力和决心。绿色发展不仅关乎环境保护,也是提升城市综合竞争力、保障经济长远发展的重要路径。通过推广可再生能源,如风能和太阳能,兰州市可以减少对化石能源的依赖,降低温室气体排放。

1.生态环境保护的必要性

兰州市作为甘肃省的省会,拥有独特的地理位置和丰富的自然资源。然而,随着城市化的加速和工业化水平的提升,生态环境问题日益突出,空气污染、水资源短缺和固体废物处理不当等问题频发。因此,加强生态环境保护显得尤为重要。通过有效的保护措施,兰州市不仅可以提升居民的生活质量,还能为经济的可持续发展打下坚实基础。

2.增加对绿色技术和项目的投资

为了实现绿色发展,兰州市需要加大对绿色技术和项目的投资力度,推动相关领域的发展。具体而言,可以通过以下几种方式来推动绿色发展。

政府应积极推动太阳能、风能等可再生能源的开发和利用。例如,设立专项资金用于支持太阳能光伏发电项目,并提供政策支持和技术指导,以激励企业和个人投资清洁能源。通过提升可再生能源在城市能源消费中的比重,可以有效减少对化石能源的依赖,降低温室气体排放,缓解环境压力。

推动企业实施清洁生产是提升绿色发展水平的关键。政府可以制定相关政策，引导和鼓励企业采用清洁生产工艺、技术和设备，以降低生产过程中对环境的影响。同时，提供技术咨询和培训，帮助企业提高资源利用效率，减少废物和污染物的排放。此外，鼓励企业建立环保管理体系，强化环保意识，从源头上减少环境污染。

在实施污染治理方面，兰州市应加大对空气、水源和土壤污染的治理力度。例如，政府可以推动重点行业实施排污许可证制度，严格监管排放标准，确保企业合规运营。此外，加强对城市垃圾处理和污水处理设施的建设与管理，提高垃圾和污水的处理能力，确保垃圾和污水得到妥善处理，减少对环境的负面影响。

3. 推动绿色交通发展

交通运输是城市发展的重要组成部分，但也是污染的主要来源之一。为了实现绿色发展，兰州市需要着力推动绿色交通的发展。

提升公共交通的覆盖率和服务质量，鼓励市民使用公共交通工具出行，减少私家车使用频率。例如，扩展公共交通网络，增设公交线路，提升公交车的班次密度，以满足市民出行需求。同时，通过购置新能源汽车和混合动力公交车，降低公共交通的碳排放，提升环保性能。

在城市发展规划中应当考虑非机动交通的便利性，建设更多的步行道和自行车道，鼓励市民选择步行和骑行。这不仅有助于减少交通排放，还能改善城市的空气质量和提高居民的健康水平。

通过公共宣传、教育和社区活动，增强市民的环保意识，鼓励他们选择低碳出行方式。比如，可以在学校和社区开展低碳出行的宣传活动，推广使用绿色出行工具，培养居民的环保习惯。

4. 加强生态文明建设

生态文明建设是实现可持续发展的重要保障。兰州市应当将生态文明建设融入城市发展规划中，建立长效机制，以确保环境保护与经济发展的协调统一。具体措施包括以下内容。

建立生态文明建设的评价指标体系，定期对生态环境状况进行评估，确保各项环保政策落实到位。通过量化指标，实时监测和评估生态环境变化，

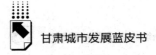
为政府决策提供数据支持。

增强公众在生态文明建设中的参与意识和主动性。可以通过志愿者活动举办、社区环保宣传等方式，激发市民参与环境保护的热情，共同维护生态环境。鼓励企业和个人参与植树、清理河流和美化环境的活动，形成全社会共同参与的良好氛围。

支持科研机构和高校开展生态环境相关研究，推动科技创新与绿色发展相结合。同时，在教育体系中加强生态文明教育，增强学生的环保意识，为未来的可持续发展培养更多的环保人才。

（三）提升开放程度

在实现高质量发展的过程中，提升开放程度对兰州市经济增长至关重要。开放不仅能吸引外商投资，促进技术引进和人才流动，还能推动地方企业"走出去"，拓展国际市场，有效增强市场竞争力。具体措施包括以下内容。

1. 优化政策环境

为了吸引外商投资，兰州市政府应制定和实施切实可行的政策。通过简化外商投资的审批流程，提供高效的服务，减少企业的制度性交易成本，使外资企业能更快地落户和运营。这可以通过设立外商投资服务中心，实现"一站式"服务来达成。兰州市需要确保外商投资的合法性和透明度，通过制定完善的法律法规来保护外商的合法权益。这将提高外商的信任度，激励他们在兰州市投资。政府可以为新注册的外商投资企业提供税收减免、租金补贴等激励，以减少外资企业的运营成本，增加其在本地的盈利空间。

2. 吸引外商投资

兰州市应积极采取措施，吸引外商投资，尤其是在高技术、绿色经济和现代服务业等领域。在招商引资时，兰州市应关注与其产业结构相符的外资项目，尤其是能够促进技术创新和产业升级的项目。政府可以制定产业导向性政策，吸引外资进入战略性新兴产业领域。此外，兰州市应积极参加国内外的贸易展会，展示当地的投资环境和产业优势。例如，兰州市在 2018 年作为主宾城市参加了"2018 东盟（曼谷）中国进出口商品博览会"，达成了多个合作意向。通过这些活动，提升兰州市的国际知名度，吸引更多的外商关注和投资。

3. 建立国际合作平台

为了进一步提升兰州市的国际化水平，政府应积极建立国际合作平台，推动国际交流与合作。兰州市作为丝绸之路经济带的核心节点城市，应利用其地理优势，推动甘肃（兰州）国际陆港的建设。这不仅能促进货物的快速通关和运输，还可以使兰州市成为国际贸易的集散地，提升兰州市的开放程度。兰州市应深度融入"一带一路"建设，积极与共建国家建立经济合作关系。通过贸易、投资和技术交流，推动地方企业拓展国际市场，实现互利共赢。政府可以提供政策支持，鼓励地方企业参与国际投资和并购活动。通过设立海外分支机构、参与国际项目建设，提升企业的全球竞争力。例如兰石集团等企业可积极布局海外市场，发展国际业务。

4. 推动外贸发展

兰州市应加大支持外贸发展的力度，推动外贸结构的优化与升级。政府可以通过政策支持，鼓励企业开拓多元化市场，减少对单一市场的依赖，增强外贸的抗风险能力。通过加强与东南亚、欧洲、美国等国家和地区的经贸往来，提升贸易额。兰州市应积极发展跨境电商，借助互联网平台，推动地方特色产品的国际销售。同时，政府可以建设跨境电商公共服务平台，提供物流、支付、通关等全方位服务，提升外贸的便利性和效率。为了提升外贸的便利性，兰州市应争取在共建"一带一路"国家和地区新设海外仓，方便外贸企业进行本地化销售。海外仓的建立不仅可以减少运输成本，还能提高响应速度，增强市场竞争力。

5. 加强国际文化交流

除了经济合作外，兰州市还应加强国际文化交流，提升城市的国际形象。通过举办国际文化交流活动，如"感知兰州"文化周等，加强与世界各国的文化联系，提高兰州市的知名度和影响力。这类活动不仅可以展示兰州市的文化底蕴，还能促进文化交流与理解。在一些重要的国际城市，如巴

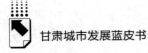

黎、莫斯科等，设立文化旅游联络处，推动城市间的交流与合作。这可以为外商提供更好的了解兰州市的机会，促进投资合作。

综上，在国家和地方政策的支持下，兰州市的对外开放程度有望进一步提升。通过持续优化政策环境、吸引外资、建立国际合作平台、推动外贸发展和加强国际文化交流，兰州市能够更好地融入全球发展大潮，提升自身的竞争力。兰州市的未来发展，将不仅仅依赖于传统的资源优势，而是通过开放和合作，形成更加多元化的经济结构，推动高质量发展。通过实施上述措施，兰州市将为实现其在开放型经济发展中的目标奠定坚实的基础。

B.3
嘉峪关市城市高质量发展报告

王　博　史光环[*]

摘　要： 2014~2023 年嘉峪关市高质量发展水平整体呈现缓慢上升的趋势。从"创新、协调、绿色、开放、共享"5 个维度的指数来看，2014~2023 年嘉峪关市 5 个维度指数均值分别为 0.147、0.102、0.029、0.017、0.129，其中"创新"、"共享"和"协调"维度远远高于"绿色"和"开放"维度，表明创新发展系统、共享发展系统和协调发展系统对嘉峪关市高质量发展的贡献和影响相对较大，而绿色发展系统和开放发展系统的贡献和影响相对较小。因此，为促进嘉峪关市高质量发展，需着力提升绿色发展水平和对外开放程度。

关键词： 城市发展　高质量发展　嘉峪关

一　嘉峪关市发展概况

（一）嘉峪关市经济发展水平

从图 1 可以看出，2014~2023 年嘉峪关市的地区生产总值呈现出波动上升的趋势。从 2014 年的 230.69 亿元增长到 2023 年的 382.79 亿元，十年间增加了 152.10 亿元。从增长率来看，嘉峪关市的地区生产总值增长率总体上呈现波动起伏的趋势。2014~2016 年、2018~2019 年、2021~2023 年增长

---

* 王博，博士，兰州大学教授，主要研究方向为应对气候变化、生态保护与修复、区域与园区温室气体核算、旋流分离工程、大气污染控制；史光环，兰州大学在读博士研究生，主要研究方向为生态脆弱区生态环境修复技术。

率处于下降的状态，其中 2019 年下降幅度最大，由 2018 年的 42.76% 下降到 2019 年的 −5.41%。值得注意的是，2017 年是上升幅度最大的一年，增长率从 2016 年的 −19.27% 迅速上升到 2017 年的 36.80%，增长了 56.07 个百分点。总体来说，虽然嘉峪关市地区生产总值整体呈上升趋势，但地区生产总值增长率波动较大，反映出经济在不同年份的发展差异较大。

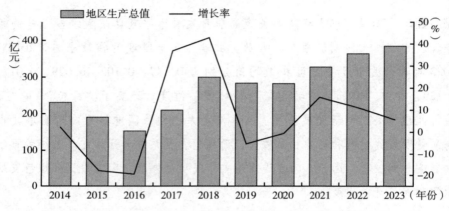

图 1　2014~2023 年嘉峪关市地区生产总值及其增长率变化情况

资料来源：历年《嘉峪关市国民经济和社会发展统计公报》，下同。

（二）嘉峪关市产业结构状况

产业结构可以反映各个产业的组成情况，产业结构的优化可以促进经济的高质量发展，研究嘉峪关市的产业结构状况，分析其结构分布是否合理显得十分重要。从图 2 可以看出，2014~2023 年嘉峪关市第二产业总产值整体较高，在 2014~2016 年呈下降趋势，随后，从 2017 年开始，第二产业迅速反弹，并在 2018 年达到一个较高水平，之后整体保持增长趋势。第三产业总产值整体呈现缓慢上升的趋势，这表明第三产业的发展较为稳定。第一产业总产值非常低，几乎保持不变，呈现出平稳的趋势，说明在 2014~2023 年，第一产业对经济的贡献相对较小，发展较为缓慢。综合来看，2014~2023 年嘉峪关市第二产业和第三产业是经济增长的主要力量。

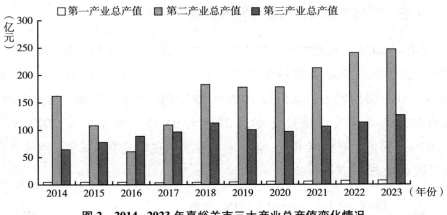

图 2　2014～2023 年嘉峪关市三大产业总产值变化情况

如图 3 所示，2014～2023 年嘉峪关市第二产业总产值占地区生产总值的比重整体较高，在 2014～2016 年呈下降趋势，自 2017 年起，这一比重开始上涨。第三产业总产值占地区生产总值的比重在 2014～2016 年呈现上升趋势，之后整体处于下降状态。相比之下，第一产业总产值占地区生产总值的比重较为稳定，且长期保持在较低水平。2014～2023 年嘉峪关市的经济结构以第二产业和第三产业为主。

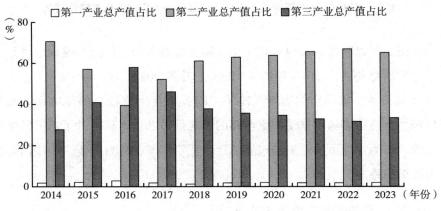

图 3　2014～2023 年嘉峪关市三大产业总产值占比变化情况

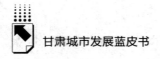

（三）嘉峪关市人口与社会发展状况

2014～2023 年嘉峪关市常住人口及常住人口城镇化率变化情况如图 4 所示。近年来，嘉峪关市的常住人口在 2014～2019 年变化不大，但自 2020 年开始明显增加，随后在 2020～2023 年保持相对稳定。与此同时，嘉峪关市的常住人口城镇化率从 2014 年的 93.41% 上升至 2023 年的 94.67%，虽然上升幅度不大，但这一数据表明嘉峪关市的城镇化水平长期处于较高状态。

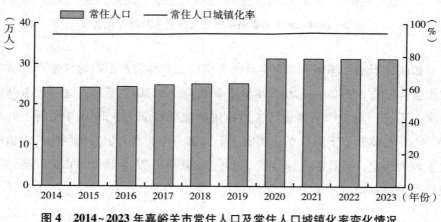

图 4　2014～2023 年嘉峪关市常住人口及常住人口城镇化率变化情况

从图 5 可以看出，2014～2023 年嘉峪关市基本养老保险参保率整体呈现波动上升的趋势，由 2014 年的 47.29% 上升到 2023 年的 56.92%，上升了 9.63 个百分点。参保率的提高反映了嘉峪关市在完善社会保障体系方面的积极努力，使更多居民享受到更全面的养老保障。这不仅提升了居民的生活安全感，还为构建更加公平和包容的社会奠定了基础，有助于进一步保障社会的和谐与稳定。

（四）嘉峪关市旅游业发展状况

如图 6 所示，嘉峪关市旅游人数从 2014 年开始逐年增长，2019 年达到

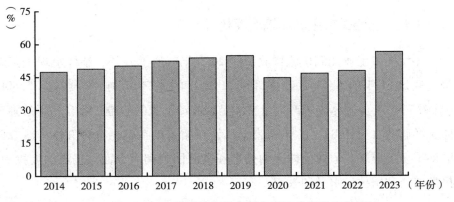

图 5　2014~2023 年嘉峪关市基本养老保险参保率变化情况

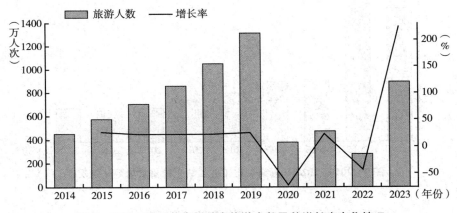

图 6　2014~2023 年嘉峪关市旅游人数及其增长率变化情况

峰值，为 1317.40 万人次。然而，2020 年出现了显著下降，降至 379.81 万人次。2021 年略有恢复，但 2022 年再次下降，到 2023 年，大幅增长至 895.54 万人次。从旅游人数增长率可以看出，增长率在 2020 年出现了负值，表明该年旅游人数较上一年大幅减少。2021 年增长率回升至正值，但幅度较小；2022 年再次出现负增长。2023 年增长率显著上升，达到了最高值，超过 200%，说明这一年旅游人数急剧增加。总体而言，嘉峪关市的旅游人数在 2014~2019 年呈现稳定增长趋势，2020~2022 年波动较大，2023年则强劲反弹。

（五）嘉峪关市生态环境治理状况

嘉峪关市工业二氧化硫排放量除 2015 年有所上升外，整体呈现下降趋势，从 2014 年的 6.53 万吨下降到 2022 年的 1.58 万吨，降幅达 75.80%（见图 7）。工业固体废物产生量整体呈现波动上涨的趋势，综合利用量则整体先增后减（见图 8）。总体而言，尽管嘉峪关市在减少有害气体排放方面取得了显著成果，但在固体废物处理和资源回收利用方面，仍需加大投入，提高综合利用技术水平和效率。

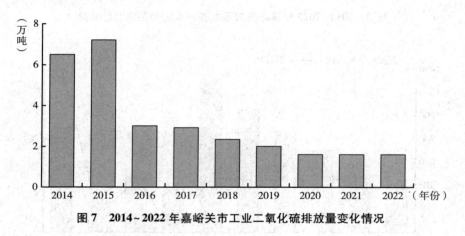

图 7　2014~2022 年嘉峪关市工业二氧化硫排放量变化情况

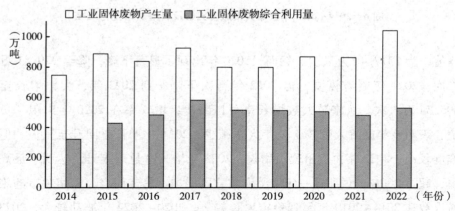

图 8　2014~2022 年嘉峪关市工业固体废物产生量和综合利用量变化情况

二 嘉峪关市高质量发展水平分析

（一）高质量发展水平

根据相关理论，将创新发展水平、协调发展水平、绿色发展水平、开放发展水平、共享发展水平相加，得到嘉峪关市高质量发展水平。

2023 年嘉峪关市高质量发展水平列全省 14 个市（州）中的第 3 位，仅次于兰州市、金昌市。从图 9 可以看出，2014～2023 年嘉峪关市高质量发展水平整体呈现缓慢上升的趋势，由 2014 年的 0.379 上升至 2023 年的 0.441，上升了 16.36%。十年间，2021 年高质量发展水平最高，为 0.464，主要原因是该年度嘉峪关市创新发展水平有显著提升，进而促进高质量发展。在 2021 年达到峰值后，2022 年和 2023 年高质量发展水平相对 2021 年略有下降，但仍高于早期的水平。总体而言，嘉峪关市的高质量发展水平在此期间整体稳步提升但存在阶段性波动。

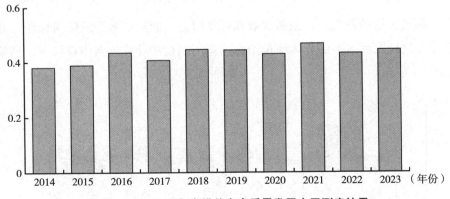

图 9 2014～2023 年嘉峪关市高质量发展水平测度结果

如图 10 所示，从"创新、协调、绿色、开放、共享"5 个维度的指数来看，2014～2023 年嘉峪关市 5 个维度指数均值分别为 0.147、0.102、0.029、0.017、0.129，其中"创新"、"共享"和"协调"维度远远高于

"绿色"和"开放"维度，表明创新发展系统、共享发展系统和协调发展系统对嘉峪关市高质量发展的贡献和影响相对较大，而绿色发展系统和开放发展系统的贡献和影响相对较小。因此，为促进嘉峪关市高质量发展，需着力提升绿色发展水平和对外开放程度。

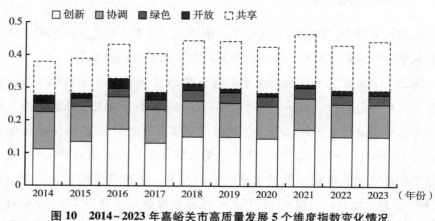

图 10　2014～2023 年嘉峪关市高质量发展 5 个维度指数变化情况

（二）创新发展水平

本报告从创新投入、创新成效和创新潜力方面选取 8 个三级指标作为嘉峪关市创新发展水平的具体衡量指标。运用熵权法计算创新指标权重，结果如图 11 所示。

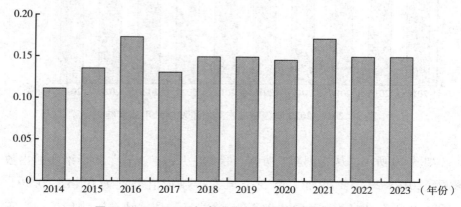

图 11　2014～2023 年嘉峪关市创新发展水平测度结果

2023 年嘉峪关市创新发展水平列全省 14 个市（州）中的第 2 位，仅次于兰州市。从图 11 可以看出，2014~2023 年嘉峪关市创新发展水平整体呈现波动上升的趋势，由 2014 年的 0.111 上升至 2023 年的 0.150，上升了 35.14%。十年间，2016 年创新发展水平达到最高，为 0.173，分析原因发现，2016 年嘉峪关市 R&D 经费投入大幅度增加，由 2015 年的 81058 万元增加至 2016 年的 106740 万元，增长率达到 31.68%，进而使得创新发展水平显著提高。总体而言，当前嘉峪关市创新发展水平有所提高，创新作为高质量发展过程中的重要因素，能够推动嘉峪关市实现高质量发展。

（三）协调发展水平

从城乡发展、地区发展和产业结构方面选取 6 个三级指标作为嘉峪关市协调发展水平的具体衡量指标。运用熵权法计算协调指标权重，其值越大，说明协调发展水平越高，结果如图 12 所示。

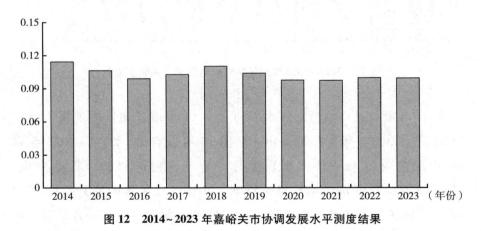

图 12　2014~2023 年嘉峪关市协调发展水平测度结果

2023 年嘉峪关市协调发展水平列全省 14 个市（州）中的首位。从图 12 可以看出，2014~2023 年嘉峪关市协调发展水平整体呈现波动下降的趋势，从 2014 年的 0.114 下降至 2023 年的 0.099，下降幅度为 13.16%。值得注意的是，在 2018 年协调发展水平有所恢复，分析原因发现，导致这一变化的

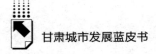
主要原因是嘉峪关市人均 GDP/全国人均 GDP 在 2018 年突然增加,增加幅度达到了 28.22%。由此可见,嘉峪关市人均 GDP/全国人均 GDP 是协调发展水平的重要影响因素。

(四)绿色发展水平

从污染排放、污染治理、绿色环境和安全生产方面选取 9 个三级指标作为嘉峪关市绿色发展水平的具体衡量指标,由此计算绿色发展水平,结果如图 13 所示。

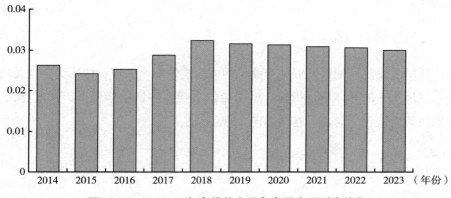

图 13 2014~2023 年嘉峪关市绿色发展水平测度结果

2023 年嘉峪关市绿色发展水平列全省 14 个市(州)中的第 11 位,仅高于陇南市、兰州市和酒泉市。从图 13 可以看出,2014~2023 年嘉峪关市绿色发展水平整体呈现上升并趋于平稳的趋势。具体来说,2014~2016 年绿色发展水平相对较低,并且没有显著的上升,自 2017年开始,绿色发展水平逐步上升,到 2018 年,绿色发展水平有了明显提升,达到最高值 0.032,自 2019 年开始,绿色发展水平同比均略微降低,但是幅度不大。通过分析评价指标发现,嘉峪关市工业固体废物综合利用率在 2014~2018 年呈现上升趋势,这是绿色发展水平显著提高的主要因素。

（五）开放发展水平

从外贸和旅游方面选取 2 个三级指标作为嘉峪关市开放发展水平的具体衡量指标。嘉峪关市开放指标权重计算结果如图 14 所示。

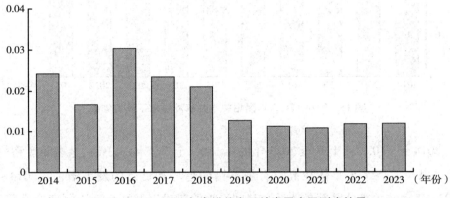

图 14　2014～2023 年嘉峪关市开放发展水平测度结果

2023 年嘉峪关市开放发展水平列全省 14 个市（州）中的第 9 位。从图 14 可以看出，2014～2023 年嘉峪关市开放发展水平整体呈现波动下降的趋势，由 2014 年的 0.024 下降至 2023 年的 0.012，下降了 50.00%。2016 年开放发展水平达到最高值，显著高于其他年份，这可能与旅游人数显著增加有关。总体而言，嘉峪关市开放发展水平还需要进一步提高。未来，嘉峪关市应通过多元化的产业联动、完善的政策支持、持续的基础设施建设等方式，实现更高质量和稳定的开放发展。

（六）共享发展水平

从经济成果、社会保障和基础设施方面选取 9 个三级指标作为嘉峪关市共享发展水平的具体衡量指标。嘉峪关市共享指标权重计算结果如图 15 所示。

2023 年嘉峪关市共享发展水平列全省 14 个市（州）中的首位。从图 15 可以看出，2014～2023 年嘉峪关市共享发展水平整体呈现波动上升的趋势，

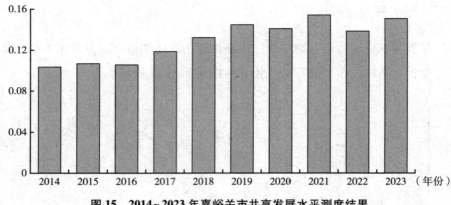

图15　2014~2023年嘉峪关市共享发展水平测度结果

由2014年的0.104上升至2023年的0.150，上升了44.23%，这表明嘉峪关市的共享发展水平整体较高，有着不错的趋势和良好的发展潜力，2014~2023年嘉峪关市公共服务体系和基础设施的建设以及社会保障制度的完善，进一步提高了城市共享发展水平。

三　嘉峪关市发展中存在的问题

（一）创新发展

2014~2023年，嘉峪关市创新发展水平整体呈现波动上升的趋势，其平均指数在五大维度中居首位。具体来看，2014~2023年，嘉峪关市在专利授权量、教育支出、科技投入和高等教育等领域均取得了显著进展。这充分展示了嘉峪关市在推动创新、提升区域竞争力方面取得的显著成果。

创新发展水平的稳步提升，反映出嘉峪关市在鼓励科技进步、促进产业转型升级以及营造创新氛围等方面的有效举措，为城市高质量发展提供了有力支撑。然而，未来仍需进一步优化创新资源配置，特别是中小企业或特定行业中的创新资源相对不足，这可能会限制整体创新能力的进一步提升。此外，吸引和留住人才仍是创新发展的关键。嘉峪关市若要继续保持创新优势，需要在吸引高层次科技人才和培养本地创新人才方面加大投入，防止人才流失，为持续的创新发展注入活力。

（二）协调发展

2014～2023 年，嘉峪关市协调发展水平整体呈现波动下降的趋势，其平均指数在五大维度中位居第三。在此期间，嘉峪关市人均 GDP/全国人均 GDP 逐步下降，降幅为 34.20%；农村居民收入/城镇居民收入呈现波动上升趋势，增幅为 5.27%；而农村居民消费/城镇居民消费则小幅下降，降幅为 6.26%。这些趋势反映出以下几个问题。

城乡差距和收入分配不均。农村居民收入/城镇居民收入虽有小幅上升，但这一增长可能并不足以缩小城乡居民在收入水平上的差距。农村居民消费/城镇居民消费下降，表明农村居民的消费能力相对城镇居民仍然较弱。这种城乡收入与消费水平的不平衡，限制了整体的协调发展水平。

经济增长向民生改善的传导效应不强。嘉峪关市人均 GDP/全国人均 GDP 逐步下降，表明嘉峪关市经济增长速度较全国放缓。与此同时，经济增长未能有效地转化为农村地区的生活质量提升，尤其在教育、医疗和基础设施等公共服务方面，可能未能与经济增长同步改善，难以实现真正的协调发展。

（三）绿色发展

2014～2023 年，嘉峪关市绿色发展水平整体呈现上升并趋于平稳的趋势，其平均指数在五大维度中位居第四。这一趋势表明嘉峪关市在环境保护和可持续发展方面取得了一定进展，但在绿色发展过程中仍然存在一些问题。

环境治理力度仍需加大。尽管绿色发展水平有所提升，但在五大维度中排名靠后，说明环境保护措施可能还不足以应对日益增长的生态压力。城市周边的工业活动以及资源开发可能对环境造成了较大影响，进一步提高环境治理标准和强化污染防治仍是关键。

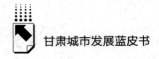
绿色产业结构不够完善。绿色发展要求实现经济与生态的协调，但如果嘉峪关市的经济结构仍然依赖资源型或高污染产业，那么其在绿色发展上将面临瓶颈。产业结构的绿色转型可能进展缓慢，缺乏新兴绿色产业的支撑，影响了绿色发展的可持续性。

生态保护意识有待增强。虽然绿色发展水平总体上升，但趋于平稳的趋势也表明生态保护工作面临瓶颈。这可能反映出在公共领域和企业中，生态保护意识有待进一步增强，尤其是需要推动公众和企业更广泛地参与环保行动，增强生态文明理念。

（四）开放发展

2014~2023年，嘉峪关市开放发展水平整体呈现波动下降的趋势，其平均指数在五大维度中排名最末。这一现象表明嘉峪关市在推动对外开放、融入更广泛的市场环境方面存在一些障碍，可能面临以下问题。

对外经济联系不够紧密。开放发展要求城市加强对外交流、吸引投资和融入区域乃至全球市场，但嘉峪关市的地理位置相对偏远，经济外向度可能较低，对外经济联系不够紧密，导致外资和外来企业进入的意愿较低，限制了城市的开放程度和经济活力。

缺乏多元化的对外开放平台和载体。开放发展水平下降可能反映出嘉峪关市缺少高水平的对外开放平台。这样的对外开放平台能吸引更多的外资、技术和人才，但在嘉峪关市可能尚未成形，或者作用有限，制约了开放水平的进一步提升。

旅游业和对外贸易波动较大。嘉峪关市在开放发展水平较高的年份（如2016年）表现较为突出，可能与旅游人数增加或某些年度的对外贸易增长有关。但这种增长难以持续，显示出嘉峪关市的开放发展较为依赖旅游业或少数对外贸易项目，缺乏稳定和多元的支撑。

人才引进和留存挑战。开放发展依赖于人力资源的支撑，尤其是具备国际视野和跨文化能力的人才。嘉峪关市可能在吸引并留住这类人才方面存在挑战，导致缺乏能够推动开放创新的高素质人才，使得开放发展的步伐放缓。

（五）共享发展

2014~2023年，嘉峪关市共享发展水平整体呈现波动上升的趋势，其平均指数在五大维度中位居第二。这一趋势表明，嘉峪关市在推动经济成果惠及大众、提升社会福利水平和实现共同富裕方面取得了显著成效。共享发展水平的不断提升，说明市政府在教育、医疗、社会保障等民生领域的投入逐渐产生了积极效果，公共资源的配置更加合理，使得越来越多的市民能够从中受益，真正享受经济社会发展的成果。

未来，嘉峪关市可进一步关注资源分配的公平性，特别是缩小城乡和不同收入群体之间的差距，确保经济发展带来的成果能够更加全面和广泛地惠及所有人群。持续推进均衡发展，为嘉峪关市的长远发展奠定更加坚实的社会基础，进一步巩固和深化共享发展的成果。

四 嘉峪关市高质量发展的对策建议

本报告通过对嘉峪关市高质量发展水平进行分析，从"创新、协调、绿色、开放、共享"维度提出嘉峪关市发展中存在的问题，并结合嘉峪关市高质量发展实际，提出以下对策建议。

（一）以创新增动力，为高质量发展提供强力支撑

首先，加强科技创新人才引进和培养，打造创新型高水平人才队伍。人才是创新的核心动力，高水平的科技创新人才是推动高新技术产业发展的关键力量。无论是基础研究、技术开发，还是产业转化，都离不开一支高素质的人才队伍。这就需要嘉峪关市加大对创新型人才的引进和培养力度，通过一系列激励政策制定和平台建设来吸引顶尖人才，例如设立专项资金、提供住房补贴和配套服务等。此外，培养本地人才，提升现有人才的技术水平也是必要的，可以通过与高校和科研机构合作，促进人才培养与项目研究的紧密结合。其次，建立创新合作利益共享机制。科研资源的开放共享，特别是

大型科研仪器、实验室平台等，是推动区域协同创新的基础。嘉峪关市可以通过建立创新合作利益共享机制，与高校、科研机构和企业建立紧密合作。这包括共建重点实验室、产学研创新中心等，通过这些合作平台来推动科研资源和技术成果的共享。同时，可以设立科研仪器共享服务平台，提高科研资源的利用效率。最后，发挥市场的主体作用，发展特色产业集群。强化协同创新所依托的重点产业，例如新能源、智能制造、生物医药等。培育创新主体，鼓励高校、科研机构和企业的研发制造向嘉峪关市转移，促进嘉峪关市的传统制造向先进制造发展。释放民营企业和中小企业的活力，引导其重视创新技术，对设立研发机构和产出创新技术产品给予财政补贴，鼓励支持企业成为研发主体、创新主体。

（二）以协调保和谐，缩小城乡之间的发展差距

新发展理念中"协调"重在指城乡区域协调和产业协调。首先，深刻认识到行政区域划分所带来的空间发展差异，加快城乡融合发展的顶层设计。强调要深刻认识到行政区域划分所带来的空间发展差异，特别是城乡之间的差距。为了实现城乡一体化发展，需要从战略高度进行顶层设计，形成促进城乡融合发展的总体规划和政策体系。这意味着要明确城乡各自的功能定位，通过政策引导、资源配置等手段促进城乡协调发展。其次，扎实推进乡村振兴战略。乡村振兴是实现城乡协调发展的重要途径。要通过完善制度体系，推进城乡经济的深度融合，形成城乡之间的良性互动。这包括支持农村地区发展特色产业、增加农民收入，进而缩小城乡之间的经济差距，提升农村居民的生活水平。最后，加快城乡融合。城乡社会融合的前提是城乡经济的协调发展。通过推进城乡经济融合，可以逐步消除城乡之间的收入差距和发展不平衡。在此基础上，城乡居民的生活水平和空间布局也会逐步一体化，实现更加和谐的城乡关系。为了实现城乡社会融合，城市的基础设施需要向农村地区延伸。同时，还需要加大对农村文化、教育、医疗等公共服务的财政投入，促进城乡基本公共服务的均等化，确保农村居民能够享受到与城市居民同等的公共资源。

（三）以绿色促转型，凝聚生态文明建设的战略决心

首先，推动污染物减排与资源循环利用。在确保经济平稳运行的前提下，实施严格的污染物排放控制措施，特别是减少二氧化碳和其他温室气体的排放。同时，大力推进可再生资源的循环利用，加快构建废弃物资源化利用体系。通过加大新能源的使用比例和推广循环经济模式，推动城市从"高消耗、高排放"向"低消耗、低排放"转变，实现经济与环境的协调发展。其次，以高新技术驱动绿色转型。绿色发展与低碳城市的建设，需要依托高新技术的支持。政府和企业应加大对绿色科技的研发投入，鼓励创新低碳技术，推动绿色能源、节能环保、新材料等相关产业的发展。通过技术创新，提高资源利用效率，减少对传统高污染、高能耗产业的依赖，加速产业结构转型升级，为经济增长注入绿色动力。最后，健全生态治理体系，完善"一个中心，多元参与"的治理框架，形成全民治理合力。"一个中心"是指三地组建的生态环境协同治理机构，"多元参与"是指包括公民、企业和政府等在内的多元参与治理主体。充分落实企业在环境治理方面的责任，通过制定严格的排污标准，倒逼企业提升技术水平，最大限度地利用资源，改善区域生态环境。普及环境伦理教育，使人们认识到自己赖以生存的生活环境正面临资源浪费、环境恶化等一系列生态问题，强化人民群众对生态环境保护的责任感与紧迫感。

（四）以开放添活力，推动形成全面开放新格局

"双循环"新发展格局之下，对外开放不再是简单的开放，而是需要扩大对外贸易，深化资金、高精尖人才、科技创新等领域国际合作。首先，构建开放型经济新体制，促进经济由外向型向开放型转变。加大对民营企业的财政保障力度，支持服务贸易发展以及外贸转型升级示范基地建设。其次，提高利用外资的质量和水平。在引进外资方面，应注重质量而非单纯的规模。优化外资来源和产业结构，选择符合嘉峪关市发展方向的外资项目，尤其是引进高附加值、绿色环保型产业，以促进本地经济转型升级。同时，注

重吸引具备全球竞争力的外资企业入驻，进一步拓展国际合作渠道，提升国际化程度。最后，有效提升自身对外经济交往能力、发挥中枢和纽带作用。开放不仅意味着对外合作，更要求自身实力的增强。提升自身对外经济交往能力，需要注重内部的制度创新、技术进步和产业升级，增强自身在全球价值链中的话语权。在此基础上，才能更好地发挥中枢和纽带作用，在全球范围内推进各类经贸合作，尤其是在资金、人才、科技等高端资源的国际交流中取得突破。

（五）以共享稳民生，持续提升人民生活幸福感

习近平总书记指出，"保障和改善民生是一项长期工作""要实现经济发展和民生改善良性循环"。① 首先，提升社会保障水平，精准帮扶困难群众。社会保障是改善民生的基石。要不断扩大社保覆盖面，确保基本养老保险、医疗保险、失业保险等覆盖所有城乡居民，特别是低收入群体和困难群众。同时，优化社会救助体系，进一步提高救助标准和加大补贴力度，精准帮扶困难家庭，保障其基本生活需求。通过数据平台和现代科技手段，建立困难群众的动态监测和预警机制，实现精准识别。针对残障人士、困难家庭等特殊群体，提供更具针对性的帮扶措施，例如增加对低收入家庭的补助、提供免费或优惠的医疗和教育资源。其次，完善发展成果的共享机制，努力实现基本公共服务广覆盖。通过制度设计和政策创新，建立发展成果共享的长效机制。要推动经济发展成果更多惠及普通民众，特别是加大对就业、收入分配等方面的政策支持力度，确保发展红利能够公平分配。积极推进居民收入与经济发展同步增长，通过加大财政转移支付力度等方式，缩小不同群体间的收入差距。最后，推进民生领域补短板强弱项，提升人民生活幸福感。对一些老旧小区住房在保护中改造，责令拆除违规私搭乱建，加装电梯，改善居民居住环境并保障住房安全。

---

① 《保障和改善民生，迎接持续不断的新起点！》，人民政协网，2022 年 10 月 11 日，https：//www.rmzxw.com.cn/c/2022-10-11/3217136.shtml。

B.4

金昌市城市高质量发展报告

刘奔腾　董建红*

摘　要： 2014~2023 年金昌市高质量发展水平整体呈波动上升趋势，城市高质量发展水平由 0.357 提升至 0.482，整体水平得到显著提升，提升了 35%。这表明金昌市城市发展呈现稳中向好的趋势，取得了较为显著的成效。从各维度指数和贡献率来看，创新、开放和共享维度的发展水平相对较高，对金昌市高质量发展的贡献和影响较大；协调、绿色维度的发展水平相对较低，其中绿色发展指数较低，贡献较小。此外，开放发展指数和贡献率整体呈下降趋势；共享发展指数和贡献率整体呈上升趋势。其发展重点是进一步调整产业结构，在优化保障第一产业发展的同时，积极发展第三产业，对传统产业进行升级改造，鼓励新兴产业与现代服务业的发展，完善产业链条，推动能源利用结构的转型和升级，提高废弃物处理和循环利用水平，深化绿色发展理念的认识和实践以及强化环境监管能力和基础建设等。

关键词： 城市发展　高质量发展　金昌

金昌市，这座因矿兴企、因企设市的城市，作为全国最大的镍钴生产基地与循环经济示范基地，国家资源型城市绿色转型发展示范市，河西走廊经济带黄金节点城市，宜居宜业、精致精美的全国文明典范城市，以及甘肃省新型工业化示范区、共同富裕先行区、城乡融合发展示范区、河西走廊新材料新能源研发生产基地、通道物流节点、工业旅游目的地，其具有重要的战

---

* 刘奔腾，博士，兰州理工大学教授，主要研究方向为建筑与城市遗产保护、地域性建筑与城市设计；董建红，博士，兰州理工大学副教授，主要研究方向为城乡规划与国土评价。

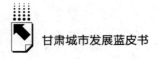
略地位和区位优势。

近年来，金昌市在经济发展方面取得了显著的成就，其丰富的镍资源为城市的工业发展奠定了坚实的基础。然而，金昌市并未止步于传统的资源型城市定位，而是积极探索转型之路，力求实现全面、协调、可持续的发展。金昌市的经济总量持续增长，地区生产总值不断攀升。2023 年，金昌全市实现地区生产总值 568 亿元，人均地区生产总值达到 13 万元。在产业结构方面，金昌市持续优化升级，形成了"2+4"现代化产业体系，有色金属新材料、新能源和新能源电池两个千亿级产业，以及数字经济、化工循环、资源综合利用、高品质菜草畜四个百亿级产业，共同构成了金昌市产业发展的新格局。特别是新能源和新能源电池产业，已成为金昌市的一张闪亮名片，镍铜钴新材料产业集群被认定为全国中小企业特色产业集群，金昌市也成为西北最大的新能源电池及材料供应基地。在交通运输方面，金昌市大力推进基础设施建设，完善区域路网，提升服务质量。旅游公路的建设和区域路网的完善，不仅方便了市民的出行，也为旅游业的发展提供了有力支撑。此外，金昌市还积极推进出租车行业的改革与发展，引入"滴滴出租车约车平台"，实现巡游、网约、电话预约等多种方式一体化运营，有效解决了供需矛盾。在城乡融合发展方面，金昌市开展乡村振兴和新型城镇化双轮驱动，全力打造甘肃省城乡融合发展示范区。近年来，金昌市城市规划建设管理全面提质，城市照明、风貌色彩、全域绿化、综合水系连通等规划落地实施，城市面貌焕然一新。同时，金昌市还积极推进农村人居环境整治提升行动，拆旧建新、改造提升农宅，完成农户改厕，农村人居环境得到显著改善。加之《金昌市城乡融合发展示范区建设规划（2023—2030 年）》的编制完成，为金昌市的城乡融合发展提供了有力保障。在民生福祉方面，金昌市始终坚持以人民为中心的发展思想，城乡居民收入持续增长；同时，金昌市还积极推进社会保障体系建设，城乡居民基本养老保险制度全面覆盖，四级医疗卫生服务体系全面建立，三甲医院实现"零"的突破，被评为国家卫生城市。此外，金昌市还积极推进生态文明建设，生态环境持续改善。近年来，金昌市加大了对生态环境的保护和治理力度，空气质量、水质等环境指标均有所提升；同时，金昌市还积极推进生态及地质灾害避险搬迁工作，为群众提供了更加安全、舒适的居住环境。综上所述，金昌市近年来在经济发展、产业结构优化、交通运输建设、城乡融合发展、民生福祉提升和生态文明建设等方面取得了显著成就。这些成就不仅为金昌市的未来发展奠定了坚实基础，也为其他资源型城市的转型提供了有益借鉴。未来，金昌市将继续坚持高质量发展，努力打造现代化新金昌，为人民群众创造更加美好的生活。

一 金昌市发展基本概况

（一）金昌市经济发展概况

2014~2023 年，金昌市的经济发展水平呈现稳步上升的趋势，经济发展取得了较为显著的成就，具体发展概况如下。

一是地区生产总值。金昌市的经济总量持续增长，高于全国和全省平均水平。特别是 2021 年，全市地区生产总值首次突破 400 亿元大关，达到 429 亿元，比上年增长 8%。而到了 2023 年，金昌市实现地区生产总值 568 亿元，人均地区生产总值达到 13 万元。

二是人均地区生产总值。金昌市的人均地区生产总值也呈现稳步增长的趋势，到 2021 年已达到 10 万元，2023 年更是达到了 13 万元。

1. 产业结构优化升级

（1）总体产业结构

2014 年，金昌市第一、二、三产业的结构比为 7.1∶69.3∶23.6；2023 年，金昌市第一、二、三产业的结构比为 6.1∶71.1∶22.8。这表明，第二产业（主要是工业和建筑业）在金昌市的产业结构中占据主导地位，而第一产业（农业）和第三产业（服务业）的占比则相对较低。

（2）"2+4"现代化产业体系

有色金属新材料产业。该产业是金昌市的传统优势产业，以金川集团为龙头，形成了镍铜钴新材料产业集群，其被认定为全国中小企业特色产业集群。2023 年，有色金属新材料产业链实现产值显著增长，成为金昌市经济增长的重要支撑。重点发展了金属纳米粉体、高温合金、耐蚀合金、铜加工产品、海绵钛及钛合金等产业，并建成投产了 3.5 万吨电镀用高端镍盐、3.0 万吨转子级海绵钛等项目。

新能源和新能源电池产业。金昌市依托丰富的镍、铜、钴等制造新能源电池的原材料，大力发展新能源电池产业，实现了从无到有、串点成线、扩链成网的转变。新能源电池材料本地化率已达到较高水平，新能源电池产业集群初步成形。重点发展了风光电、新能源电池、新能源装备等产业，并大力推进源网荷储一体化建设。

数字经济、化工循环、资源综合利用、高品质菜草畜产业。数字经济产业持续做大数据存储、灾备、网络货运等产业规模，推进数据清洗计算、供应链金融、北斗导航应用等产业发展。化工循环产业重点发展了氯碱、硫磷、煤、氟、精细化工等产业。资源综合利用产业发展了镍铜冶炼废渣、磷钛石膏综合利用及贵金属提炼产业，推进能源资源循环利用。高品质菜草畜产业也得到了稳步发展。

2. 产业结构优化升级成果

工业增加值显著增长。2023 年，金昌市实现工业增加值 378.7 亿元，其中规模以上工业增加值同比增长 16.9%，对全省规模以上工业增长贡献率达 25% 以上。

"2+4" 现代化产业集群产值大幅提升。2023 年，"2+4" 现代化产业集群产值达到 1402.9 亿元，同比增长 28.7%，显示出金昌市产业结构优化升级的显著成果。

科技创新能力显著增强。金昌市深入实施创新驱动发展战略，支持金川集团等龙头企业推动技术创新和产业升级。手撕镍带、单晶材料等一批关键技术实现突破，GH4169 高精带材、4N5 无氧铜板材实现进口替代。金川集团镍盐公司成为省内唯一全国创建世界一流专精特新示范企业。

绿色发展取得新进展。金昌市聚焦降碳、减污、扩绿、增长，强化企业能耗"双控"管理，稳妥开展工业"两高"项目节能技改。新增项目能效水平均达到国内乃至国际先进值，推动了绿色发展和可持续发展。

综上所述，金昌市 2023 年的产业结构呈现显著优化和升级的特点，以"2+4"现代化产业体系为支撑，实现了工业增加值的显著增长和产业集群产值的大幅提升。同时，科技创新能力提升和绿色发展也取得了新进展，为金昌市经济的持续健康发展奠定了坚实基础。

3. 工业经济发展

金昌市的规模以上工业增加值连续保持增长态势，特别是近年来增速显著。2023 年，规模以上工业增加值连续 78 个月保持两位数增长、32 个月位居全省第一。

金川集团、百德金贵金属公司、佰利联化学公司等一批重点工业企业稳产满产，为金昌市的工业经济增长提供了有力支撑。

4. 固定资产投资与进出口贸易

金昌市的固定资产投资也呈现稳步增长的趋势，特别是第二产业投资增长迅速，为产业升级和经济发展提供了有力保障。

金昌市的进出口贸易总额保持增长，尽管在某些年份受到国内外环境等因素的影响，但整体仍保持增长态势。

（二）金昌市社会发展概况

1. 金昌市人口概况

（1）常住人口变化

2014 年，根据金昌市统计数据，金昌市的常住人口总体保持稳定，但略有下降；2020 年，根据第七次全国人口普查数据，金昌市常住人口为438026 人，与 2010 年第六次全国人口普查时的 464050 人相比，减少了26024 人。根据《金昌市国民经济和社会发展统计公报》数据，2021 年，金昌全市常住人口为435300 人；2022 年，全市常住人口为434400 人；2023年，全市常住人口为432000 人。

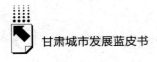
（2）城镇化率变化

近年来，金昌市的城镇化率持续提高。2020年城镇人口占常住人口的比重为77.40%，而到了2023年，这一比重已提升至79.83%，显示出金昌市在推进城镇化方面取得了显著成效。

（3）人口结构变化

金昌市的人口年龄结构逐渐老龄化。例如，2021年60岁及以上年龄段的人口为79700人，其中65岁及以上年龄段的人口为61700人，这一趋势给金昌市的社会保障、养老服务等方面带来挑战。

金昌市的性别结构相对平衡。以2020年为例，男性人口占51.44%，女性人口占48.56%。

（4）人口迁移与流动

金昌市的人口迁移与流动情况受到多种因素的影响，包括经济发展、就业机会、生活环境等。近年来，随着金昌市经济结构的调整和产业升级的推进，部分人口因就业、教育等原因迁入或迁出金昌市。

综上所述，2014~2023年，金昌市的人口呈现常住人口略有下降、城镇化率持续提高、人口年龄结构逐渐老龄化和性别结构相对平衡以及人口迁移与流动复杂多变的特点。未来，金昌市需要继续加强人口管理和服务，优化人口结构，促进人口与经济社会的协调发展。

2. 金昌市社会发展状况

（1）民生福祉与社会保障

金昌市城乡居民收入持续增长，生活水平不断提高。2023年城乡居民收入分别达到50082元、21258元，是2013年的2.1倍、2.4倍。

金昌市积极促进就业，城镇新增就业人数逐年增加。2023年全市城镇新增就业10611人，其中失业人员再就业6173人。

金昌市不断完善社会保障体系，提高社会保障水平，财政支出中用于民生的比例逐年提高。

（2）城乡建设与基础设施建设

金昌市城镇化率持续提高，城市规模不断扩大。例如，2023年常住人口城镇化率达到 79.83%，比上年末提高 0.93 个百分点。

金昌市不断加强基础设施建设，提升城市功能和服务水平。近年来，一批重大项目相继建成投产，包括交通、能源、水利等领域的重点工程。

（3）教育、文化与医疗卫生

金昌市重视教育事业发展，不断提高教育质量。近年来，教育事业投入持续增加，学校数量稳步增长，师资力量得到加强。

金昌市积极推动文化事业发展，丰富群众精神文化生活。例如，举办了多场文艺演出和文化活动，加强了文化遗产保护和传承工作。

金昌市医疗卫生事业不断进步，医疗服务水平不断提高。医疗机构数量和床位数逐年增加，医疗技术和服务质量得到提升。

（4）生态环境保护与绿色发展

金昌市高度重视生态环境保护工作，加大环境治理和生态保护力度。近年来，空气质量、水质等环境指标持续改善，生态环境质量得到明显提升。

金昌市积极推动绿色发展理念深入人心，加强节能减排和资源循环利用工作。通过发展循环经济、推广清洁能源等措施，实现了经济与环境的协调发展。

综上所述，2014~2023 年，金昌市在民生福祉与社会保障，城乡建设与基础设施建设，教育、文化与医疗卫生，以及生态环境保护与绿色发展等方面均取得了显著成就。未来，金昌市将继续坚持高质量发展，推动经济社会持续健康发展。

二 金昌市高质量发展水平分析

（一）总体水平

高质量发展是全面建设社会主义现代化国家的首要任务，城市作为推动经济增长和建设社会主义现代化的主阵地，要加快构建新发展格局，着力推动自身高质量发展。基于新发展理念，通过梳理城市高质量发展的理论内涵，本报告构建了包含创新、协调、绿色、开放、共享在内的 5 个维度的综合评价指标体系，分析了 2014～2023 年金昌市发展质量的时序演变特征。结果显示（见表 1、图 1），研究期间金昌市高质量发展水平整体呈波动上升趋势，城市高质量发展水平由 0.357 提升至 0.482，整体水平得到显著提升，提升了 35%。这表明金昌市城市发展呈现稳中向好的趋势，取得了较为显著的成效。

表 1　2014～2023 年金昌市高质量发展水平测度结果

年份	创新	协调	绿色	开放	共享	综合
2014	0.086020	0.071741	0.019917	0.111288	0.067847	0.356813
2015	0.122358	0.066424	0.018367	0.075471	0.068985	0.351605
2016	0.122527	0.064999	0.021703	0.092615	0.070969	0.372813
2017	0.119833	0.060288	0.023854	0.100133	0.077676	0.381784
2018	0.092215	0.063866	0.024907	0.124980	0.087731	0.393699
2019	0.086445	0.067227	0.026365	0.105190	0.095838	0.381065
2020	0.116471	0.074332	0.026305	0.096137	0.102716	0.415961
2021	0.116968	0.075423	0.026938	0.110713	0.125540	0.455582
2022	0.129416	0.081632	0.028336	0.111432	0.136491	0.487306
2023	0.142489	0.083397	0.030096	0.077331	0.148377	0.481690

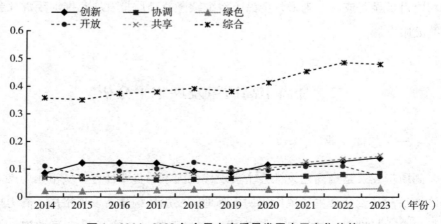

图 1　2014～2023 年金昌市高质量发展水平变化趋势

从各维度指数和贡献率来看，创新、开放和共享维度的发展水平相对较高，对金昌市高质量发展的贡献和影响较大；协调、绿色维度的发展水平相对较低，其中绿色发展指数较低，贡献较小。此外，开放发展指数和贡献率整体呈下降趋势；共享发展指数和贡献率整体呈上升趋势（见图2、图3）。

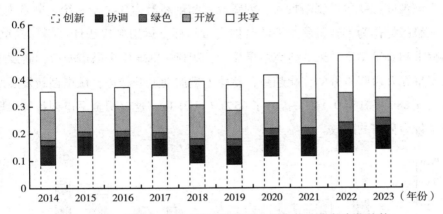

图2　2014~2023 年金昌市高质量发展水平各维度指数变化趋势

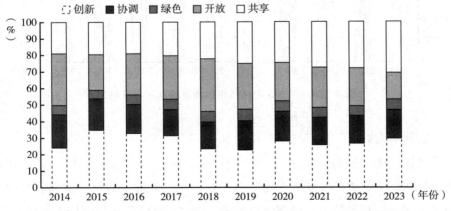

图3　2014~2023 年金昌市高质量发展水平各维度贡献率变化趋势

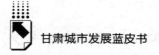

（二）各维度测度结果

下面从创新发展、协调发展、绿色发展、开放发展、共享发展 5 个维度测度了金昌市的高质量发展水平。

1. 创新发展

该维度主要包括创新投入、创新成效和创新潜力 3 个子系统，共选取 8 个三级指标作为创新发展水平的具体衡量指标。运用熵权法计算指标权重，加权求和获得测度结果。研究结果显示：2014~2023 年金昌市城市创新发展水平呈先升后降再升的变化趋势，整体上呈波动上升趋势，城市创新发展水平由 0.086 提升至 0.142，提升了 65%（见图 4）。这表明金昌市创新发展取得了较为显著的成效。

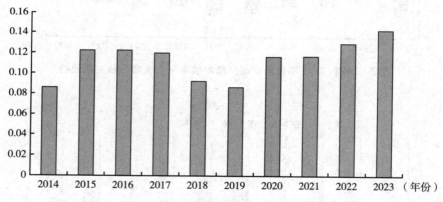

图 4　2014~2023 年金昌市创新发展水平测度结果

2. 协调发展

该维度主要包括城乡发展、地区发展和产业结构 3 个子系统，共选取 6 个三级指标作为协调发展水平的具体衡量指标。运用熵权法计算指标权重，加权求和获得测度结果。研究结果显示：2014~2023 年金昌市城市协调发展水平呈先降后升的变化趋势，整体上呈波动上升趋势，城市协调发展水平由 0.072 提升至 0.083，提升了 15%（见图 5）。这表明金昌市协调发展水平较滞后，协调发展水平提升不明显。

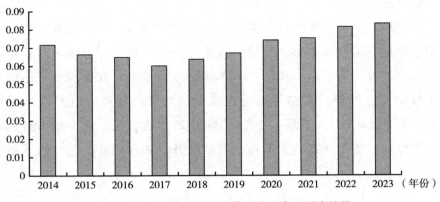

图5　2014~2023年金昌市协调发展水平测度结果

3. 绿色发展

该维度主要包括污染排放、污染治理、绿色环境和安全生产4个子系统，选取9个三级指标作为绿色发展水平的具体衡量指标。运用熵权法计算指标权重，加权求和获得测度结果。研究结果显示：2014~2023年金昌市城市绿色发展水平整体呈上升的变化趋势，但整体维持在较低的状态，城市绿色发展水平由0.020提升至0.030，提升了50%（见图6）。这表明金昌市的绿色发展取得了一定的成绩，但绿色发展水平还亟待提升。

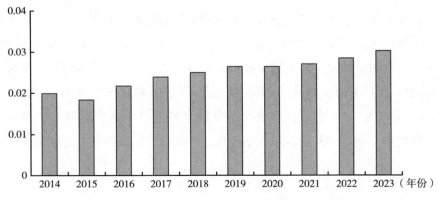

图6　2014~2023年金昌市绿色发展水平测度结果

4. 开放发展

该维度主要包括外贸和旅游 2 个子系统，选取 2 个三级指标作为开放发展水平的具体衡量指标。运用熵权法计算指标权重，加权求和获得测度结果。研究结果显示：2014～2023 年金昌市城市开放发展水平呈波动中下降的变化趋势，且整体维持在较低的状态，城市开放发展水平由 0.111 下降至 0.077，下降了 31%（见图 7）。这表明金昌市城市开放发展水平维持在较低状态且未能得到有效提升，其开放发展整体水平亟须提升。

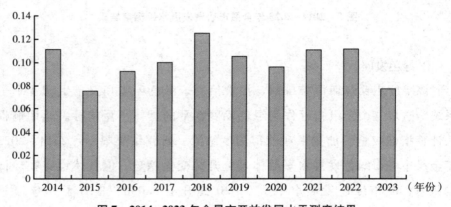

图 7　2014～2023 年金昌市开放发展水平测度结果

5. 共享发展

该维度主要包括经济成果、社会保障和基础设施 3 个子系统，选取 9 个三级指标作为共享发展水平的具体衡量指标。运用熵权法计算指标权重，加权求和获得测度结果。研究结果显示：2014～2023 年金昌市城市共享发展水平呈持续上升态势，城市共享发展水平由 0.068 提升至 0.148，提升了 118%（见图 8）。这表明金昌市共享发展水平提升迅速，取得了长足的发展，但整体上看，其共享发展水平还处于较低阶段，未来还有更大的发展空间和潜力。

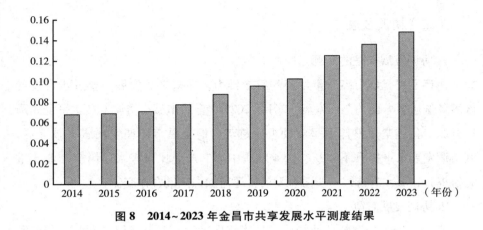

图8　2014~2023年金昌市共享发展水平测度结果

三　金昌市高质量发展存在的问题及对策

（一）创新发展

1. 创新发展存在的问题

创新发展是城市群高质量发展的高效驱动，在未来的发展中要逐步实现经济社会发展从要素驱动向创新驱动的有效转变。2014~2023年金昌市城市创新发展水平呈先升后降再升的变化趋势，整体上呈波动上升趋势，这表明金昌市创新发展取得了较为显著的成效。但创新发展不够稳定，波动较为明显，创新发展驱动力不足，人才吸引力有待加强，创新发展环境还需进一步改善和优化。

2. 创新发展对策

第一，政府加大科技创新投入。在加大资金投入的基础上，还需优化自身的服务，对创新发展给予大力支持，为企业发展、人才培育以及成果转化等提供良好的环境。

第二，培养吸纳科技创新人才。完善人才引进制度保障，建立健全创新人才培养机制，优化创新创业环境。

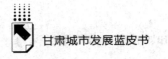

（二）协调发展

1. 协调发展存在的问题

协调发展是城市高质量发展的有效推力，在未来的发展中要逐步实现各区域各领域各方面的全面发展。2014~2023年金昌市城市协调发展水平呈先降后升的变化趋势，整体上呈波动上升趋势。但金昌市协调发展水平较滞后，其协调发展水平提升不明显，产业结构中第二产业比重较大，第三产业比重有待提升，城乡有待进一步融合发展，还需加强区域合作交流。

2. 协调发展对策

第一，进一步调整产业结构。在优化保障第一产业发展的同时，积极发展第三产业，对传统产业进行升级改造，鼓励新兴产业与现代服务业的发展，鼓励高新技术产业发展，通过产业创新促进三大产业结构重组，实现三大产业间的健康可持续发展。

第二，坚持城乡一体化发展格局。妥善处理城乡各级政府间的关系，打破城乡割裂局面，积极推进城乡融合发展，最终实现城乡一体化发展。一方面要坚持实施乡村振兴战略，为乡村发展提供内部动力；另一方面要以城市地区的发展辐射带动农村地区的发展，为乡村发展提供外部拉力。

（三）绿色发展

1. 绿色发展存在的问题

绿色发展是城市高质量发展的重要支撑，在未来的发展中要持续推进生态文明建设。2014~2023年金昌市城市绿色发展水平整体呈上升的变化趋势，但整体维持在较低的状态，其绿色发展取得了一定的成绩，但绿色发展水平还亟待提升。

第一，从产业结构来看，重化工业特征明显。金昌市的工业发展高度依赖资源，重化工业占比大，这导致其对国际有色产品价格波动敏感，抗风险能力较弱，不利于经济的稳定发展。

第二，产业链条较短。金昌市的龙头型企业主要依托能源资源而建，上下游产业链集群化水平较低，产业链条不够完整，整体处于价值链中低端，这限制了其产业竞争力的提升。

第三，能源利用结构问题。不可更新资源依赖程度过高，金昌市在能源利用上过分依赖外来进口和本土的不可更新资源，而可更新清洁能源尚待进一步开发；能源利用效率低，由于产业结构和技术水平的限制，金昌市的能源利用效率整体不高，这加剧了其能源压力和环境问题。

第四，废弃物排放问题。废弃物排放量大，随着工业生产的不断扩大，金昌市的废弃物排放量也在不断增加，这对环境造成了巨大的压力；废弃物循环利用率低，尽管金昌市在废弃物处理方面做了一定的努力，但废弃物循环利用率仍然较低，大量的废弃物没有得到有效的再利用。

第五，绿色发展理念认识有待深化。部分企业和政府部门对绿色发展理念的认识还不够深入，缺乏长远的发展眼光和战略思维。同时，产业结构调整和优化升级力度不足，在推动产业结构调整和优化升级方面，金昌市还需要加大力度，以实现生态环境质量提升与经济高质量发展的相互促进。

第六，环境监管能力和基础较弱。生态环境保护相关的制度体系有待完善，环境监测和执法队伍力量有待加强。

2. 绿色发展对策

第一，践行习近平生态文明思想，落实区域生态保护政策，对接国家"双碳"目标。持续将绿色低碳贯穿于经济社会发展的各个领域，积极助推绿色产业、节能工业发展，大力改造传统工业发展模式，推进其向低碳化、绿色化发展，减少三废排放，规范企业污染排放标准，加大企业污染治理力度，建立健全企业污染排放治理体制，提高资源利用效率，提升废弃物回收利用效率。

第二，加大生态保护力度，维持区域生态平衡。首先，深入贯彻《中共中央　国务院关于全面推进美丽中国建设的意见》和《中共甘肃省委关于进一步加强生态文明建设的决定》，落实《金昌市进一步加强生态文明建设行动方案》，明确重点任务，全力推动生态环境保护工作。在环境安全方面，积极应对气候变化，扩大风光电装机规模，提升新能源发电量占比。同时，全面强化生物多样性保护，建设预警体系，实现监测、执法、管理信息共享。其次，重点保护绿洲和水源区域，维持人与自然和谐共处，保护祁连山生态环境，实现荒漠—绿洲—冰川—城市系统的和谐共生。

总之，金昌市在绿色发展方面面临的问题涉及产业结构、产业链条、能源利用结构、废弃物排放、绿色发展理念认识以及环境监管能力和基础等多个方面。为了推动金昌市的绿色发展，需要采取综合性的措施，加强产业结构调整和优化升级、完善产业链条、推动能源利用结构的转型和升级、提高废弃物处理和循环利用水平、深化绿色发展理念的认识和实践以及强化环境监管能力和基础建设等。

（四）开放发展

1. 开放发展存在的问题

开放发展是城市高质量发展的提升动力，在未来的发展中要实现区域发展与全国发展乃至全球发展的深度融合。2014~2023年金昌市城市开放发展水平呈波动中下降的变化趋势，且整体维持在较低的状态，表明金昌市城市开放发展水平维持在较低状态且未能得到有效提升，其开放发展整体水平亟须提升。

第一，对外开放程度不够高。尽管金昌市在近年来加大了对外开放力度，但相较于发达地区，其对外开放程度仍然不够高。这主要体现在外资企业和外资的引进数量相对较少，以及实际使用外资的规模不够大。例如，金昌经济技术开发区2022年累计引进外资企业9家，全年实际使用外资3103万美元，虽然同比增长27%，但与发达地区相比仍有较大差距。

第二，外资利用结构不合理。金昌市在利用外资方面存在结构不合理的问题。一方面，外资主要集中在制造业等传统产业领域，而现代服务业、高新技术产业等领域的外资利用相对较少；另一方面，外资企业的投资规模相对较小，缺乏大型外资项目的带动效应。

第三，国际贸易合作水平有待提升。虽然金昌市积极参与国际贸易合作，但整体水平相对较低。此外，金昌市在国际贸易中面临的竞争压力较大，需要进一步提升自身的竞争力和国际影响力。

第四，营商环境有待优化。尽管金昌市在优化营商环境方面取得了一定成效，但仍存在一些问题和挑战。

2. 开放发展对策

第一，外商投资额度较小，招商引资工作亟待加强。对外开放已不仅仅是引进资金、技术与人才，还需扩大出口、加强对外交流合作、积极配置全球资源，需要将"引进来"与"走出去"相结合，积极促进内需与外需平衡，形成更大范围、更宽领域、更深层次对外开放格局。

第二，提升城市自身发展潜力。在加强经济建设的同时更加注重区域特色，挖掘地区民族、建筑、文化、生态、产业等方面的特色，吸引优秀产业，打造城市品牌形象，提升国内知名度与国际知名度。

第三，完善区域交通网络建设。在优化城市内部交通网络的基础上，加快城际快速路网与高速公路网的建设，重点建设对外交通枢纽，形成综合交通体系，强化内外联系。

（五）共享发展

1. 共享发展存在的问题

共享发展是城市高质量发展的重要保障，在未来的发展中要进一步实现经济社会发展成果的全民共享与全面共享。2014~2023年金昌市城市共享发展水平呈持续上升态势，城市共享发展水平由0.068提升至0.148，提升了118%。这表明金昌市共享发展水平提升迅速，取得了长足的发展，但整体上看，城市共享发展水平还处于较低阶段，未来还有更大的发展空间和潜力。

2. 共享发展对策

第一，推进基础设施共建共享。加强综合交通设施、能源保障设施、网络信息设施等与人民生活息息相关的基础设施建设，进一步补齐乡村基础设

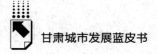
施建设的短板，实现城乡共建共享。

第二，提升公共服务供给水平。构建高效的社会保障体系、社会事业体系与社会管理体系，从就业、医疗、住房、养老、教育、文化体育以及社会安全等多方面为人民生活提供更加优质的服务。此外，要积极运用新技术，构建以"大数据"为依托的新型公共服务智慧共享平台。

B.5
白银市城市高质量发展报告

张永凯　柳世眉*

摘　要： 2014~2023 年白银市高质量发展水平整体呈现稳步上升趋势，除 2015 年稍有下降，2016 年开始持续上升，但上升速度有波动。共享和创新两大子系统对白银市高质量发展的影响最大，且上升速度和整体水平也高于另外三大子系统，开放子系统呈现波动上升趋势，在 2014~2015 年和 2018~2019 年呈现下降趋势，2015~2018 年上升速度快于 2019~2023 年，而协调和绿色两大子系统发展程度接近且增长较为缓慢。白银市要全力推动产业转型，以创新驱动发展，着力加快新兴产业壮大，提升传统产业附加值，加大生态保护力度，引进人才、技术，为经济发展注入全新活力，促进资源枯竭型城市转型和高质量发展。

关键词： 城市发展　高质量发展　白银

一　白银市发展的历史演变与现状特征

（一）白银市发展的历史演变

1956 年白银成立县级市，下辖第一至第六 6 个街道办事处。1958 年升格为地级市，辖皋兰县、景泰县、靖远县、白银市郊区。1963 年撤销白银市，靖远县划归原定西地区，景泰县仍隶属武威地区，白银区、皋兰县隶属

---

* 张永凯，博士，兰州财经大学教授，主要研究方向为城乡规划和区域创新；柳世眉，兰州财经大学经济学院硕士研究生，主要研究方向为资源利用与区域发展。

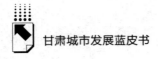
兰州市。白银市现辖三县两区（会宁县、靖远县、景泰县、白银区、平川区），69个乡镇9个街道，693个行政村157个社区，区域总面积2.01万平方公里。

白银市境内采矿业和制陶业兴起早，有色金属采矿业起于汉代，明朝洪武年间，官方在此设立办矿机构"白银厂"，曾有"日出斗金，积销金城"之记载。白银市的矿产资源主要分布于南北两条成矿带，南矿带由天祝的玛雅雪山向东延伸止于白银厂矿区，是有色金属铜、铅、锌及其伴生矿的集中产地，北矿带由景泰县的寿鹿山向东延伸沿靖远县北部止于屈吴山脉，在平川—靖远形成靖远煤矿区，其他主要非金属矿产分布在此矿带以北地区。截至2020年，全市已发现的矿种达53种（含亚矿种），查明资源储量的矿产33种。在查明的矿产中，能源矿产1种，金属矿产11种，非金属矿产20种，水气矿产1种。居全省第1位的有铟、铊、沸石、水泥用大理岩、陶瓷土5种，居前5位的有煤、铜、铅、锌、硒、镉、芒硝、熔剂用灰岩、冶金用石英岩、硫铁矿、伴生硫、石膏、凹凸棒石粘土等13种。然而，随着1984年和1988年白银公司两个露天采矿场相继闭坑，矿产资源日趋减少，白银市铜资源自给率大幅下降。2008年，国家将白银市列入全国首批资源枯竭城市，并先后将白银市纳入兰白科技创新改革试验区和兰白国家自主创新示范区核心区域，白银市开启了以科技创新为引领的转型之路。

（二）白银市发展的现状特征

1. 常住人口波动减少，常住人口城镇化率逐年上升

白银市人口以汉族为主，有回、满、东乡、藏等少数民族36个，少数民族人口总数35207人，占全市总人口的2.1%，其中回族30900人，占少数民族总人口的87.8%，占全市总人口的1.8%。截至2023年末，白银市常住人口148.81万人，比上年末减少1.40万人。其中，城镇人口88.51万人，占常住人口比重（常住人口城镇化率）为59.48%，比上年末提高1.16个百分点。

2014~2023年白银市常住人口呈现先上升后下降趋势，转折点在2020年，2014~2019年白银市常住人口稳定上升且稳定在170万人以上，而到了

2020年常住人口骤降，降至150.88万人，2020～2023年则均呈现下降趋势，2023年首次低于150万人，为148.81万人（见图1）。

图1 2014～2023年白银市常住人口和常住人口城镇化率变动情况

资料来源：历年《白银市国民经济和社会发展统计公报》；历年《白银统计年鉴》。

2. 产业经济稳中向好，工业经济向新提能

近年来，白银市坚持"工业强市、创新发展"不动摇，深入推进"四强"行动，经济社会发展呈现稳中有进、量质齐升的良好势头。坚持"做大总量、扩大增量"不动摇，"十四五"以来，累计实施省市列重点项目679个、完成投资1460亿元。积极推动传统产业焕新升级，同时大力发展新材料、新能源、数字经济等新兴产业。2023年，全市规上工业产值累计增长89.46%，增加值累计增长26.67%，加快新型工业化步伐，传统产业和新兴产业均取得显著进展。2023年上半年，白银市深入实施"强工业"行动，加快推进新型工业化，统筹做好"改旧""育新""延链"工作。传统产业方面，实施了"三化"改造项目20项，推进了银光集团光气化工循环产业链、白银集团铜冶炼智能工厂等项目。新兴产业方面，东方钛业30万吨钛白粉精深加工等项目建成投产，锂电池储能产业链基本形成。

数字经济主体达到1.21万户、核心产业增加值达到47.34亿元。2023年，全市地区生产总值达到672.3亿元，是2020年的1.4倍。如图2所示，

白银市人均 GDP 与省会兰州市的差距呈缩小趋势, 与全国人均 GDP 的差距却在拉大, 总体来看, 白银市人均 GDP 呈现增长状态, 表明白银市经济发展向好, 但与全国及省会兰州市差距仍较大, 还有较大增长空间。

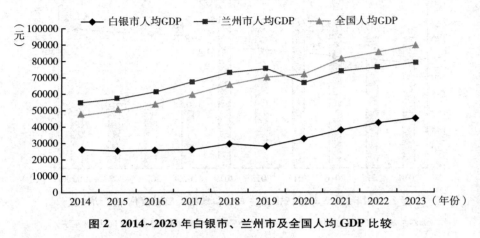

图 2 2014~2023 年白银市、兰州市及全国人均 GDP 比较

资料来源: 白银市统计局、兰州市统计局及国家统计局。

3. 现代农业增产提效, 品牌建设成就非凡

白银是绿色高效的农业基地。依托贯境 258 公里 (占黄河甘肃段总流程 28.3%) 黄河资源优势, 建成被称为 "中华之最" 的景电等 31 处万亩以上大中型灌区。截至 2024 年, 有耕地 791.71 万亩 (永久基本农田 673.11 万亩), 其中旱地 595.54 万亩, 构建了 "肉牛、肉羊、生猪、瓜菜" 四大主导产业集群化发展, "文冠果、枸杞、马铃薯、小杂粮" 四大特色优势产业片带化发展, "林果业、中药材" 等县域特色产业差异化发展的 "四集群+四片带+N" 农业产业发展格局, 形成 "会宁小杂粮" "靖远羊羔肉" 等享誉全国的农产品品牌。全市有效期内绿色、有机、地理标志农产品达 188 个, "甘味" 农产品区域公用品牌 5 个, "甘味" 企业商标品牌 50 个, 被命名为 "国家绿色农业示范区"。2024 年上半年, 白银市农林牧渔业增加值完成 35.63 亿元, 增长 5.7%。蔬菜种植面积 32.86 万亩, 增长 8.1%; 蔬菜产量 72.90 万吨, 增长 8.5%。生猪存栏 95.83 万头, 增长 3.2%; 牛存栏

16.52 万头，下降 8.4%；羊存栏 271.39 万只，下降 2.9%；禽存栏 633.53 万只，增长 4.7%。

4. 科技创新引领发展，试点示范初见成效

白银市以科技引领产业升级。截至 2024 年，白银市认定省级技术创新中心 8 家，培育高新技术企业 121 家、省级创新型企业 91 家，科技进步对经济增长贡献率达到 59.5%。白银市是兰白都市经济圈的核心之地，为国家主体功能区兰州—西宁城市群重点开发区，以及全省"一核三带"发展布局中"兰白一体化"的核心城市和"黄河上游生态功能带"的重点区域，被评为国家循环经济示范城市、全国科技进步先进城市、国家知识产权试点城市、国家卫生城市、全国民族团结进步示范市、全国文明城市提名城市。白银高新技术产业开发区是全国 169 个国家级高新区之一，是兰白科技创新改革试验区和兰白国家自主创新示范区的核心区。白银工业集中区"一区六园"，总规划面积 290.0 平方公里，建成区面积 102.7 平方公里，入驻企业 621 家。

5. 生态保护优先发展，环境治理效果显著

白银市属黄河流域、河西走廊内陆河石羊河流域、黄河的一级支流渭河流域区域范围，全市水资源分布总面积 20015 平方公里。水资源总量 387.16 亿立方米，其中地表水资源总量 386.19 亿立方米，主要由黄河水系及其支流祖厉河水系构成；地下水资源总量 0.97 亿立方米。可利用总水量 329.00 亿立方米。在习近平生态文明思想的引领下，白银市始终坚持"生态优先、绿色赋能"不动摇，用实际行动精心呵护绿水青山、碧水蓝天。白银市处于全国"两屏三带"、全省"四屏一廊"生态安全屏障的最前沿，牢固树立绿水青山就是金山银山理念，推动黄河流域生态保护和高质量发展。2023 年空气质量优良天数比例达到 96.60%，黄河白银段水质连续 8 年保持 II 类标准，再生水回用率达到 18.16%。"十四五"以来，累计完成国土绿化 174.43 万亩，荒漠化土地减少 47.10 万亩。因煤设企、因企设区的平川区创新"国家储备林+N"模式，加速推进 45 万亩国家储备林建设，实现了"地下挖煤、地上储碳"的良性循环。

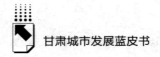

6. 红色旅游资源富集，文旅发展潜力巨大

白银是绚丽多彩的旅游胜地。黄河、红色、丝路、工矿等文化在白银交融共生，黄河风情游、红色教育研学游、工矿遗址观光体验游、乡村休闲游等精品旅游线路独具特色、亮点纷呈。黄河石林 4A 级旅游景区是国家地质公园，被誉为"中华自然奇观"；红军会宁会师旧址被纳入全国"红色旅游经典景区"，会宁被列为全国"红色旅游城市"；白银区水川镇入选第二批全国乡村旅游重点镇；高标准建成国家雪上项目训练基地，入选首批国家体育消费试点城市，白银市荣获"优秀魅力城市"称号。

习近平总书记在甘肃考察时强调，促进文化和旅游深度融合，把文化旅游业打造成支柱产业。[①] 2024 年以来，白银市文旅产业项目加快发展，培育打造了康体养生、红色教育、乡村旅游、工业旅游、文化演艺、特色商品等 6 条文旅产业链条，通过重点培育 40 家产业链链主企业，着力构建要素齐全、产业互通、优势聚集的文旅产业发展新格局。

白银市文化和旅游市场总体安全平稳，假日文旅经济持续升温，一系列文化旅游新亮点、新热点为各地假日文旅市场注入新动能、带来新增量，游客满意度和获得感不断提升。为了加快推进文旅产业蓬勃发展，白银市出台了《白银市促进文化旅游产业发展扶持奖励办法（试行）》，加大在引客入银、品牌创建、产品研发等方面的奖励补贴力度。2024 年 1~7 月，全市累计接待游客 2288.38 万人次，同比增长 47.62%；实现旅游花费 133.36 亿元，同比增长 74.19%。2024 年国庆期间，白银市累计接待游客 126.00 万人次，实现旅游花费 7.74 亿元；红军会宁会师旧址景区红色旅游持续升温，慕名而来的全国各地游客，选择走进红色景区，追寻红色足迹、缅怀革命先烈、传承红色基因、汲取奋进力量，游客预约量、参观量增长，红色旅游掀起新热潮。

---

① 《习近平在甘肃考察时强调　深化改革勇于创新苦干实干富民兴陇　奋力谱写中国式现代化甘肃篇章》，求是网，2024 年 9 月 13 日，http://www.qstheory.cn/yaowen/2024-09/13/c_1130201877.htm。

二 白银市高质量发展水平分析

（一）白银市高质量发展水平总体变化

由图3可知，2014~2023年白银市高质量发展水平整体呈现稳步上升趋势，除2015年稍有下降，2016年开始持续上升，但上升速度有波动。2014~2023年，白银市在创新、协调、绿色、开放、共享等方面取得了较为显著的效果，其中共享和创新两大子系统对白银市高质量发展的影响最大，且上升速度和整体水平也高于另外三大子系统，开放子系统呈现波动上升趋势，在2014~2015年和2018~2019年呈现下降趋势，2015~2018年上升速度快于2019~2023年，而协调和绿色两大子系统发展程度接近且增长较为缓慢。

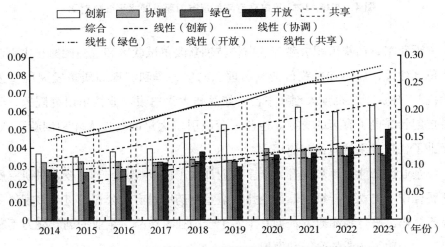

图3 2014~2023年白银市高质量发展及各子系统发展水平

（二）白银市高质量发展子系统分析

1. 创新发展

如图4所示，2014~2023年，白银市创新发展水平整体呈现上升趋势，但上升幅度较小，且 2015 年和 2022 年都略有下降，而后又上升。此外，白银市与兰州市创新发展水平差距较大，且该差距亦有增大趋势。

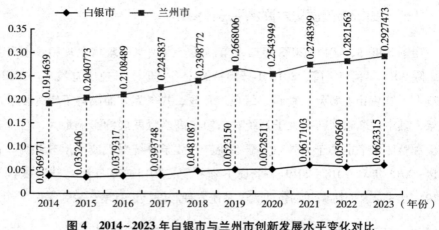

图4　2014~2023 年白银市与兰州市创新发展水平变化对比

近年来，白银市积极参与兰白科技创新改革试验区和兰白国家自主创新示范区建设，成为甘肃践行新发展理念的生力军和实现高质量发展的"发动机"，建成了一批重大创新平台，如兰州大学白银产业技术研究院等，为科技创新提供了有力的支撑。这些平台吸引了大量的科技人才和创新资源，促进了科技成果的转化和应用。

企业创新能力逐步提升，众多企业加大了研发投入，与高校、科研院所开展合作，建立创新机制。如兰州和盛堂制药股份有限公司通过与多家科研院所合作，进行新品研发，拥有了多个全国独家产品。企业的创新能力不断提升，推动了产业的升级和发展。

科技赋能产业发展成效显著，白银市通过科技手段推动传统产业的改造提升，加快构建现代化产业体系。在有色、化工、煤炭等传统产业领域，应用新技术、新工艺，提高了生产效率和产品质量。同时，积极培育战略性新兴产业，如新能源、新材料等，为经济发展注入了新动能。2023 年，白银市科技进步贡献率达到 59.5%，较上年提高 3.5 个百分点。

2. 协调发展

如图 5 所示，2014～2023 年，白银市协调发展水平提升较为缓慢，2014～2019 年缓慢提升，2019～2020 年提升加快后又缓慢提升，且与兰州市协调发展水平差距呈现缩小趋势。提升缓慢可能是城镇居民收入和农村居民收入差距过大以及城镇居民消费和农村居民消费差距过大，且白银市人均GDP 与全国人均 GDP 的差距拉大导致的。

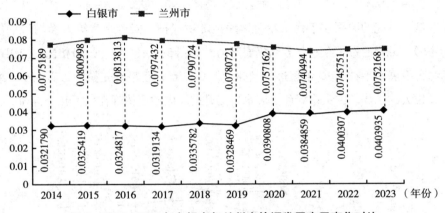

图 5　2014～2023 年白银市与兰州市协调发展水平变化对比

2014～2023 年，白银市与兰州市的协调发展水平差距整体呈缩小趋势，白银市在保持传统工业优势的基础上，积极推动产业多元化发展。一方面，改造提升有色、化工、煤炭等传统产业，提高产业附加值；另一方面，加快构建"四集群+四片带+N"农业产业发展格局，推动农业产业集群化发展，如"肉牛、肉羊、生猪、瓜菜"等主导产业，以及"文冠果、枸杞、马铃薯、小杂粮"等特色优势产业。同时，服务业也取得了长足的发展，批发零售、交通运输、住宿餐饮、金融等行业不断壮大。

在城乡协调发展方面，白银市加大了对农村地区的支持力度，推进乡村振兴战略。通过建设高标准农田、整治撂荒地、落实粮食安全党政同责等措施，夯实了农业基础。同时，加强农村基础设施建设，改善农村交通、供水、供电、通信等条件，促进了城乡基本公共服务均等化。

在区域协同发展方面，在"打造兰白都市经济圈协同发展重要增长极"上，白银市是全省"一核三带"发展布局中"兰白一体化"的核心城市，与兰州地缘相近、文化相通、产业互补，兰白两市协同发展优势较为突出。在交通、产业、生态等领域开展协同发展，推动资源共享、优势互补，提升了区域整体竞争力。

3. 绿色发展

2014~2023年，白银市绿色发展水平整体相较于创新、协调、开放、共享而言较低，可能的原因在于污染治理、绿色环境保护、安全生产等方面均进展较为缓慢，说明白银市在这几方面仍要努力。如图6所示，与兰州市相比，白银市的绿色发展水平在2016年超过了兰州市，且二者差距呈现先拉大、后缩小，继而又拉大的态势。白银市绿色发展水平提升的原因主要体现在以下几个方面。

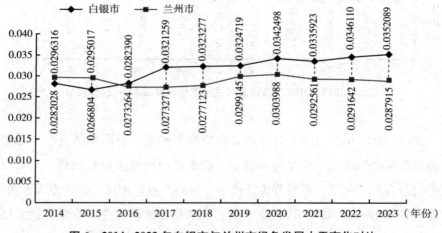

图6　2014~2023年白银市与兰州市绿色发展水平变化对比

首先，生态环境治理力度加大。白银市坚持以改善生态环境质量为核心，突出精准治污、科学治污、依法治污，推动污染防治攻坚由"坚决打好"向"深入打好"转变。加强了对大气、水、土壤等环境要素的治理，加大了对工业污染源、农业面源污染的整治力度，环境质量得到了明显改善。2023年推进水污染防治，按照拆除一批、规范一批、整治一批的总要求，持续推进入河排污口整治工作。

其次，绿色发展方式加快推广。积极建设"无废城市"，深入推进固体废物源头减量和资源化利用。开展区域再生水循环利用试点城市建设，统筹再生水生产、调配、利用各环节，推动形成生态保护、循环利用有机结合的治理体系。同时，加强了对能源的节约和高效利用，推广绿色建筑、绿色交通等，促进了经济社会发展全面绿色转型。

最后，生态修复工程成效显著。白银市地处黄河上游，积极推进黄河流域生态保护和修复工作。通过植树造林、草原修复、水土流失治理等措施，提升了植被覆盖度，改善了生态环境。黄河两岸的生态景观得到了明显改善，打造了一批美丽乡村、特色小镇和田园综合体，成为知名的网红打卡地。

4. 开放发展

如图 7 所示，2014~2023 年，白银市开放发展水平整体呈现波动上升趋势，其中 2015 年和 2019 年都呈现下降状态，2015 年下降尤为明显，主要原因是 2015 年和 2019 年进出口额下降，后期逐步回升可能也是由于进出口额的增加。与兰州市对比发现，在 2015 年两市差距最大，后又缩小，且白银市在 2020 年开放发展水平超越兰州市之后至今一直保持领先状态，2023年与 2022 年相比开放发展水平差距明显缩小。

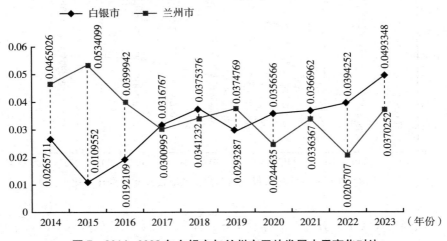

图7 2014~2023 年白银市与兰州市开放发展水平变化对比

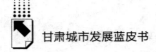

白银市位于甘肃、宁夏、陕西、青海交会处，交通区位优势明显。近年来，包兰、干武铁路穿境而过，京藏、青兰、定武、乌玛高速及国道、省道等公路纵横交错。2022年，银兰高铁全线贯通运营，境内设白银南站、靖远北站、平川西站、北滩站4个站点，白银通用机场竣工投运，中欧国际货运班列"白银号"常态化运营，为对外开放提供了便利的交通条件。白银市积极参与"一带一路"建设，加强了与共建国家和地区的经济合作。通过举办各类经贸洽谈会、展销会等活动，吸引了国内外企业前来投资和合作。同时，加大了对外贸企业的支持力度，培育了一批具有竞争力的外贸企业，推动了农产品、有色金属、化工产品等的出口。这可能是白银市开放发展水平提升背后的原因。

5. 共享发展

如图8所示，2014~2023年，白银市共享发展水平整体较高，且实现稳步提升，说明白银市在经济发展、社会保障、基础设施建设等方面成效显著。通过与兰州市的对比发现，两市共享发展水平差距变化分为两个阶段：2014~2019年差距拉大，2020~2023年差距缩小。

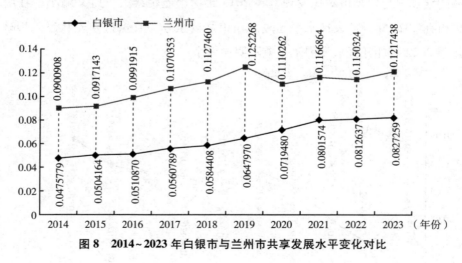

图8 2014~2023年白银市与兰州市共享发展水平变化对比

白银市加大了对教育、医疗、文化、体育等社会事业的投入，改善了民生福祉，民生保障水平不断提高。教育方面，加强了学校建设，提高了教育质量；医疗方面，完善了医疗卫生服务体系，提高了医疗保障水平；文化方面，举办了丰富多彩的文化活动，满足了群众的精神文化需求；体育方面，建成了国家雪上项目训练基地，入选首批国家体育消费试点城市。

就业和社会保障体系不断完善，通过实施积极的就业政策，加大了对就业困难人员的帮扶力度，城镇新增就业人数不断增加，失业人员再就业工作取得成效。不断完善社会保障体系，提高了城乡居民的养老保险、医疗保险等保障水平，兜底保障能力不断增强。

随着经济的发展，居民收入持续增长，白银市居民的收入水平不断提高。2023 年，城乡居民人均可支配收入分别达到 39455 元、13752 元，增长6.1%、8.0%。居民的生活质量得到了明显改善，人民群众的获得感、幸福感不断增强。

三　白银市高质量发展中存在的问题

（一）创新层面

2014~2023 年，白银市创新发展虽有成效，但速度较为缓慢。尽管在产业转型升级、科技创新平台建设等方面付出了诸多努力，取得了一定成果，然而与兰州市相比，仍存在较大差距。白银市创新步伐相对迟缓，制约着经济的快速腾飞。这主要有以下几个方面的原因。

传统产业转型压力大。白银市曾是资源型城市，传统产业在经济中占比较大，尽管一直在推进转型，但传统产业的技术改造、升级步伐仍相对缓慢，部分企业面临设备老化、工艺落后等问题，在市场竞争中处于劣势，制约了整体的创新发展。

新兴产业支撑不够。新兴产业虽有一定发展，但尚未形成强大的支撑力。产业规模较小，产业链条不完善，缺乏具有核心竞争力的龙头企业带动，产业集群效应不明显。例如，在生物医药、高端装备制造等新兴领域，企业数量较少，研发能力和市场开拓能力有限，难以在短期内对经济增长形成有力支撑。

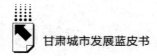

创新投入仍显不足。白银市在科技创新方面有了一定进展，但整体创新投入相对有限。企业用于研发的资金占比不高，政府在科技投入方面也存在一定压力，导致一些关键技术领域的研发进度缓慢。高端创新人才匮乏，吸引和留住高端创新人才的能力较弱，缺乏具有国际视野和前沿技术水平的领军人才。人才外流现象依然存在，影响了创新活力的持续提升。创新成果转化不畅，虽然有一些创新平台和科研成果，但成果转化机制不够完善，产学研用结合不够紧密，许多科研成果难以转化为实际生产力。

（二）协调层面

2014~2023年，白银市协调发展前期较为缓慢，2019年后有较大增长，而后又减缓，这反映了以下几个问题。

城乡差距明显。城市地区基础设施完善、公共服务资源丰富，拥有较好的教育、医疗、文化等资源。而农村地区在这些方面相对薄弱，交通、通信等基础设施建设滞后，学校、医院的软硬件条件与城市有较大差距。一些偏远农村的学校师资力量不足，教学设备简陋；农村医疗机构的医疗水平有限，难以满足农民的就医需求。

三次产业比例有待优化。虽然近年来白银市在推动产业结构调整方面取得了一定成效，但工业占比仍然较高。工业中传统产业比重较大，新兴产业尚未形成有力支撑。产业之间的协同发展程度不高，产业链条不够完整。有色金属、化工等传统产业面临转型升级压力，而新材料、新能源、生物医药等新兴产业规模较小，对经济增长的贡献有限。

产业内部发展不平衡。工业内部，高耗能、高污染的传统产业与低耗能、高附加值的先进制造业发展不协调。农业内部，传统种植业占比较大，现代农业、特色农业发展不足。服务业内部，传统服务业如批发零售、餐饮住宿等占主导地位，现代服务业如金融、科技服务、文化创意等发展缓慢。

（三）绿色层面

环境污染问题突出。大气污染、水污染、土壤污染等问题依然严峻，工业废气、机动车尾气、扬尘等是大气污染的主要来源，工业废水、生活污水排放导致水环境质量下降，矿山开采、工业废渣堆放等造成土壤污染。白银市长期以来以有色金属、化工等传统重工业为主导，这些产业高耗能、高污染、资源依赖度高，对环境形成较大压力。

新兴绿色产业发展不足。虽然白银市在积极培育新材料、新能源、节能环保等绿色产业，但目前这些产业规模较小，缺乏龙头企业带动，产业链不完善，技术创新能力不足，市场竞争力较弱，并不能对经济起到足够的支撑作用。如在新能源领域，光伏发电、风力发电等项目建设进度缓慢，产业配套设施不完善，难以形成规模效应。

水资源短缺与浪费并存。白银市地处黄土高原和腾格里沙漠过渡地带，气候干旱，降水稀少，生态环境十分脆弱，人均水资源量仅为154立方米，是典型的资源型缺水地区，水资源总量不足与分布不均并存、工程缺水与资源缺水并存、无水可用与有水难用并存、有土无水与有水无土并存是白银市的基本水情。水资源短缺、用水效率不高、区域性过度开发、水生态脆弱等问题，已成为制约白银市经济社会高质量发展的重要因素。在农业、工业和生活用水方面，存在水资源浪费现象。农业灌溉方式较为粗放，高效节水灌溉技术推广不足，例如，一些农业灌区仍然采用大水漫灌的方式，水资源利用率仅为40%左右；工业企业水资源重复利用率低，部分企业缺乏节水意识和节水措施；城市居民生活中，水资源节约意识不强，跑冒滴漏现象时有发生。

生态修复难度大。由于长期的资源开发和人类活动，白银市的生态环境遭到了一定程度的破坏，生态修复任务艰巨。矿山生态修复、水土流失治理、湿地保护等需要大量的资金和技术支持，且修复周期长、难度大。

（四）开放层面

进出口总量有限。白银市的对外贸易规模相对较小，与发达地区相比存在较大差距。出口产品主要集中在传统产业领域，如有色金属、化工产品等，附加值较低，且易受国际市场价格波动和贸易保护主义的影响。在全球经济形势不稳定的情况下，白银市的有色金属出口受到较大冲击，订单减

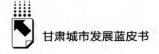

少，价格下跌。

利用外资水平不高。吸引外资的力度不足，外资企业数量较少，投资规模较小。在利用外资的领域和方式上较为单一，主要集中在制造业和资源开发等领域，而在现代服务业、高新技术产业等领域的外资引进相对较少。

物流体系不健全。物流企业规模较小，服务水平不高，缺乏现代化的物流设施和技术。物流信息化程度低，物流资源整合不足，导致物流效率低下，成本较高。一些物流企业仍然采用传统的运输和仓储方式，缺乏冷链物流、智能物流等先进的物流服务，不能满足进出口企业对高效物流的需求。

专业外贸人才匮乏。熟悉国际贸易规则且擅长市场开拓、外语交流等的专业外贸人才严重短缺，不能满足企业开展对外贸易的需求。企业在拓展国际市场、处理贸易纠纷等方面缺乏专业人才的支持，影响了对外贸易的发展。

（五）共享层面

教育资源不均衡，城乡教育差距明显。城市地区学校在师资力量、教学设施、课程资源等方面具有明显优势，而农村地区学校普遍面临教师数量不足、素质参差不齐、教学设备陈旧等问题。一些偏远农村小学，一个老师往往要兼任多个学科的教学任务，且缺乏现代化的教学设施设备，如多媒体教室、实验室等。

医疗服务不均等，城乡医疗水平差异大。城市地区医院拥有先进的医疗设备、高水平的医生和完善的医疗服务体系，而农村地区医疗机构基础设施落后，医疗技术人员短缺，难以满足农民的基本医疗需求。优质医疗资源主要集中在市区的大型医院，基层医疗机构的医疗服务能力有限。这导致患者大量涌向大医院，造成大医院人满为患，而基层医疗机构却门可罗雀。

收入分配差距较大，城乡居民收入差距明显。城镇居民收入普遍高于农村居民，收入增长速度也快于农村居民，且差距在逐渐拉大（见图9）。这种差距主要源于城乡产业结构、就业机会、教育水平等方面的差异。城镇居民多从事高附加值的产业和服务业，收入相对较高；而农村居民主要从事农业生产，收入相对较低。

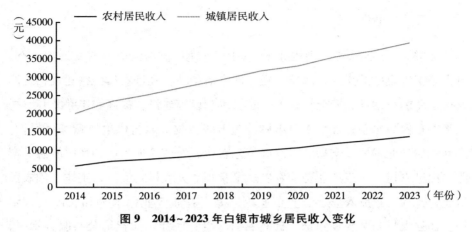

图 9　2014～2023 年白银市城乡居民收入变化

资料来源：历年《白银市国民经济和社会发展统计公报》；历年《白银统计年鉴》。

四　白银市高质量发展的对策建议

（一）创新发展

加大政策扶持力度。设立传统产业转型升级专项资金，鼓励企业进行技术改造和设备更新。搭建产学研合作平台，促进企业与高校、科研院所的深度合作，加快新技术、新工艺的研发和应用。加强人才培养和引进，制定优惠政策吸引高端技术人才和管理人才投身传统产业转型。引导企业树立创新发展理念，通过兼并重组、战略合作等方式整合资源，提升市场竞争力。同时，建立健全传统产业转型的服务体系，在项目审批、融资担保、市场开拓等方面为企业提供全方位支持，推动传统产业加快转型升级步伐，为白银市创新发展注入新动力。

加大科技研发投入。政府应进一步加大对科研项目的资金支持力度，引导企业增加研发投入。设立专项科研基金，对重点产业、关键技术领域的研发项目给予优先资助。可以在新材料、新能源、生物医药等领域，支持企业开展技术创新和产品研发，提高产业的科技含量和附加值。

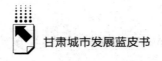

（二）协调发展

促进城乡协调发展，加强农村基础设施建设。加大对农村交通、水利、电力等基础设施的投入，改善农村生产生活条件。推进农村公路建设，提高农村道路的通达性和安全性；加强农村水利设施建设，提高农田灌溉和农村饮水安全保障水平；加快农村电网改造升级，提高农村供电质量和可靠性。推动农村产业发展，支持农村发展特色农业、农产品加工业和乡村旅游等产业，促进农村一二三产业融合发展。培育和壮大农村新型经营主体，如农民专业合作社、家庭农场、农业企业等，提高农业产业化水平和农民收入水平。加强农村公共服务建设，提高农村教育、医疗、文化等公共服务水平，缩小城乡公共服务差距。

优化产业结构，推动传统产业升级。运用先进技术和管理经验，对白银市的传统产业，如有色金属、化工、能源等进行改造升级，提高产品质量和生产效率，降低能源消耗和减少环境污染。鼓励企业开展技术创新和产品升级，开发高附加值的产品，延伸产业链条。结合白银市的资源优势和产业基础，重点培育和发展新材料、新能源、节能环保、装备制造等新兴产业。加大对新兴产业项目的招商引资力度，引进一批具有核心技术和市场竞争力的企业，形成产业集群，推动新兴产业快速发展。

加强区域协同发展。应充分把握兰白都市经济圈建设的有利契机，以兰白"两区"建设为桥梁，进一步拓展合作视角和领域，在基础设施、产业协作、文化旅游、科技教育、生态建设等领域形成一批新成果，形成与兰州等地优势互补、协作联动的发展格局，持续增强人口集聚能力和经济发展活力，切实提升对区域经济增长的支撑力和贡献度。加强与周边城市的交流与合作，共同推进区域基础设施建设、产业发展、生态环境保护等。积极参与区域发展战略，争取更多的政策支持和项目资源，提升白银市在区域发展中的地位和影响力。

（三）绿色发展

加强生态环境保护。持续加强对大气、水、土壤等环境污染的治理，严格控制工业污染物排放，加强污水处理设施建设和运营管理，推进土壤污染治理。加强环境监管执法，严厉打击环境违法行为，确保环境质量持续改善。继续推进大规模国土绿化行动，加强荒山荒地、矿区废弃地、城市周边等区域的生态修复和绿化建设，提高森林覆盖率和生态系统稳定性。加强对自然保护区、风景名胜区、森林公园等生态功能区的保护和管理，维护生态平衡和生物多样性。

推动绿色产业发展。发展循环经济，鼓励企业开展资源综合利用，推广循环经济模式，加强对工业废弃物、建筑垃圾、生活垃圾等的回收利用和无害化处理。建设循环经济产业园区，引导企业集聚发展，形成循环经济产业链。大力发展新能源、节能环保、清洁能源等绿色产业，推动太阳能、风能、水能等可再生能源的开发利用。支持企业开展绿色技术研发和应用，推广绿色建筑、绿色交通、绿色消费等，促进经济社会发展全面绿色转型。

（四）开放发展

提升进出口总量。加大对传统产业技术改造的投入，提高产品附加值。鼓励企业研发高附加值的新产品，拓展高端市场，降低对低附加值产品的依赖。培育新兴产业，如高端装备制造、生物医药、新能源等，形成多元化的出口产品结构，增强抗风险能力。建立贸易风险预警机制，及时掌握国际市场价格波动情况和贸易保护主义动态。引导企业合理运用贸易救济措施，维护自身合法权益。推动企业加强风险管理，合理安排生产和销售，降低贸易风险对企业的影响。

提高利用外资水平。制定优惠政策，吸引外资企业前来投资；提供土地、税收、融资等方面的支持，降低企业投资成本；鼓励外资进入现代服务业、高新技术产业等领域；加大金融、物流、科技服务、文化创意等领域的招商引资力度，提升产业发展水平。引导外资参与基础设施建设和公共服务，提高城市综合承载能力。鼓励企业通过合资、合作、并购等方式引进外资。

健全物流体系。加大对物流企业的扶持力度，鼓励企业通过兼并重组、战略合作等方式做大做强，培育一批具有核心竞争力的物流企业集团。加强物流信息平台建设，整合物流资源，实现物流供需信息的有效对接，提高物流资源利用率，优化物流配送路线。鼓励物流企业发展冷链物流、智能物流等先进物流服务。加大对冷链物流设施建设的投入，提高冷链物流服务水平，保障食品、药品等特殊商品的质量安全。推动智能物流技术的应用，如无人仓储、自动分拣、智能配送等，提高物流运作的智能化水平。

培养专业外贸人才。鼓励企业与高校合作，开展订单式人才培养，为企业培养急需的专业外贸人才。制定优惠政策，提供住房、子女教育、医疗等方面的保障，吸引国内外高端外贸人才来白银市工作。建立人才柔性引进机制，通过聘请专家顾问、开展项目合作等方式，引进高端外贸人才为白银市的对外贸易发展提供智力支持。

（五）共享发展

提高民生保障水平。加大对就业创业的支持力度，完善就业创业政策体系，加强职业技能培训，提高劳动者的就业创业能力。积极拓展就业渠道，鼓励创业带动就业，促进高校毕业生、农民工、退役军人等重点群体就业创业。加大对教育、医疗事业的投入，改善教育、医疗设施条件，提高教育、医疗服务质量。加强师资队伍和医疗卫生队伍建设，引进和培养一批优秀的教师和医疗卫生人才。推进教育均衡发展，提高农村和偏远地区的教育水平；加强基层医疗卫生服务体系建设，提高基层医疗卫生机构的服务能力。

缩小城乡收入分配差距。加大对农村产业的扶持力度，发展乡村旅游、农村电商等特色产业，提高农村居民收入水平。推进农村一二三产业融合发展，延长农业产业链，提高农产品附加值，拓宽农民增收渠道。鼓励城市企业到农村投资兴业，带动农村产业发展和农民就业增收。加强农村劳动力技能培训，提高农民就业能力。根据市场需求，开展种植养殖技术、家政服务、电子商务等方面的培训。发展农村劳务经济，加强与城市企业的对接，组织农村劳动力有序外出务工，增加农民工资性收入。鼓励农民创业，提供创业培训、小额贷款等扶持政策，支持农民创办小微企业、家庭农场等经营主体。

B.6
天水市城市高质量发展报告

王 超　聂晓英　徐柏翠*

摘　要： 2014~2023 年天水市各指标均整体呈现增长的趋势。其中，共享与创新的增幅相对较大，在 2020 年及以前增幅明显，从 2021 年开始，增幅趋于平缓。对比发现，2014~2023 年天水市创新发展指数始终位居各指标之首，共享发展指数则从第 4 位开始加速发展，直至 2016 年实现反超，跃居第 3 位，取代了协调发展指数的位置，2023 年共享发展指数已经成为仅次于创新发展指数的第二大指标。绿色维度相对比较稳定，开放维度则表现不佳。天水市的高质量发展水平在全省处于中等，具有较大的发展潜力与提升空间。发展重点在于培育新质生产力，激发高质量发展新动能；挖掘文化生产力，打造高素质人才新高地；改善生态生产力，再上可持续发展新台阶；优化经济生产力，释放区域协调发展新活力；提升社会生产力，共建社会公共服务新格局。

关键词： 城市发展　高质量发展　天水

一　天水市高质量发展评价分析

天水市位于甘肃省东南部，地处 104°35′E 至 106°44′E、34°05′N 至 35°

---

* 王超，博士，兰州城市学院环境与城市建设学院副院长、副教授，主要研究方向为国土空间规划、生态过程与生态系统服务评价、区域可持续发展；聂晓英，博士，兰州城市学院环境与城市建设学院副教授，主要研究方向为区域可持续发展、城市生态系统服务；徐柏翠，博士，兰州城市学院环境与城市建设学院讲师，主要研究方向为生态环境遥感、GIS 空间分析、生态系统服务流模拟与应用。

10′N 之间，是陇中黄土高原与陇南山地的过渡地带，与陕西省宝鸡市，甘肃省定西市、平凉市和陇南市分别接壤。该市横跨黄河、长江两大流域，以西秦岭为分水岭，黄河流域的渭河自西向东贯穿全境，长江流域的西汉水自北向南纵贯南部。天水市总面积约为 1.43 万平方公里，拥有多样的地势、温和的气候、分明的四季和优良的空气，因此具备良好的生态环境和宜居条件，被评为中国优秀旅游城市，截至 2024 年 3 月，天水市共有 42 处 A 级旅游景区。作为甘肃省域副中心城市、关中平原城市群次核心城市以及丝绸之路经济带重要节点城市，天水市不仅自然资源丰富，历史也极为悠久，拥有约 8000 年的文明史，因以伏羲文化、大地湾文化、秦早期文化、麦积山石窟文化和三国古战场文化为代表的"五大文化"而著称。天水市现辖秦州、麦积两区及武山、甘谷、秦安、清水、张家川五县，常住人口接近 300 万人。在经济社会发展方面，天水市展现出强劲的增长势头，总量和增速均领先全省平均水平。同时，作为甘肃省的农业生产基地，天水市以花牛苹果、秦州大樱桃和秦安蜜桃等特色农产品闻名，并在机械制造、电工电器、电子信息等工业领域取得了显著发展，形成了多元化的产业体系。此外，天水市在农业现代化、特色产业发展、科技创新和教育事业发展方面也表现出色，为区域经济发展提供了有力支撑。

天水市长期以来都是甘肃省的重要城市，有着深厚的历史底蕴与工业基础。近年来，天水市政府坚持以习近平新时代中国特色社会主义思想为指导，深入贯彻党的十九大、二十大精神，主动融入全省"一核三带"区域发展格局，通过实施一系列政策措施，为城市的高质量发展奠定了坚实基础。得益于国家及地方政策的积极引领与全面保障，凭借悠久的历史文化与坚实的工业根基，全市经济社会实现了平稳较快发展，主要经济指标在全省位次逐年前移，赶超进位取得明显成效。农业主导产业不断壮大，工业产业加快转型，绿色生态产业发展良好，产业园区建设、军民融合、通用航空建设等有序推进，文化旅游业发展迅猛，商贸物流基础设施日趋完善，三次产业结构趋于合理，形成了较为坚实的经济发展基础。

作为中国西部丝绸之路经济带重要节点城市，天水市承载着推动丝绸之路经济带建设的重要使命，引领和支撑着关中平原城市群及西北地区的发展。在生态文明建设和新型城镇化推进的背景下，上位规划要求天水在关中平原城市群、陇东南区域发展中扮演增长极角色。在全国层面，随着丝绸之路经济带建设深入推进，天水成为西向通道和南向通道的交会节点。在区域现实层面，天水作为人口大市、工业强市，亟须以更加完善的城市功能和强大的综合承载能力，为全省乃至全国的经济社会发展贡献天水力量，承担起引领区域经济崛起的责任，扛起"建设区域中心城市、推动老工业基地走出高质量发展新路子"的使命。

近年来，天水市在城市高质量发展方面已取得显著进展，本报告基于定量数据，全面客观地评估天水市在 5 个发展维度的进展与成效，有效识别了存在的问题与挑战，并据此提出了相应的改进对策与建议。同时，通过深入分析，全面总结了天水市在城市高质量发展中的成功经验和做法，全面展示了其努力与成果，旨在为其他地区提供可借鉴的范例与模式。综合来看，本报告是对天水市经济社会发展成果的全面总结和未来发展方向的展望，以期凝聚共识、汇聚力量，推动天水市经济社会持续健康发展，促进各方积极参与和支持天水市的高质量发展事业。

（一）天水市基本现状

1. 人口

截至 2023 年末，天水市的常住人口为 290.72 万人，天水市是甘肃省常住人口总量第二大的城市。伴随着人口自然增长率降为负值，且人口大量外流，常住人口数量呈现逐年下滑趋势，人口流失问题较为突出。城镇人口与乡村人口之比为 49.03∶50.97。以 15～59 岁人口为主，其占总人口的62.56%，同时 60 岁及以上人口达到 52.25 万人，占总人口的 17.97%，逐步呈现人口老龄化态势。

2. 产业经济

近年来，天水市的经济保持了一定的增长态势，但整体发展水平仍有待提升。2023 年，天水市地区生产总值达到 856.78 亿元，然而在全国地市中，数值较低，显示出与发达地区的差距。城镇居民人均可支配收入和农村居民人均可支配收入分别为35453元和11520元，仅约为全国平均水平的68%和53%，表明天水市居民的收入水平相对较低。从产业来看，天水市具有雄厚的工业基础，在"工业强市"战略指引下，天水市不断实现产业体系的优化升级。近年来，坚持传统产业转型升级与新兴产业提速发展双轮驱动，一方面全力推进集成电路、机械制造、电工电器、医药食品、建筑建材等传统优势产业的高端化、智能化、绿色化改造，另一方面大力发展新材料、新能源、AI等战略性新兴产业和现代服务业，打造新的经济增长点。同时积极推进农业供给侧结构性改革，扎实推进果菜畜药四大工程。通过大力发展特色产业，天水市持续推进自身向高质量发展迈进。截至2023年末，天水市三次产业结构比为20.1∶25.4∶54.5，基本趋于合理，但总体来看，"一产不优、二产不强、三产不活"的问题依然突出。

3. 生态环境

天水市拥有丰富的自然资源，是国家三北防护林、天然林保护、退耕还林工程建设重点地区，2024年4月被纳入"三北"工程六期协同推进区，承担着维护黄河流域和黄土高原生态安全、加强水源涵养和生物多样性保护等功能。近年来，天水市高度重视生态环境保护工作，积极推进生态文明建设。通过全面落实黄河流域生态保护和高质量发展战略，严格落实河湖长制和林长制，全市空气质量优良率达90%以上，地表水国省控断面水质保持稳定，土壤监测指标全面达标。同时，天水市还积极推动绿色发展和大力发展循环经济，努力构建生态产业体系，实现经济与环境的协调发展，国家生态文明建设示范区创建和全国"无废城市"建设有序推进。

（二）天水市高质量发展综合分析

根据34个三级指标的计算结果，2014～2023年甘肃省各市（州）高质量发展水平测度结果如图1所示。结果表明，天水市的高质量发展水平在全省处于中等，高于庆阳市、平凉市、甘南州、定西市、陇南市和临夏州，具有较大的发展潜力与提升空间。

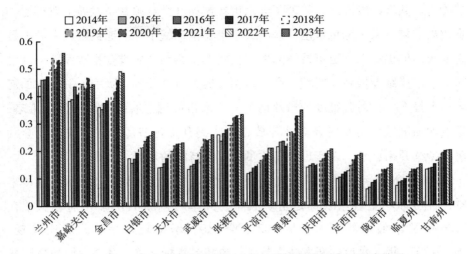

图 1　2014~2023 年甘肃省各市（州）高质量发展水平测度结果

表 1 为 2014~2023 年天水市高质量发展水平测度结果。天水市从 2014 年的 0.1388 增长到 2023 年的 0.2300，其高质量发展水平在十年间增长了近 66%，充分体现出天水市在创新、协调、绿色、开放、共享等多个方面的全面进步。其中，2014~2016 年，天水市的高质量发展水平上升幅度相对较小。从 2017 年开始，天水市的高质量发展水平进入了快速上升期，特别是 2017~2019 年，高质量发展水平从 0.1717 跃升至 0.1977，增长了 15%。2020~2023 年，天水市的高质量发展水平上升速度有所放缓，但整体趋势依然向好。

表 1　2014~2023 年天水市高质量发展水平测度结果

	2014 年	2015 年	2016 年	2017 年	2018 年	2019 年	2020 年	2021 年	2022 年	2023 年
测度结果	0.1388	0.1423	0.1532	0.1717	0.1833	0.1977	0.2178	0.2249	0.2237	0.2300

2023 年，天水市的创新、协调、绿色、开放、共享 5 个维度的指数差距明显，其中创新维度指数最高，这表明天水市在推动科技创新、产业升级、新技术应用等方面有较好的成效，有助于提升城市的竞争力和可持续发

展能力。共享维度次之，体现了天水市在推动社会资源共享发展上取得了一定成果。接下来是绿色维度，表明天水市在推动城市生态绿色健康发展上虽有成效，但仍需探索更可持续的发展模式。协调和开放维度指数偏低，这说明天水市后续在城乡、区域、产业协调发展和对外开放、吸引外资等方面需要加大投入。针对各维度的指数情况，天水市应制定有针对性的发展策略，重点加强区域协调发展和对外开放合作，提升降污节能水平，推动社会共享，持续开拓创新，以实现更高质量、更可持续的发展。

2014~2023 年天水市高质量发展 5 个维度指数情况如图 2 所示。整体来看，各指标均呈现增长的趋势。其中，共享与创新的增幅相对较大，在2020 年及以前增幅明显，从 2021 年开始，增幅趋于平缓。对比发现，2014~2023 年天水市创新发展指数始终位居各指标之首，共享发展指数则从第 4 位开始加速发展，直至 2016 年实现反超，跃居第 3 位，取代了协调发展指数的位置，2023 年共享发展指数已经成为仅次于创新发展指数的第二大指标。绿色维度相对比较稳定，开放维度则始终表现不佳。

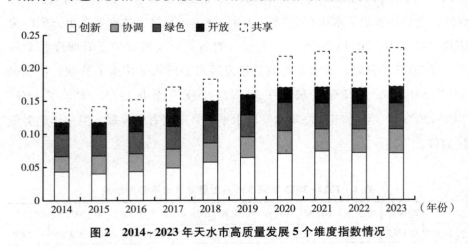

图 2   2014~2023 年天水市高质量发展 5 个维度指数情况

综合来看，天水市的经济社会发展呈现一种多元化且不均衡的增长模式，创新发展指数持续领跑，彰显了天水市高度重视创新驱动发展战略，在科技创新、产业升级等方面具有巨大的投入与潜力。而共享发展指数的显著上升，特别是从 2016 年以来的加速发展，展现了天水市在民生改善和社会公平方面取得了较好的成就。绿色维度的相对稳定意味着在经济社会发展的同时，天水市持续稳步推进生态保护。协调维度整体向好发展，但仍需重点关注。而开放维度的持续落后，一方面与疫情因素有关，另一方面表明天水市在外贸与旅游等方面仍需加大支持力度，以更加开放的姿态融入甘肃乃至中国中西部经济发展体系中，促进区域全面高质量发展。

（三）天水市高质量发展分维度分析

1. 天水市创新发展分析

基于创新投入、创新成效和创新潜力 3 个二级指标及 8 个三级指标，计算得到 2014~2023 年甘肃省各市（州）创新发展指数情况和 2014~2023 年天水市创新发展指数情况，如图 3、图 4 所示。2014~2023 年，天水市的创新能力由 0.0427 提升到 0.0710，提升了约 66.28%，增幅较大。其中，2021 年创新发展水平达到最高，为 0.0730，2022 年和 2023 年出现了少量回落，但仍维持在 0.0700 以上。整体来看，天水市的创新发展指数在甘肃省内相对较为靠前。2023 年，全市新产品销售收入占企业营业收入比重为 36.24%，高新技术产业营业收入占工业营业收入比重为 56.09%，均居全省第 1 位。此外，天水市的创新发展水平不仅排名靠前，整体亦呈现出稳定上升的趋势。

综合来看，2014~2023 年，天水市的创新投入、创新成效和创新潜力 3 个指标都呈现积极的增长态势。天水市在甘肃省各市（州）的创新发展指数中相对较高，相对于大多数城市，其指数具有一定的竞争力。长期来看，天水市的创新发展指数整体呈现稳定增长的趋势，但近几年增长幅度相对较小。为加快创新发展的步伐，进一步释放创新潜力，提升区域创新能力和竞争力，天水市需要继续加强科技创新领域的发展，以推动全市的高质量发展。

2. 天水市协调发展分析

基于城乡发展、地区发展和产业结构 3 个二级指标及 6 个三级指标，

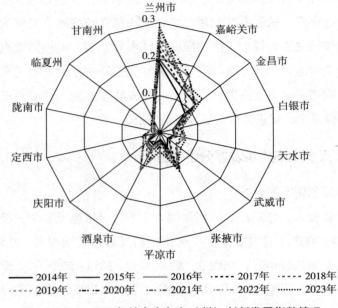

图 3　2014～2023 年甘肃省各市（州）创新发展指数情况

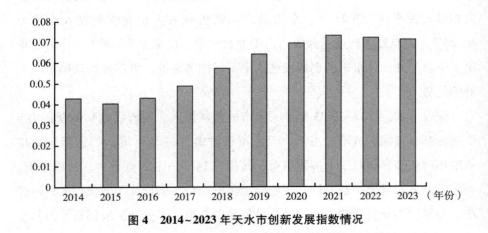

图 4　2014～2023 年天水市创新发展指数情况

计算得到 2014～2023 年甘肃省各市（州）协调发展指数情况和 2014～2023 年天水市协调发展指数情况，如图 5、图 6 所示。2014～2023 年，天水市的协调发展指数呈现一种波动性增长的趋势。在 2014 年，天水市的协调发展指数最低，仅为 0.0229，从 2015 年开始，天水市的协调发展指数开始逐年上升，尽管在 2021 年出现了轻微的下降，但总体上呈现一种增长的趋势。到 2023 年，天水市的协调发展指数达到了 0.0360，相比 2014 年增长了约 57.21%，增幅较大。整体来看，尽管天水市的协调发展指数在甘肃省内处于偏低水平，但它仍然保持在一个相对稳定的增长轨道上。

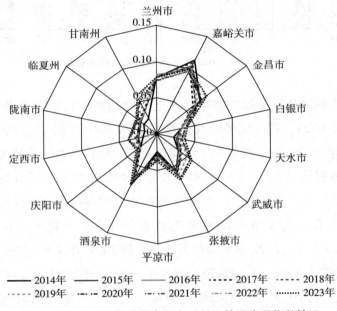

图 5　2014~2023 年甘肃省各市（州）协调发展指数情况

综合来看，天水市的协调发展水平有所上升，总体上在逐步向高质量发展转变，需要持续在城乡发展、产业升级和社会公平等方面加大力度，推动经济高质量发展和社会全面进步。

3. 天水市绿色发展分析

基于污染排放、污染治理、绿色环境和安全生产 4 个二级指标及 9 个三级指标，计算得到 2014~2023 年甘肃省各市（州）绿色发展指数情况和 2014~2023 年天水市绿色发展指数情况，如图 7、图 8 所示。2014~2023

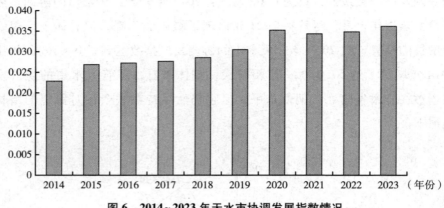

图6　2014～2023 年天水市协调发展指数情况

年，天水市的绿色发展指数整体呈现上升的趋势，其中，在 2015 年时最低，仅为 0.0324，随后缓慢先升后降，直到 2020 年时才实现巨大反弹。2020 年天水市绿色发展指数为十年间最高值，随后基本平稳地维持在较高水平。这表明从 2020 年开始，天水市在推动绿色发展方面取得了较好的成效，经济、社会和环境等多个方面都在朝更加协调、更可持续的方向发展。整体来看，天水市的绿色发展水平在省内居于前列，在 2015 年、2017 年、2021 年、2022 年时绿色发展指数居 14 个市（州）的首位，这表明天水市在减排降污、环境治理、安全生产等领域成效较好，在绿色发展方面具有较大的优势和一定的领先地位。此外，在较高的绿色发展水平下，天水市仍能继续平稳提升，亦表明天水市在绿色发展方面具有一定的韧性和稳定性。

综合来看，天水市整体的绿色发展水平较高，稳定性较强，该维度对于推动城市高质量发展具有较大的贡献。天水市后续可在持续推进当前绿色环保策略的基础上，进一步加强环境保护和生态治理，发挥生态生产力的引领作用，推动经济、社会和环境的协调发展。

4. 天水市开放发展分析

基于外贸和旅游 2 个二级指标及 2 个三级指标，计算得到 2014～2023 年甘肃省各市（州）开放发展指数情况和 2014～2023 年天水市开放发展指数情

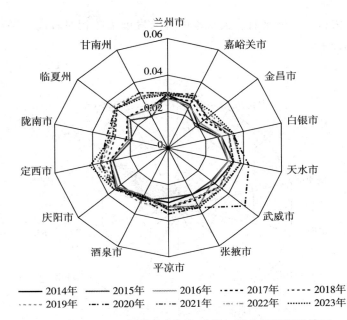

图7　2014~2023年甘肃省各市（州）绿色发展指数情况

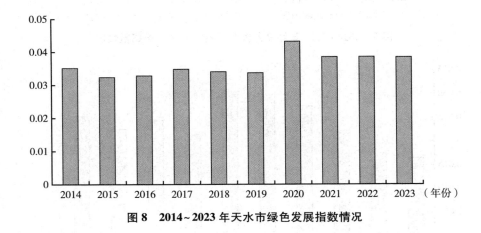

图8　2014~2023年天水市绿色发展指数情况

况，如图9、图10所示。2014~2023年，天水市的开放发展指数波动较大，在
2020年前呈现逐年上升的趋势，2019年时达到最高，为0.0306，相较2014年
增长了93.75%。可能受疫情影响，2020年开始呈现一定的波动趋势，但变幅
不大，说明天水市在应对外部环境挑战的同时，积极调整策略，推动了开放

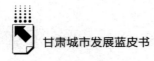

发展的深入进行。整体来看，天水市的开放发展指数相对较高，展现出了较强的活力和潜力。

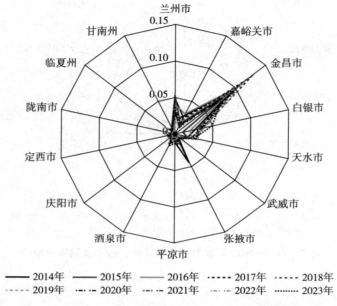

图9 2014~2023年甘肃省各市（州）开放发展指数情况

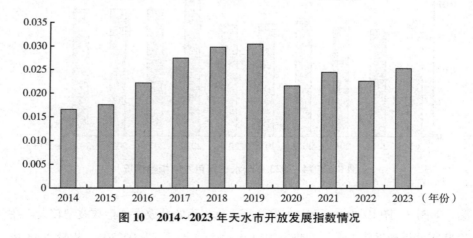

图10 2014~2023年天水市开放发展指数情况

综合来看，2014~2023年，天水市的开放发展指数波动较大，虽然遇到了一些挑战，但天水市始终秉持开放的策略，积极应对困难，保持住了良好的发展态势。未来，天水市应继续加强对外开放合作，优化营商环境，推动旅游产业升级和创新发展，实现更高水平的开放发展。

5. 天水市共享发展分析

基于经济成果、社会保障和基础设施 3 个二级指标及 9 个三级指标，计算得到 2014~2023 年甘肃省各市（州）共享发展指数情况和 2014~2023 年天水市共享发展指数情况，如图 11、图 12 所示。2014~2023 年，天水市的共享发展指数呈现快速增长趋势，2014 年为最低值，仅为 0.0216，到 2023 年，已经达到了 0.0590，增长了 173.15%。但从整体来看，与指数较高的酒泉市、嘉峪关市、金昌市、兰州市等相比，天水市的指数存在一定的差距，处于较低水平，这意味着天水市在经济成果共享、社会保障和基础设施建设方面还有待加强。

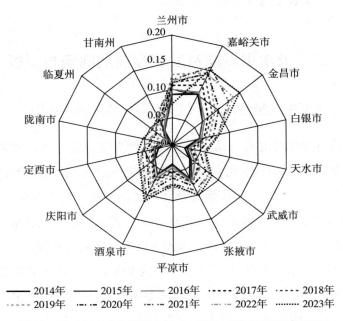

图 11 2014~2023 年甘肃省各市（州）共享发展指数情况

综合来看，天水市的共享能力虽在稳步提升，但仍有较大的提升空间和潜力。未来，天水市应继续加强政策引导和支持，加强社会建设和民生保

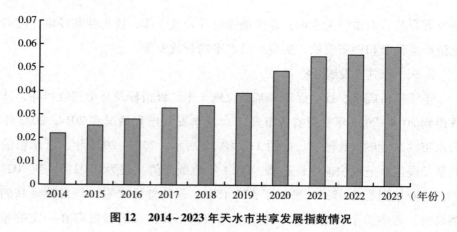

图 12 2014～2023 年天水市共享发展指数情况

障，调整收入分配格局，完善再分配调节机制，使发展成果更多、更公平惠及全体人民，实现更高水平的共享发展。

二 天水市高质量发展存在的问题与短板

（一）创新投入经费有限，创新潜力有待进一步挖掘

创新是引领发展的第一动力，发展动力决定发展速度、效能、可持续性。创新发展是以科技创新为引领，同步推进人才发展和政策创新，实现创新成果向生产力的转化，进而助力全面高质量发展。天水市属于人口大市，截至 2023 年末，天水市的常住人口为 290.72 万人，位居全省第二，面对如此庞大的人口基数，需要强人才、增投入以带动区域的发展。

2023 年，天水市的 R&D 经费支出约为 9 亿元，位居全省第四，低于兰州市、酒泉市、金昌市。R&D 人员数量为 3210 人，位居全省第五，低于兰州市、金昌市、酒泉市、武威市（见图 13）。

从创新潜力来看，2023 年，天水市的普通高等学校万人专任教师数量与万人在校学生数量分别为 12 人、232 人，位居全省第五、第六（见图 14）。

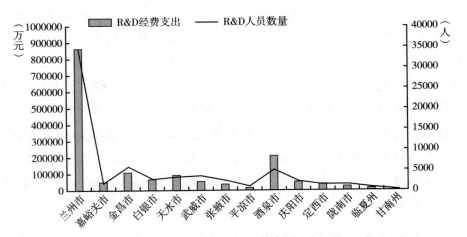

图 13　2023 年甘肃省各市（州）R&D 经费支出及 R&D 人员数量情况

资料来源：《甘肃统计年鉴 2024》，下同。

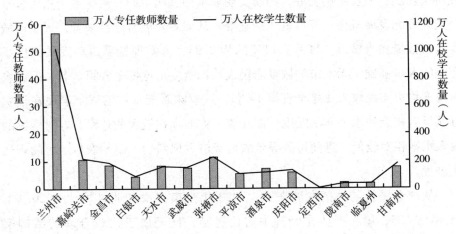

图 14　2023 年甘肃省各市（州）万人专任教师与万人在校学生数量情况

从创新成效来看，2023 年，天水市规模以上企业创新情况不容乐观，虽然发挥时间上先发优势的企业数量和开展创新活动的企业数量分别位居全省第三和第五，但有发明专利申请的企业数量与每万人发明专利拥有量排名均比较靠后，创新成效较低。

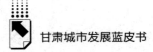

从创新平台与高新技术产业化水平来看，天水市具有相对较好的创新能力。其中，"十四五"以来，天水市的各类创新平台有 123 个，高新技术产业化水平居全省第 1 位，科技促进经济社会发展指数居全省第 2 位。尽管天水市在创新成效提升方面取得了一定成绩，但由于其经济规模较大、人口多、行政区划面积大，有限的创新投入与创新成效在一定程度上不利于科研项目的开展和深入推进，难以形成强大的研发力量，难以将科技成果转化为实际的经济效益。此外，天水市的创新潜力仍未被完全挖掘，使其在创新发展方面优势不突出，进而可能影响天水市整体的创新发展水平。

（二）城乡区域发展不平衡，产业结构仍需优化升级

协调发展是高质量发展的重要标准和尺度，要实现协调发展，就要从区域协调发展、城乡协调发展、物质文明和精神文明协调发展等多个角度公平公正地分配发展机会、开展资源配置等。从城乡发展协调性来看，天水市城乡人口数量相当接近，城乡人口比约为 0.96，为实现城乡协调发展提供了有利的人口基础。天水市的城乡居民人均消费支出比排全省第 2 名，但城乡居民人均可支配收入比排全省第 14 名，这意味着天水市的城乡居民在消费方面具有相近的水平和活跃度，而在收入方面存在较大的差距，农村居民的收入水平相对较低，进而可能导致农村经济发展滞后，制约农村地区的现代化进程。

从产业结构与地区发展来看，2023 年全市三次产业结构比为 20.1：25.4：54.5，第三产业在经济中占比过半，已经属于比较合理的结构模式，但人均 GDP 仍偏低，其与全国人均 GDP 比率为 0.3270，在全省排第 11 名，仅有第 1 名金昌市的 22%。2023 年天水市 GDP 为 856.78 亿元，仅次于兰州市、庆阳市和酒泉市，在较大的整体经济规模下，人均 GDP 却仅比陇南市、定西市、临夏州略高，一方面与人口数量庞大有关，另一方面也反映出区域收入分配的不均，大部分人的生活水平可能仍然不高。《2024 年天水市政府工作报告》指出，天水市目前仍存在产业集

群化发展程度不高的现象，"一产不优、二产不强、三产不活"的问题依然突出，这表明各产业的发展水平仍相对滞后，导致人均 GDP 偏低。因此，产业结构优化升级以及城乡区域均衡发展仍然是天水市面临的重要任务。

（三）生态环境本底脆弱，蓝天碧水保卫战形势依然严峻

绿色发展是高质量发展的底色，新质生产力本身就是绿色生产力。绿色发展要求着力推进人与自然和谐共生，坚持节约资源和保护环境的基本国策，推动形成绿色发展方式和生活方式。从安全生产的角度来看，2023 年天水市亿元地区生产总值生产安全事故死亡人数为 0.04 人，高于全省平均水平。从污染排放的角度来看，天水市的空气状况仍需改善，除 PM_{10} 的年平均浓度较低之外，空气中的二氧化硫、二氧化氮、$PM_{2.5}$ 年平均浓度均较高，排全省第 3~5 位，略优于兰州市（见表 2）。

表 2　2023 年兰州市和天水市城市空气质量指标

	二氧化硫年平均浓度（微克/米³）	二氧化氮年平均浓度（微克/米³）	可吸入颗粒物（PM_{10}）年平均浓度（微克/米³）	细颗粒物（$PM_{2.5}$）年平均浓度（微克/米³）	空气质量达到及好于二级的天数（天）	空气质量达到及好于二级的天数占全年比重（%）
兰州市	13	41	71	37	282	77.3
天水市	12	24	54	28	338	92.9
天水市排名	5	3	11	4	4	4

废水主要污染物排放状况也不容乐观，从表 3 可以看出，2023 年天水市的废水主要污染物大量来自生活源，其化学需氧量排放量和氨氮排放量均位居全省第二，仅次于兰州市。而工业源的排名也比较靠前。再加上枯水季时径流量小导致水体自净能力差、雨污分流管网尚不完善、个别行政村生活污水处理设施缺乏等原因，天水市的水生态环境堪忧。

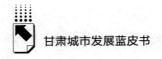

表3　2023年兰州市和天水市工业和生活废水主要污染物排放情况

单位：吨

	工业源化学需氧量排放量	工业源氨氮排放量	生活源化学需氧量排放量	生活源氨氮排放量
兰州市	609.262	15.607	17927.91	1466.19
天水市	103.126	6.769	16857.98	1071.79
天水市排名	5	6	2	2

从绿色环境角度来看，天水市的绿化情况相对较好，建成区绿化覆盖面积为2458公顷，仅次于兰州市、嘉峪关市、白银市、酒泉市，建成区绿地面积为2197公顷，仅次于兰州市、嘉峪关市、白银市，公园绿地面积为846公顷，仅次于兰州市、嘉峪关市。但从生态角度来看，天水市生态环境仍表现出较为脆弱的特征，全市森林覆盖率达到36.84%，但植被分布空间异质性极强，黄土高原沟壑纵横区的地形破碎度高，土质疏松，植被稀少，水土流失严重，生态环境本底较差，生态环境问题突出。

（四）出口商品单一，外贸与旅游下滑趋势亟须扭转

开放是实现创新、协调、绿色、共享发展的关键保障，高水平开放是区域高质量发展的重要动力。天水市作为"一带一路"共建者、新一轮西部大开发的参与者、关中平原城市群的构成者，具有较好的对外开放区位和政策优势，但其整体开放发展水平依然较低，影响了其高质量发展水平。

从外贸角度来看，2023年天水市进出口总值约为34.2亿元，低于全省平均水平，总值比上年下降16.7%。其中，出口为21.3亿元，下降4.3%；进口为12.9亿元，下降31.4%。除了外贸金额下滑之外，天水市的出口商品单一，仅电子、电器、轴承、浓缩苹果汁和鲜苹果等4类商品出口总值就占据全市出口总值的95%，这可能成为外贸出口规模进一步扩大的"瓶颈"。

从旅游角度来看，尽管天水市是具有丰富的历史文化、壮丽的自然景观、

多样的民俗文化和鲜明的地理特征的旅游胜地，但其较低的旅游收入与游客数量与其丰富的旅游资源并不相匹配。2023 年天水市旅游总收入约为全省的 11.1%，这一比例在 2022 年峰值时期达 28.0%，相较 2022 年出现了大幅下滑，甚至低于 2012 年的 13.3%。2023 年前往甘肃的游客中到访天水的仅有 12.4%，既低于 2022 年的 23.8%，也低于 2012 年的 14.7%。旅游总收入在 2020 年前尚保持增长态势，后受疫情影响急速下滑，甚至在 2023 年爆火的"天水麻辣烫"带动下，也仅与 2019 年旅游总收入基本持平（见图 15）。

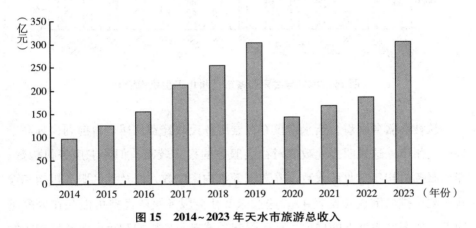

图 15 2014~2023 年天水市旅游总收入

资料来源：历年《甘肃统计年鉴》。

（五）居民经济水平较低，城市公共服务水平有待提升

共享既是新发展理念的重要内容，也是社会发展的目标。天水市的共享发展能力为推进天水市高质量发展做出了一定贡献。

从经济成果来看，近几年天水市人均 GDP 呈稳步增长趋势，但其仅排全省第 11 名，2023 年人均 GDP 为 2.92 万元，仅为第 1 名金昌市的 22.30%，极大地影响了天水市的共享发展能力。

从社会保障来看，天水市卫生机构数较多，仅次于陇南市，卫生机构床位数和人员数分别排全省第 4 名和第 2 名（见图 16），卫生机构状况整体较好。

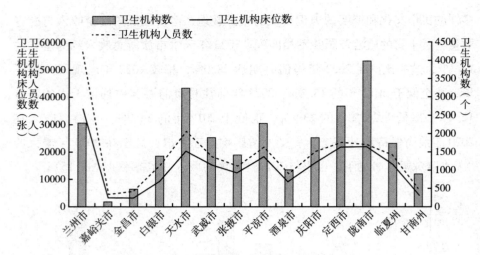

图 16　2023 年甘肃省各市（州）卫生机构情况

从社会服务来看，天水市仅有社会服务民政经费位居全省前列，远高于省会兰州市。这说明当地政府对社会服务的投入较高，但养老服务机构数、养老服务机构年末收留人数、养老服务机构床位数，以及社区服务机构和设施总数均排名倒数（见表 4）。这意味着社会服务民政经费可能存在分配不均衡、使用效率低下的现象，从而限制了养老服务机构和社区服务机构的发展，产生了投入与服务失衡的现象。

表 4　2023 年兰州市和天水市社会服务基本情况

	社会服务民政经费（万元）	养老服务机构数（个）	养老服务机构年末收留人数（人）	养老服务机构床位数（张）	社区服务机构和设施总数（个）
兰州市	104928.3	20	1761	3698	599
天水市	176002.8	12	666	941	113
天水市排名	1	10	9	10	11

从文化事业来看，作为历史文化名城的天水市，其对文化事业的整体投入较多，其中，文化事业人员数和文化部门事业单位数排名靠前，文化事业机构

数和公共图书馆藏书量处于中等水平（见表5）。这虽然整体与省会城市兰州市存在一定差距，但仍为全市的高质量发展与共享发展提供了支撑。

表5　2023年兰州市和天水市文化事业基本情况

	文化事业机构数（个）	文化事业人员数（人）	文化部门事业单位数（个）	公共图书馆藏书量（万册）
兰州市	1338	11839	187	225.29
天水市	457	6749	196	121.66
天水市排名	6	3	2	6

从基础设施来看，天水市的城市绿化与道路情况相关指标均处于全省中等偏下水平，但除人均建成区绿地面积不足兰州市1/3外，其余指标均与兰州市大体相当（见表6）。

表6　2023年兰州市和天水市城市市政公用设施水平情况

单位：%，平方米

	公共供水普及率	燃气普及率	污水处理率	建成区绿化覆盖率	人均城市道路面积	人均公园绿地面积	人均建成区绿地面积
兰州市	99.34	99.06	97.38	30.47	17.28	13.34	24.73
天水市	99.98	99.92	100.00	40.97	17.52	13.86	7.56
天水市排名	8	4	1	7	10	8	9

三　天水市高质量发展的对策建议

高质量发展是全面建设社会主义现代化国家的首要任务，要打造高质量发展的天水市，就必须牢记高质量发展是新时代的硬道理，完整、准确、全面贯彻新发展理念，以新发展理念引领改革，立足新发展阶段，深化供给侧结构性改革，加快推动经济发展质量变革、效率变革和动力变革。

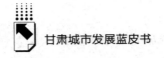
（一）培育新质生产力，激发高质量发展新动能

从各层级增加创新投入。一方面，加大财政科技扶持力度，设立专项创新资金，支持科技研发、成果转化和产业化项目，建立科技研发投入奖励机制，对成果较好的企业给予一定的财政补贴。另一方面，出台税收优惠政策，激励企业自主增加研发投入的比例，适度拓宽融资渠道，创新融资方式。此外，政府部门需要注重整合各类财政科技资金，提高资金使用效率，确保资金精准投放。

积极发展新质生产力相关产业。2022 年以来，华洋电子、锻压机床、海林中科、华天科技、风动机械、程达电气、长开厂、长城控制、天光半导体、星火机床、光轩高端装备、三和数码、杰瑞新能源等多家公司已获批多项科研项目，其中部分企业参与完成的科研项目成果荣获国家科学技术进步奖。综合来看，天水市的高科技发展领先企业以从事电工电器、医药食品、建材、制造、新材料与新能源及部分电子信息产业为主。天水市是全国老工业基地和重要的装备制造业基地之一，工业基础雄厚，工业前景广阔，拥有多所高等院校和多家科研机构，能够为新兴科技产业的发展提供充足的人才储备支持。在电子信息、先进制造等领域已经形成了较为完善的产业链，光纤网络、移动通信网络等基础设施不断完善，能够为数字、人工智能、互联网、虚拟现实、智能制造等高技术含量产业发展提供坚实的基础。

优化创新平台布局。坚持创新在现代化建设全局中的核心地位。一方面，持续推进"大型电气传动系统与装备技术"国家重点实验室建设重组，加快筹建甘肃省半导体高等研究院，统筹发挥甘肃省集成电路制造材料创新联合体、甘肃省高档数控机床创新联合体作用，建设一批创新平台，提升科技赋能水平和产业创新能力。另一方面，着力优化重大科技基础设施布局。截至 2023 年，天水市共有各类创新平台 123 个。其中，国家级 9 个、省级 72 个、市级 42 个。拥有省级科技创新型企业 174 家，高新技术企业 131 家。因此，需要统筹布局现有的国家重点实验室、产业创新中心、工程研究中心等创新平台，鼓励区域内高校、科研机构等布局建设技术转移和产业化服务机制，提高产业链创新链协同水平，整合现有资源，加强创新平台之间的协同合作，形成创新合力，为创新主体提供全方位、全链条的服务支持。

（二）挖掘文化生产力，打造高素质人才新高地

"功以才成，业由才广"，发展新质生产力，人才始终是最关键、最活跃的要素，要牢牢把握人才这个"第一资源"，聚焦战略部署、重视教育培养、做优服务保障，构建一支具有创新潜力与后劲的重要支撑型人才队伍，打造属于天水市的高素质人才新高地。一方面，天水师范学院、甘肃林业职业技术大学、甘肃工业职业技术学院、甘肃机电职业技术学院等地方高校作为人才培育基地，要加大应用型人才培养力度，推进产教深度融合，不断增强学生的就业创业能力，全面提高学生服务经济社会发展和创新驱动发展的能力，大力培养高水平应用型人才，为天水市发展新质生产力、推动高质量发展培养人才。另一方面，要按照发展新质生产力的要求，畅通教育、科技、人才的良性循环，完善人才培养、引进、使用、合理流动的工作机制，不断提高各类人才素质，健全要素参与收入分配机制，激发各类生产要素的活力，更好体现知识、技术、人才的市场价值，营造良好的人才培育和发展氛围。

此外，天水市具有深厚的文化历史底蕴，如伏羲文化、大地湾文化、麦积山石窟文化等，除了弘扬天水文化之外，还应基于本地文化特征，挖掘文化生产力，将天水特色文化发展与人才本地化发展紧密结合，鼓励和支持文化人才在文化传承、创新和发展中发挥重要作用，推动文化产业发展与人才发展的良性互动，创建具有本地文化底蕴的人才发展环境。

（三）改善生态生产力，再上可持续发展新台阶

强化生态环境共保联治。天水市属于黄土高原覆盖区，又有多条河流经过，水土条件制约性强，因此需要着力实施生态保护与修复工程。一方面，重点加强渭河、耤河、牛头河、榜沙河、葫芦河等河流沿岸的生态治理，推

进天然林保护、湿地保护、河湖连通和生态补水等工程，加快实施秦岭西段水源涵养与生物多样性保护恢复项目，修复生态环境自然面貌，改良当前较为脆弱的生态本底。积极推进水环境污染防治。紧紧围绕污染源整治、环境风险防控等方面，扎实推进渭河、耤河、牛头河、葫芦河、散渡河等流域联防联控与系统治理，提升水环境质量，推进工业园区污水集中处理和渭河流域入河排污工作，充分利用卫星遥感、无人机、视频监控等技术工具和手段加强各条河流沿线重点涉水企业排污监管，推行全市河湖长制，推动渭河流域绿色健康发展。另一方面，建立健全生态补偿制度，在纵向上对张家川县等国家重点生态功能区给予经济补偿和政策支持，在横向上鼓励相关受益企业和社会资本参与生态保护与修复项目，形成多元化的生态保护投入机制，进而提高生态质量和生态效益。

在实践工作中聚焦重点区域、重点领域、关键环节，坚持"治已病"和"治未病"相结合，统筹资源与环境，构建"源头严防、过程严管、末端严治"的治理体系，持续加强综合监管和执法，以高标准打好蓝天碧水保卫战，推动绿色可持续发展。

（四）优化经济生产力，释放区域协调发展新活力

优化产业布局和产业结构，提升资源配置效率。一方面，深入推进"工业强市"战略，着力打造制造业"八大产业集群"，依托现有企业，实施"三化"改造，加快传统产业改造升级，培育新兴产业。另一方面，优化服务业营商环境，实施服务业提升工程，推动现代服务业发展，实施就业优先战略，鼓励多渠道开发就业岗位，提高公共就业创业服务信息化水平。

大力提升对外开放水平，稳步推进制度型开放。深化外贸体制改革，优化区域开放布局，加大与"一带一路"共建国家贸易合作的力度，完善高质量共建"一带一路"机制，扩大出口订单规模，持续推动外贸实现质的有效提升和量的合理增长，努力将天水市建设成为中西部国际陆路进出口货物的集散中心。重点推进甘肃万达公铁智慧物流园、"天水5G+智慧物流园"等重点项目建设，不断完善商贸物流基础设施，全力打造区域商贸物

流中心，巩固外贸基础。并同步推进实施多元化市场战略，拓展国际市场，开发新兴市场，优化出口产品结构和营销策略，提升产品质量和技术含量，发展深加工产品，提高产品的适应性和竞争力，改变天水市以电子、电器、轴承、浓缩苹果汁和鲜苹果出口为主的单一贸易模式。

积极推进伏羲始祖文化传承创新区建设，办好公祭伏羲大典暨伏羲文化旅游节。全力抓好市"三馆"新馆、天水伏羲庙、大地湾国家考古遗址公园等重点文旅项目建设。强化旅游产品宣传推介，提升旅游服务品质与接待能力，对外持续推广"千山万水·就爱天水"文旅品牌，促进旅游人数和旅游收入的共同增长。

构建和完善产业链，推进产业信息资源的共享，提高资源配置效率。切实提升天水市及其下辖各县（区）的资源保障能力。构建资源调配通道，完善土地利用结构，提高土地利用效率，解决资源时空分配不均问题，提高资源配置保障能力，推动各行各业提升资源利用效率，优化资源配置，满足经济社会发展需求。

聚焦乡村全面振兴，推动城乡融合和区域协调发展。针对天水市，要重点聚焦果菜畜药高品质现代化特色农业发展，做大做强药材、乡村旅游、苹果、花卉等特色产业和冷链物流、农产品电商、田园综合体等新业态，保护发展好渭河流域独具特色的绿色农产品品牌，提升农产品生产、加工、储运绿色化水平，全力助推乡村振兴，提升城乡、区域发展协调性、平衡性。

（五）提升社会生产力，共建社会公共服务新格局

提高居民收入与消费水平。通过产业升级、深化开放，提高经济的质量和效益，从而带动天水市人均 GDP 与居民人均可支配收入的增长。提高居民的工资性收入和财产性收入。同时，借助天水市旅游发展新势头，通过聚焦第三产业激发社会消费新活力，深入挖掘消费潜能，大力发展夜间经济、假日经济，提升社会消费信心、增强居民消费意愿，稳定扩大传统消费规模，培育壮大新型消费模式，大力提升农村消费市场，全力营造良好消费环境，改善居民消费状况。

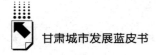
　　加强数字政府建设。加快数据资源整合共享，推进"数字天水""智慧天水"的构建，持续提升数字政府服务能力，提升公共事件综合处理能力。

　　加快社会事业发展，加强城市公共服务设施建设，健全社会保障体系。加快建设秦州区成纪小学、麦积区千禧学校、秦安县六中等 12 所学校。全力支持天水师范学院更名天水师范大学。继续推进交通、水利等基础设施建设，加强引洮供水工程等水利设施建设，解决区域水资源短缺问题。加快建设"健康天水"，完善城乡居民基本养老保险待遇确定和基础养老金正常调整机制，促进优质医疗资源扩容和区域均衡布局。加强城市公共服务设施建设，及时梳理和解决供热、供水、供气、供电等公共服务领域的矛盾和问题，不断提升公共服务水平。加大城市绿化力度，提高城市绿化覆盖率，改善公共服务环境，提升共享发展水平。

参考文献

　　天水市统计局、国家统计局天水调查队：《2023 年天水市国民经济和社会发展统计公报》，2024 年。

　　天水市人民政府办公室：《2024 年天水市政府工作报告》，2023 年。

　　天水市发展和改革委员会：《天水市 2022 年区域开放情况概述》，2023 年。

　　甘肃省统计局、国家统计局甘肃调查总队：《2023 年甘肃省国民经济和社会发展统计公报》，2024 年。

　　甘肃省统计局、国家统计局甘肃调查总队编《甘肃统计年鉴 2024》，2024 年。

　　北京大学公共政策研究中心、北京大学中国国情研究中心：《中国城市高质量发展指数研究报告》，2022 年。

　　北京壹城经济咨询中心：《2021 中国城市高质量发展报告》，2021 年。

　　中国中小城市发展指数研究课题组、国信中小城市指数研究院：《2023 年中国中小城市高质量发展指数研究成果》，2023 年。

B.7

武威市城市高质量发展报告

刘奔腾　董建红*

摘　要： 2014~2023 年武威市城市高质量综合发展指数呈上升趋势，由 0.132 提升至 0.259，提升显著，但仍处于较低水平。这表明武威市呈现快速发展的趋势，城市高质量发展取得一定成效。从各分项指数和贡献率来看，创新、协调和共享的发展水平相对较高，对武威市高质量发展的贡献和影响较大；开放、绿色的发展水平相对较低，尤其开放发展指数贡献率较小。创新发展指数及其贡献率均呈波动变化趋势，绿色发展指数贡献率呈下降趋势。高质量发展的重点在补齐生态环境的短板，加强创新驱动，发挥武威国际陆港的作用，加大开放力度。

关键词： 高质量发展　新发展理念　武威市

一　武威市发展概况

（一）武威市经济发展概况

近十年武威市的经济发展水平呈现稳步上升的趋势，经济发展取得较为显著的成就，具体发展概况如下。

1. 总体经济增长情况

2023 年武威市地区生产总值为 708.08 亿元，比上年增长 7.0%。其中，

* 刘奔腾，博士，兰州理工大学教授，主要研究方向为建筑与城市遗产保护、地域性建筑与城市设计；董建红，博士，兰州理工大学副教授，主要研究方向为城乡规划与国土评价。

第一产业增加值为 232.35 亿元，增长 6.4%；第二产业增加值为 127.91 亿元，增长 7.6%；第三产业增加值为 347.82 亿元，增长 7.1%。三次产业结构为 32.8∶18.1∶49.1。2023 年武威市人均地区生产总值为 49302 元，比上年增长 7.6%。

总体来看，2014～2023 年武威市无论是地区生产总值还是人均地区生产总值都呈现增长趋势。尽管增长率在不同年份有所波动，但总体上保持了稳定的增长态势。这表明武威市的经济在不断发展壮大，人民的生活水平也在不断提高。

2. 产业结构优化升级

农业经济发展势头良好，农林牧渔业增加值持续增长。特色优势产业如蔬菜、瓜果、中药材等发展势头强劲，畜牧业产出规模持续扩大。规模以上工业增加值增长显著。重工业增长较快，新能源及配套产业增势强劲。服务业保持较快增长，社会消费品零售总额持续增长。旅游、餐饮、住宿等行业全面提速，消费升级类商品零售额快速增长。武威市在经济发展中注重产业结构的优化升级。一方面，传统产业如农产品加工、化工建材等实现转型升级，生产效率和产品质量得到提高。另一方面，新兴产业如新能源、新材料、生物医药、数字经济等蓬勃发展，为当地经济增添了新的增长点。

3. 新能源产业发展情况

新能源产业是近年来武威市经济发展的亮点之一。武威市拥有丰富的太阳能和风能资源，这为新能源产业的发展提供了得天独厚的条件。当地积极引进和培育新能源企业，推动新能源项目的建设和运营。目前，武威市已建成及在建新能源装机规模达到 975 万千瓦，位居全省前列。这些新能源项目的建设不仅推动了当地经济的绿色发展，也为全国能源结构的优化调整做出积极贡献。

4. 文旅产业发展情况

武威市拥有丰富的自然景观和人文资源，近年来文旅产业呈现繁荣发展的局面。通过提升文化旅游要素品质、优化文旅市场供给、加快培育壮大文旅领域新质生产力等措施，武威市成功打造了多个知名文旅品牌，吸引了大量国内外游客前来观光游览。

5. 招商引资与对外开放

武威市高度重视招商引资工作，通过优化营商环境、提供优惠政策等措施，吸引了大量国内外优质企业前来投资兴业。这些企业的入驻不仅为当地经济注入了新的活力，也带动了相关产业的发展和就业机会的增加。同时，武威市积极参与对外开放合作，加强与周边地区和国家的经贸往来，推动当地经济的国际化发展。

（二）武威市社会发展概况

1. 武威市人口概况

（1）常住人口变化

2014~2023 年武威市常住人口变化特征显著。2014~2019 年，武威市的常住人口数量呈现稳定增长的趋势，这可能与当地经济发展、就业机会增加以及生活条件的改善有关。然而，从 2019 年开始，常住人口数量呈现下降趋势。具体来看，2019 年武威市常住人口为 182.5 万人，但到了 2023 年，这一数字已下降至 142.73 万人。这一变化可能与人口迁移、老龄化以及生育率下降等因素有关。在此期间，武威市的城镇化率也在逐年提高，城镇人口数量逐渐增加，反映出人口向城市集中的趋势。此外，武威市的人口结构也在发生变化。近年来，随着老龄化的加剧，60 岁及以上人口的比重逐年上升，而 0~14 岁人口的比重有所下降。这些变化对武威市的经济、社会和文化发展都产生了深远的影响。

（2）城镇化率变化

近年来武威市的城镇化率呈现稳步上升的趋势。具体来看，2017 年武威市的城镇化率已达到 39.72%，相较 2011 年提高了 10.86 个百分点。自 2020 年以来，武威市城镇化率稳步提高。2023 年，武威市的常住人口城镇化率已达到 50.87%，比上年末提高 1.52 个百分点，显示出城镇化进程加速推进。

这一变化特征表明，武威市积极推动城乡一体化发展，加快城市化进程，并取得了显著成效。随着城镇化率的不断提高，武威市的城市基础设施和公共服务设施日益完善，居民的生活质量也得到显著提升。

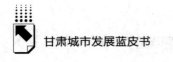
（3）人口结构变化

近十年武威市 0~14 岁人口占比有所下降，反映出武威市人口老龄化趋势加剧。15~59 岁人口是社会的中坚力量，但近十年其占比也呈现下降趋势，可能与生育率下降和人口老龄化有关。60 岁及以上人口的占比逐年上升，这反映出人口老龄化加剧的趋势。其中，65 岁及以上人口的占比也在逐年攀升。

武威市的性别比例相对均衡，但男性人口占比略高于女性人口。近十年，这一性别比例结构并未发生显著变化，保持相对稳定。

近十年武威市城镇化率呈现稳步上升的趋势。随着城市化进程的加速，越来越多的人口从乡村迁移到城市，导致城镇人口数量逐年增加，乡村人口数量逐年减少。这一变化不仅改变了武威市的城乡人口分布，也推动了城市基础设施和公共服务设施的完善。

（4）人口迁移与流动

近年来武威市面临人口外迁的压力。这可能与当地的经济发展状况、就业机会以及生活成本等因素有关。近年来武威市人口呈现负增长的态势，这在一定程度上反映了人口外迁的情况。同时，尽管存在人口外迁现象，但武威市也吸引了一部分人口迁入。这可能与城市的发展规划、政策引导以及基础设施完善有关。例如，武威市在推进生态及地质灾害避险搬迁工作中，成功吸引了大量群众迁入新居，这在一定程度上促进了人口的内部迁移。

2.武威市社会发展状况

（1）社会保障

武威市不断完善社会保障体系，扩大了社会保障的覆盖面。例如，武威市积极推进养老保险、医疗保险等社会保险制度的改革和完善，为城乡居民提供了更加可靠的社会保障。武威市积极促进就业创业，为城乡居民提供了更多就业机会和创业平台。政府通过制定相关政策和规划，引导和支持城乡居民自主创业和灵活就业，推动了就业市场的繁荣发展。

（2）城乡建设与基础设施建设

武威市城镇化率持续提高，城市规模不断扩大。例如，2023 年常住人口城镇化率达到 50.87%。武威市不断加强基础设施建设，提升城市功能和服务水平。近年来，一批重大项目相继建成投产，包括交通、能源、水利等领域的重点工程。

（3）教育、文化与医疗卫生

武威市持续优化教育资源配置，增学位、园位项目已全部开工建设，并加快办理"强县中、建宿舍、扩食堂"项目前期手续。同时，武威市还积极推进智慧校园建设，26 所学校创建省市级智慧校园标杆校，以数字化引领教学深度变革。武威市的教育质量稳步提升，各类学校的教学质量和办学水平不断提高。武威市是历史文化名城，拥有丰富的文化遗产和旅游资源。近年来，武威市积极挖掘和传承历史文化，打造了一批具有地方特色的文化旅游品牌。例如，武威市以"铜奔马"为旅游标志，推出了多条旅游线路和多个文旅融合项目，吸引了大量游客前来观光旅游。武威市的医疗资源不断丰富，该市拥有多家高水平医疗机构。例如，甘肃省武威肿瘤医院是甘肃省新型研发机构、重离子治癌技术创新中心，在全国三级甲等医院绩效考核中获得优异成绩。武威市中医医院和武威市人民医院等医疗机构也具备较高的医疗水平和服务质量。武威市的医疗服务水平不断提高，医疗设施和设备不断完善。各医疗机构积极开展医疗技术创新和科研攻关，提高了医疗服务质量和效率。同时，武威市还积极推进医疗信息化建设，实现医疗信息的共享和互通。

（4）生态环境保护与绿色发展

武威市高度重视生态环境保护工作，加大了环境治理和生态保护力度。政府通过实施一系列环保政策和措施，有效改善了环境质量，提高了生态安全水平。武威市积极推行绿色发展理念，加强对资源节约和环境保护的宣传与教育。同时，武威市积极推广清洁能源和环保技术，促进经济的可持续发展。

综上所述，2014~2023 年武威市的社会发展状况取得了显著进步。经济持续增长、教育文化繁荣发展、医疗卫生水平不断提高、社会保障体系不断完善以及生态环境持续改善等因素共同推动了武威市的全面发展。

二 武威市高质量发展水平测度

（一）总体水平

高质量发展是全面建设社会主义现代化国家的首要任务，城市作为推动经济增长和建设社会主义现代化的主阵地，要加快构建新发展格局，着力推动其高质量发展。基于新发展理念，通过梳理城市高质量发展的理论内涵，本报告构建了包含创新、协调、绿色、开放、共享5个维度的综合评价指标体系，分析了2014~2023年武威市城市发展质量的时序演变特征。结果显示（见表1和图1），研究期间武威市城市高质量发展水平呈上升趋势，由0.132提升至0.259。这表明武威市呈现快速发展趋势，城市高质量发展取得一定成效。

表1 2014~2023年武威市城市高质量发展水平测度结果

年份	创新发展指数	协调发展指数	绿色发展指数	开放发展指数	共享发展指数	综合发展指数
2014	0.025545	0.035377	0.030983	0.002952	0.036843	0.131699
2015	0.032200	0.037456	0.029197	0.005635	0.041370	0.145858
2016	0.031924	0.038484	0.029583	0.003546	0.046636	0.150171
2017	0.031118	0.039812	0.033705	0.004038	0.056211	0.164884
2018	0.051244	0.041525	0.034323	0.005100	0.059959	0.192151
2019	0.058082	0.051584	0.034333	0.007109	0.062001	0.213108
2020	0.054390	0.056896	0.051339	0.005279	0.075269	0.243174
2021	0.057027	0.056338	0.035570	0.005611	0.081380	0.235926
2022	0.056869	0.057935	0.034946	0.005168	0.083835	0.238752
2023	0.068739	0.059397	0.035462	0.008808	0.086810	0.259215

从各分项指数和贡献率来看，武威市创新、协调和共享发展水平相对较高，对武威市高质量发展的贡献和影响较大；开放、绿色发展水平相对较低，尤其是开放发展指数贡献率较小。创新发展指数及其贡献率均呈波动变化趋势，绿色发展指数贡献率呈下降趋势（见图2和图3）。

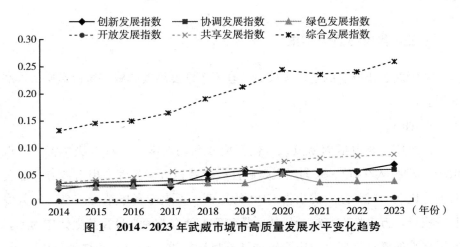

图1　2014~2023年武威市城市高质量发展水平变化趋势

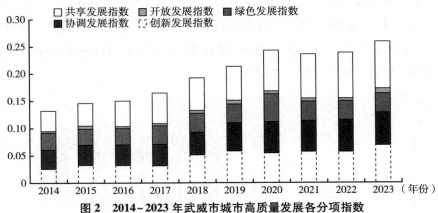

图2　2014~2023年武威市城市高质量发展各分项指数

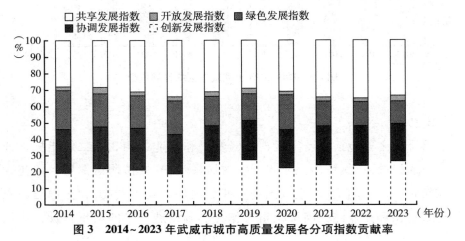

图3　2014~2023年武威市城市高质量发展各分项指数贡献率

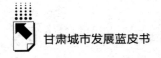

（二）各维度测度结果

从创新、协调、绿色、开放、共享五个维度测度武威市城市高质量发展水平。

1. 创新

该维度主要包括创新投入、创新成效和创新潜力 3 项二级指标，选取 R&D 经费投入/GDP、人均国家财政性教育费投入、教育支出占地方一般公共预算比例、科学技术支出占 GDP 的比例、万人专利申请受理量、万人专利授权量、万人拥有高校专任教师数和万人拥有普通高校在校生数作为创新发展水平的衡量指标，运用熵权法计算指标权重，加权求和得到测度结果。研究结果显示：2014~2023 年武威市城市创新发展水平呈上升趋势，城市创新发展指数由 0.026 提升至 0.069，增长 165%。这表明武威市城市创新发展取得了较为显著的成效（见图 4）。

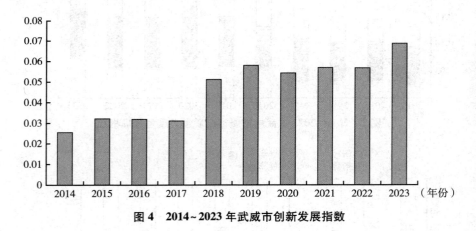

图 4　2014~2023 年武威市创新发展指数

2. 协调

该维度主要包括城乡发展、地区发展和产业结构 3 项二级指标，选取农村居民收入/城镇居民收入、农村居民消费/城镇居民消费、常住人口城镇化率、人均 GDP/全国人均 GDP、居民人均消费支出/全国居民人均消费支出和产业结构高级化指数作为协调发展水平的衡量指标，运用熵权法计算指标权重，加权求和获得测度结果。研究结果显示：2014～2023年武威市城市协调发展水平呈上升趋势，城市协调发展指数由0.035提升至0.059，总体水平提升了68.6%。这表明武威市城市协调发展水平得到一定程度的提升，但城市协调发展水平整体还较为滞后（见图5）。

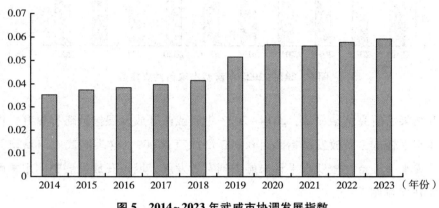

图5　2014～2023年武威市协调发展指数

3. 绿色

该维度主要包括污染排放、污染治理、绿色环境和安全生产4项二级指标，选取单位GDP废水排放、单位GDP废气排放、单位GDP固体废物排放、工业固体废物综合利用率、生活垃圾无害化处理率、绿地面积覆盖率、空气质量二级以上天数占比、建成区绿化覆盖率和亿元地区生产总值安全事故死亡率作为绿色发展水平的衡量指标，运用熵权法计算指标权重，加权求和得到测度结果。研究结果显示：2014～2023年武威市绿色发展指数呈波动变化趋势，整体水平略有提升，城市绿色发展指数由0.031提升至0.035，仅增长13%，这表明武威市城市绿色发展水平有待进一步提升（见图6）。

4. 开放

该维度主要包括外贸和旅游两项二级指标，选取外贸依存度和年旅游人数作为开放发展水平的衡量指标，运用熵权法计算指标权重，加权求和得到

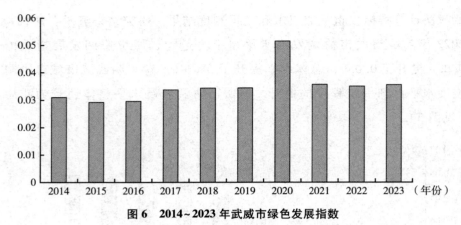

图6 2014～2023年武威市绿色发展指数

测度结果。研究结果显示：2014～2023年武威市开放发展指数略有提升，但整体水平较低，开放发展指数由0.003增加至0.009。这表明武威市城市开放发展水平维持在较低水平且未能得到有效发展，城市开放发展整体水平亟待提升（见图7）。

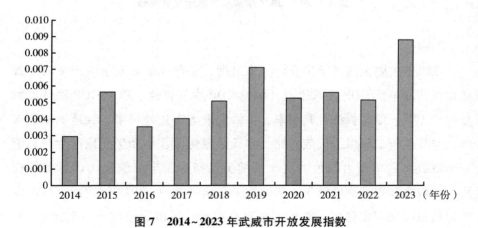

图7 2014～2023年武威市开放发展指数

5. 共享

该维度主要包括经济成果、社会保障和基础设施3项二级指标，选取人均GDP、人均社会消费品零售额、每万人口医生数、万人卫生机构床位数、普通中小学师生比、人均受教育年限、人均道路面积、人均公园绿地面积、燃气普及率作为共享发展水平的衡量指标，运用熵权法计算指标权重，加权求和得到测度结果。研究结果显示：2014～2023年武威市共享发展指数呈增长态势，由0.037提升至0.087，增长135%。这表明武威市城市共享发展水平快速提升，但从整体上看，城市共享发展还处于较低水平，未来还有较大的发展空间和潜力（见图8）。

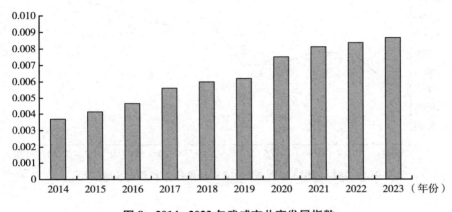

图8　2014～2023年武威市共享发展指数

三　武威市高质量发展存在的问题及对策

（一）创新发展

1. 创新发展存在的问题

创新发展是城市高质量发展的高效驱动力，在未来的发展中要逐步实现经济社会发展从要素驱动向创新驱动的有效转变。2014～2023年武威市创新发展水平呈上升趋势，表明武威市创新发展取得较为显著的成效。但创新发展整体水平较低，R&D经费投入、教育支出、一般公共预算支出和科学技术支出均呈现上升趋势（见图9和图10），高校专任教师数增长较为缓慢，普通高校在校生数增加过程中出现波动现象，导致创新发展驱动力不足，人才吸引力有待加强，创新发展环境还需进一步改善和优化（见图 11）。此外，武威市专利申请受理量和授权量较少，2018 年和 2019 年专利授权量突破千件，专利授权量不稳定且各年份数量悬殊（见图 12）。

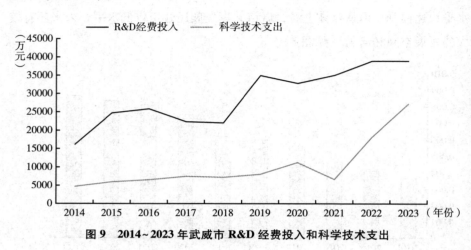

图 9　2014～2023 年武威市 R&D 经费投入和科学技术支出

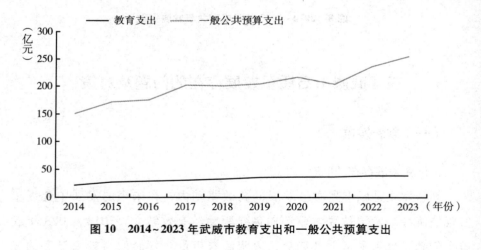

图 10　2014～2023 年武威市教育支出和一般公共预算支出

2. 创新发展对策

（1）完善创新体系

武威市充分发挥甘肃武威国家农业科技园区的作用，引领示范农业科技创新，并推动四县区建成省级农业科技园区。同时，积极争创省级高新技术

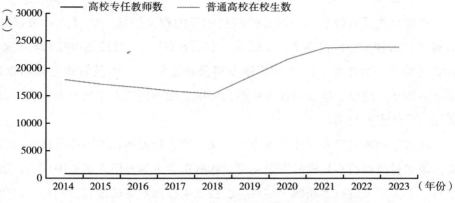

图 11 2014~2023 年武威市高校专任教师数和普通高校在校生数

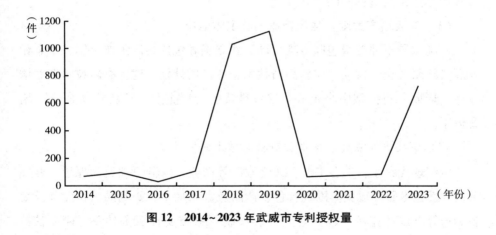

图 12 2014~2023 年武威市专利授权量

产业开发区，推动武威高新区的创建工作。

加强高水平科技创新平台建设，推动企业加强与高校、科研院所的合作，推动产学研用协同创新。支持企业牵头组建技术创新平台，并给予资金扶持，提升其自主创新能力。

推进创新创业服务体系建设，建设科技企业孵化器、众创空间等，为创业者提供全方位的服务。同时，选派科技特派员开展科技服务活动，培训农牧民，提升他们的科技素养。

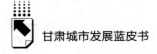

（2）加大投入力度，营造创新环境

武威市先后出台了一系列支持科技创新的政策措施，如《武威市贯彻落实〈甘肃省支持科技创新若干措施〉实施方案》《武威市强科技行动实施方案（2022—2025 年）》等，从激发科技创新活力、加强创新主体培育、强化创新平台建设、推动科技成果转化应用、激励科技人才创新创业五个方面提出具体支持政策。

武威市积极构建多元化科技投入体系，完善稳定增长的财政科技投入机制，确保科技创新有足够的资金支持。武威市着力为科研人员松绑减负，赋予科研人员更大的技术路线决定权、经费支配权和资源调度权。同时，出台科技揭榜挂帅制项目、科技计划自筹经费项目、企业创新联合体组建与运行等管理办法，营造良好的创新环境。

（3）加大培育力度，强化企业创新主体地位

实施领导干部分级包联专项行动，建立领导包抓县区工作机制，常态化开展科技服务企业行动。实施高新技术企业倍增计划，建立高新技术企业培育库，形成"科技型中小企业—省级科技创新型企业—高新技术企业"培育体系。

（4）紧扣现实需要，推进关键核心技术研发攻关

围绕现代农业、生态工业、文化旅游等产业，以科研项目为抓手，开展关键共性技术研发攻关。围绕特色农产品及食品加工、奶制品、新能源及装备制造等重点产业链，建立健全"链长制"科技支撑服务体系，靶向扶持"链主"企业和骨干企业。积极探索科技成果转化措施和途径，搭建科技成果转移转化平台和载体。鼓励高校、科研机构转移转化科技成果，强化市场管理。

（5）优化营商环境，助力高质量发展

依托数字政府建设，运用政务数据共享、电子证照等手段，加快推进"高效办成一件事"增量扩面。建立"12345 热线+网格"治理模式，推广"接诉即办、诉来速办"，创新探索"未诉先办"服务。全面落实公平竞争审查制度，公开市场准入事项，推动"非禁即入"落实。主动为企业提供"容错支持""法治体检"，全力保护民营企业产权和企业家权益。

（二）协调发展

1. 协调发展存在的问题

协调发展是城市高质量发展的有效推动力，在未来的发展中要逐步实现各区域各领域各方面的全面发展。2014~2023年武威市协调发展水平呈上升趋势，协调发展指数由 0.035 提升至 0.059，提升 68.57%，年均增长5.97%。这表明武威市协调发展水平得到了一定程度的提升，但城市协调发展水平整体较为滞后。

（1）绿洲—城市—水土资源利用协调难度大

武威市的水土资源利用效率相对较高，但城镇化水平滞后。这种城镇化滞后的水土资源利用模式，导致水土资源的短缺严重制约了绿洲城镇的发展。同时，城镇发展滞后影响了水土资源利用效率的提升，形成相互制约的恶性循环。武威市作为绿洲城市，其城镇发展模式对水土资源较为依赖。然而，水土资源短缺的问题始终存在，这严重制约了武威市城镇化的进一步发展。

（2）产业结构不合理

武威市的部分传统产业存在产能过剩的问题，这导致资源的浪费和经济效益的低下。同时，这些传统产业的产品结构单一，缺乏市场竞争力。虽然武威市在新能源装备制造业等方面取得了一定的发展成果，但总体来看，新兴产业的规模仍然较小，不足以支撑整个城市的经济发展。此外，新兴产业的技术水平和创新能力也有待提升。

（3）区域发展不协调

武威市内部不同区域之间的经济发展水平差异较大，这导致资源分配不均衡和区域发展不协调。一些地区经济发展速度较快，另一些地区则相对滞后。武威市在基础设施建设方面也存在不平衡的问题。一些地区的基础设施建设相对完善，而另一些地区相对滞后，这影响了整个城市的协调发展。

（4）公共服务设施建设滞后

武威市的教育资源在城乡、区域、校际存在不均衡的问题。优质教育资

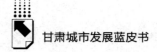

源短缺，导致一些学生无法接受高质量的教育。城乡医疗卫生资源配置不均衡，导致城乡居民可享受的医疗卫生服务不均等。这影响了武威市的整体医疗水平和居民健康水平的提升。

2. 协调发展对策

（1）推进城镇化与水土资源利用协调发展

根据武威市的水土资源条件，科学规划城镇布局，避免过度集中和无序扩张。通过合理布局，武威市实现城镇发展水平与水土资源利用效率的同步提升。加强水资源管理和保护，推广节水技术和设备，提高农业灌溉和工业用水效率。同时，加强水资源循环利用，减少水资源浪费。推动土地资源的节约集约利用，优化土地利用结构，提高土地利用效率。武威市通过土地整治、复垦等措施，增加有效耕地面积，保障粮食安全。

（2）优化产业结构，促进经济转型升级

对产能过剩的传统产业进行技术改造和升级，提高产品质量和附加值。通过引进先进技术和管理经验，武威市推动传统产业向高端化、智能化、绿色化方向发展。加大对新能源、新材料、生物医药等新兴产业的支持力度，推动其快速发展。武威市通过政策引导、资金扶持等措施，吸引更多企业和人才投身新兴产业领域。促进农业、工业、服务业等产业融合发展，形成产业链上下游协同发展的格局。武威市通过发展乡村旅游、农产品深加工等产业，推动农村经济发展和城市经济转型升级。

（3）推动区域协调发展，缩小城乡差距

武威市根据不同区域的特点和优势，制定差异化的区域发展战略。通过政策扶持、资金投入等措施，推动区域协调发展。加大对基础设施建设的投入力度，完善交通、水利、电力等基础设施网络。通过基础设施建设，武威市提高区域间的互联互通水平，促进资源要素的自由流动和优化配置。推动城乡基础设施和公共服务设施一体化发展，缩小城乡差距。武威市通过发展乡村经济、改善农村人居环境等措施，提高城乡居民的生活水平和幸福感。

（4）加强公共服务设施建设，增进民生福祉

武威市加大对教育事业的投入力度，优化教育资源配置。通过建设优质

学校、引进优秀教师等措施，提高教育质量。同时，推动城乡教育均衡发展，缩小城乡间的教育差距。加强医疗卫生服务体系建设，提高医疗卫生服务水平。武威市通过建设基层医疗卫生机构、引进优秀医疗人才等措施，提高城乡居民的医疗保障水平。完善社会保障体系，提高社会保障水平。武威市通过扩大社会保险覆盖面、提高社会保障待遇等措施，保障城乡居民的基本生活需求。

（5）优化营商环境，激发市场活力

继续深化"放管服"改革，简化审批流程，提高审批效率。武威市通过优化政务服务环境、加强事中事后监管等措施，降低企业运营成本和时间成本。加大对企业的政策扶持力度，出台税收减免、资金扶持等优惠政策。武威市通过政策引导和支持，鼓励企业加大研发投入力度、拓展市场空间。加强创新创业平台建设和服务体系建设，为创业者提供全方位支持和服务。武威市通过举办创新创业大赛、提供创业指导等措施，激发全社会的创新创业活力。

综上所述，武威市在协调发展过程中需要采取多方面的措施解决问题和推动发展。通过优化城镇化布局、改造提升传统产业、培育壮大新兴产业、推动区域协调发展、加强公共服务设施建设以及优化营商环境等措施，武威市将实现更高质量、更有效率、更加公平、更可持续的发展。

（三）绿色发展

1. 绿色发展存在的问题

绿色发展是城市高质量发展的重要支撑，在未来的发展中要持续推进生态文明建设。2014~2023 年武威市绿色发展指数呈现波动变化的趋势，整体水平略有提升，绿色发展指数由 0.031 提升至 0.035，仅提升 13%，这表明武威市绿色发展水平有待进一步提升。

（1）生态环境方面

武威市的生态环境相对脆弱，长期受到自然因素和人为活动的双重影响。这种脆弱性表现在水资源短缺、土地沙化、植被破坏等方面，给绿色发

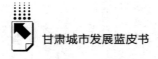

展带来了很大的挑战，治污降碳任务艰巨。武威市在扩绿护绿、水源涵养、防风固沙、治污降碳等方面的任务艰巨且繁重。

（2）资源利用方面

资源性缺水问题长期存在。武威市位于干旱区，降水量少，水资源短缺是制约其绿色发展的主要因素之一。资源性缺水不仅影响了农业、工业和居民用水的需求，还限制了生态环境的改善和绿色产业的发展。尽管武威市在资源有偿使用和生态补偿方面做出了一些尝试，但相关机制还不够健全。这导致了资源利用效率低下、生态破坏难以得到有效修复等问题。

（3）产业结构方面

在武威市的产业结构中，传统产业仍占据较大比重。这些传统产业往往能耗高、污染重，对绿色发展构成阻碍。新兴产业规模较小，虽然武威市在新能源、新材料等新兴产业方面取得了一定的发展成果，但总体来看，新兴产业的规模仍然较小，不足以支撑整个城市的绿色发展。

（4）绿色发展理念方面

绿色发展理念尚未牢固树立，也没有转化为行动自觉，导致在发展过程中生态环境保护和绿色产业发展往往被忽视。绿色发展政策支持不足，尽管武威市已经出台了一些支持绿色发展的政策措施，但这些政策在落实过程中还存在一些困难和问题。

2. 绿色发展对策

（1）加强生态环境保护与修复

大力推进祁连山生态环境保护，坚决杜绝自然保护区内违法违规活动，持续巩固祁连山生态环境保护成果。健全祁连山生态环境保护常态长效巡查监管和生态环境监测与评估机制，确保生态环境质量持续改善。首先，加强水资源保护和水土流失治理。加大水资源保护力度，严格实行水资源管理制度，确保水资源合理开发和可持续利用。其次，推进水土流失治理，实施水土保持工程，提高土壤保持能力和水源涵养能力。最后，推动生态系统保护与修复。实施山水林田湖草沙一体化保护和修复工程，提升生态系统质量和稳定性，加强生物多样性保护，维护生态系统平衡。

（2）推动绿色产业发展

首先，优化产业结构。推动传统产业转型升级，降低能耗和排放，提高资源利用率。大力发展新兴产业，特别是新能源、新材料等绿色产业，培育新的经济增长点。其次，促进绿色低碳循环发展。构建绿色低碳循环发展的经济体系，推动形成绿色发展方式和生活方式。加强废弃物资源化利用，减少环境污染和生态破坏。最后，培育绿色产业园区。规划建设绿色产业园区，集聚绿色产业资源，形成产业集群效应。加大对绿色产业园区的政策支持和资金投入力度，推动其快速发展。

（3）加强政策支持与监管

首先，完善绿色发展政策体系。制定和完善支持绿色发展的政策措施，包括财政、税收、金融等方面的优惠政策。加强政策宣传和解读，确保政策落实到位。其次，加大监管和执法力度。建立健全绿色发展监管体系，加大对绿色产业发展的监管和执法力度。对违法违规行为进行严厉打击，维护绿色发展秩序。最后，推动绿色技术创新与应用。加大对绿色技术创新的支持力度，推动绿色技术的研发和应用。加强与高校、科研院所等机构的合作，引进和培育绿色技术创新人才。

（4）提升公众环保意识与参与度

首先，加强环保宣传教育。深入开展环保宣传教育活动，提高公众的环保意识和参与度。通过媒体、网络等渠道广泛传播绿色发展理念和实践案例。其次，鼓励公众参与绿色发展。建立公众参与绿色发展的渠道和平台，鼓励公众积极参与绿色实践活动。对在绿色发展中做出突出贡献的个人和单位，进行表彰和奖励。

综上所述，武威市绿色发展对策需要从生态环境保护与修复、绿色产业发展、政策支持与监管以及公众环保意识与参与度等多个方面入手，形成全方位、多层次的绿色发展制度体系。这些对策的实施，可以推动武威市实现绿色、低碳、循环和可持续发展。

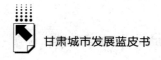

（四）开放发展

1. 开放发展存在的问题

开放发展是城市高质量发展水平提升的动力，在未来的发展中要实现区域发展与全国发展乃至全球发展的深度融合。2014~2023 年，武威市开放发展水平略有提升，由 0.003 提升至 0.009。这表明武威市开放发展水平较低，城市开放发展水平亟待提升。

（1）经济开放度有待提升

武威市的经济开放度相对较低，这主要体现在对外贸易的规模和水平上。尽管近年来武威市在对外贸易方面取得了一定进展，但总体来看，其对外贸易的规模和水平仍然较低，与全国平均水平相比存在一定的差距。这限制了武威市与国际市场的联系和互动，也影响了其经济开放度和竞争力的提升。

（2）开放型产业体系不完善

武威市的开放型产业体系尚不完善，这主要体现在产业结构的单一性和低端化上。目前，武威市的产业结构仍以传统产业为主，新兴产业和高技术产业的占比较小。这导致武威市在参与国际竞争时缺乏足够的产业支撑和竞争优势。同时，武威市的产业链延伸不够，上下游产业之间的衔接不够紧密，这也限制了其开放型产业的发展。

（3）营商环境有待优化

虽然武威市在优化营商环境方面取得了一定成效，但仍然存在一些问题；同时，武威市在吸引外资、引进先进技术和管理经验方面也存在一定困难。

（4）对外开放平台和通道建设滞后

武威市在对外开放平台和通道建设方面相对滞后。目前，武威市的对外开放平台数量有限，且功能不够完善，难以满足日益增长的对外开放需求。同时，武威市的交通基础设施和物流体系尚不完善，这限制了其与国际市场的联系和互动。

（5）人才短缺和创新能力不足

武威市在开放发展过程中还面临人才短缺和创新能力不足的问题。随着对外开放的不断深入，武威市对高素质人才的需求越来越大。然而，目前武威市的人才储备相对不足，特别是在新兴产业和高技术产业领域，人才短缺问题尤为突出。同时，武威市的创新能力相对较弱，缺乏具有核心竞争力的创新型企业和创新人才。

综上所述，武威市在开放发展过程中需要解决经济开放度不高、开放型产业体系不完善、营商环境有待优化、对外开放平台和通道建设滞后以及人才短缺和创新能力不足等问题。为推动开放发展，武威市需要采取一系列措施加强与国际市场的联系和互动，提高经济的开放度和竞争力。

2. 开放发展对策

（1）提升经济开放度

拓展对外贸易市场，积极参与国际贸易合作，提高对外贸易的规模和水平。优化出口产品结构，提升出口产品的附加值和竞争力。同时，吸引外资和优化外资结构。制定吸引外资的优惠政策，营造良好的投资环境，吸引更多外资进入武威市。优化外资结构，引导外资投向新兴产业、高技术产业和现代服务业等。

（2）完善开放型产业体系

首先，推动产业转型升级。加快传统产业转型升级，提高产业附加值和竞争力。大力发展新兴产业和高技术产业，培育新的经济增长点。其次，加强产业链建设。延伸产业链，促进上下游产业之间的衔接和协同发展。加强与周边地区的产业合作，形成优势互补、协同发展的产业格局。

（3）优化营商环境

首先，提高政务服务效率。简化审批流程，缩短审批时间，提高政务服务效率。加强政务服务窗口建设，提高服务质量和水平。其次，完善市场监管体系。加强市场监管，打击不正当竞争和违法行为，维护市场秩序。加强知识产权保护，营造良好的创新环境。最后，加强对外开放平台建设。加快甘肃（武威）国际陆港等对外开放平台的建设和发展，提升对外开放水平。

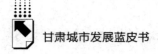

加强与国内外知名企业和机构的合作，引进先进技术和管理经验。

（4）加强基础设施建设

首先，完善交通基础设施。加快铁路、公路等交通基础设施的建设和升级，提高交通便捷性和通达性。加强物流体系建设，提高物流效率和服务水平。其次，加强信息化建设。推进信息化和数字化建设，提高城市管理和服务水平。促进电子商务发展，拓展国际市场。

（五）共享发展

1. 共享发展存在的问题

共享发展是城市高质量发展的重要保障，在未来的发展中要进一步实现经济社会发展的全民共享。2014~2023 年，武威市共享发展指数呈持续增长态势，由 0.037 提升至 0.087，增长 135%。这表明武威市共享发展水平迅速提升，但从整体上看，城市共享发展还处于较低水平，未来还有较大的发展空间和潜力。

（1）共享经济发展有待加强

武威市的共享经济规模相对较小，尚未形成具有显著影响力的共享经济产业。共享经济在武威市的渗透率较低，许多领域尚未被共享经济覆盖。武威市的共享经济在创新方面存在不足，缺乏具有竞争力的共享经济产品和服务。共享经济平台的技术水平和创新能力有待提高。

（2）资源配置效率有待提升

首先，资源分配不均衡。武威市的共享资源在分配上存在不均衡现象，部分领域资源过剩，而部分领域资源短缺。资源分配的不均衡导致共享经济效益未能提高。其次，资源利用率低。部分共享资源在使用过程中存在浪费现象，利用率不高。缺乏有效的管理和监督机制，导致资源被滥用或闲置。

（3）社会保障机制有待健全

武威市社会保障机制有待进一步完善，普通中小学师生比、人均受教育年限等均有待提升。医疗卫生服务水平有待提升。人均公园绿地面积等较小，基础设施建设有待加强。

2. 共享发展对策

（1）提高资源利用率

首先，优化资源配置。建立完善的资源分配机制，确保资源在不同领域和区域之间的均衡分配。加强资源使用情况的监测和评估，及时调整资源配置策略。其次，加强对共享资源的监管。建立健全监管体系，对共享资源的使用情况进行监督和管理。对浪费资源的行为进行处罚，提高资源利用率。

（2）推进基础设施共建共享

加强综合交通设施、能源保障设施、网络信息设施等与人民生活息息相关的基础设施建设，进一步补齐乡村基础设施建设的短板，实现城乡共建共享。

（3）提升公共服务供给水平

构建高效的社会保障体系、社会事业体系与社会管理体系，从就业、医疗、住房、养老、教育、文化体育以及社会安全等多方面为人民生活提供更加优质的服务；此外，要积极运用新技术，构建以大数据为依托的新型公共服务智慧共享平台。

（4）增强公众共享意识

首先，加强宣传教育。通过媒体、网络等渠道加强对共享经济的宣传，增进公众对共享经济的认识和了解。倡导共享文化，鼓励公众积极参与共享经济。其次，培养共享行为。加强对公众共享行为的引导和规范，培养公众的共享意识和行为习惯。鼓励公众自觉遵守共享规则，共同推动共享经济的健康发展。

B.8
张掖市高质量发展报告

马利邦*

摘　要： 2014~2023 年，张掖市的综合发展指数呈现上升趋势，2015 年出现 8.81% 的下降，2021 年增速略有放缓，但仍保持增长态势。2022 年，综合发展指数出现 2.78% 的下降，这可能是受到国内外经济环境变化等因素的影响。但在 2023 年，张掖市的高质量综合发展指数增长 4.72%，显示出较强的恢复力和发展潜力。其中，创新和共享维度对综合发展指数提升的贡献较大。未来张掖市应继续巩固和提升各维度的发展水平，特别是在创新和共享方面进一步加大力度，以实现更高质量的发展。

关键词： 高质量发展　新发展理念　张掖市

一　张掖市的发展现状

张掖市作为甘肃省的重要城市之一，具有深厚的历史文化底蕴和丰富的自然资源。在新时代的征程上，张掖市正以更加坚定的步伐，迈向高质量发展的新阶段。在党中央的坚强领导下，在习近平总书记对甘肃重要讲话和重要指示精神的指引下，张掖市坚持以习近平新时代中国特色社会主义思想为指导，深入贯彻党的各项方针政策，全面落实高质量发展要求。在市委、市政府的坚强领导下，坚持以人民为中心的发展思想，牢固树立新发展理念，全面深化改革开放，着力推动经济转型升级，加强生态文明建设，不断增进

---

* 马利邦，博士，西北师范大学教授，主要研究方向为城乡发展与空间规划、乡村转型与重构。

民生福祉，城市高质量发展取得显著成效。张掖市经济实力持续增强，产业结构不断优化，新兴产业蓬勃发展，传统产业焕发新生；城乡建设日新月异，基础设施日益完善，城市功能不断提升，乡村面貌焕然一新；生态环境保护成效显著，绿水青山成为张掖市最亮丽的名片；民生保障水平持续提高，人民群众的生活质量和幸福感不断攀升。

面对新时代的新要求和新挑战，张掖市将坚持以习近平新时代中国特色社会主义思想为指导，深入贯彻党的二十大精神，全面落实国家关于推动高质量发展的各项决策部署，立足新发展阶段、贯彻新发展理念、构建新发展格局，坚持稳中求进工作总基调，以推动高质量发展为主题，以深化供给侧结构性改革为主线，以改革创新为根本动力，以满足人民日益增长的美好生活需要为根本目的，统筹发展和安全，全力推进经济高质量发展、城市品质提升、生态环境保护、民生福祉增进等重点工作，努力走出一条符合张掖市实际的高质量发展之路。

（一）张掖市经济发展现状

1. GDP 与人均 GDP

近年来，张掖市经济社会保持了良好的发展态势。GDP 逐年攀升，从 2014 年的 361.78 亿元增长至 2023 年的 608.01 亿元。这表明，张掖市的经济总量大幅提升，综合实力不断增强。人均 GDP 同步增长，从 2014 年的 29852 元增至 2023 年的 54660 元，居民收入水平明显提高（见图 1）。

2. 产业结构

张掖市以现代农业、生态工业、全域旅游业、数字经济、会展产业、现代服务业等六大领域为主。光热水土资源绝佳搭配、农业种业产业发达，是国家现代农业示范区。2023 年，张掖市 GDP 为 608.01 亿元，比上年增长 5.5%，两年平均增长 5.7%。其中，第一产业增加值为 178.36 亿元，增长 6.0%；第二产业增加值为 119.55 亿元，增长 1.0%；第三产业增加值为 310.10 亿元，增长 6.7%。三次产业结构为 29.3∶19.7∶51.0。按常住人口

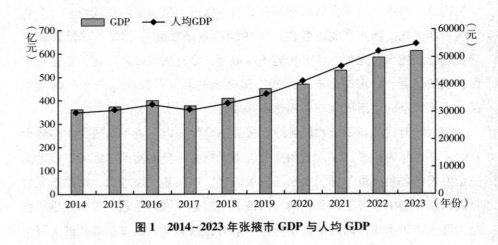

图1　2014~2023年张掖市 GDP 与人均 GDP

计算，人均 GDP 为 54660 元，比上年增长 6.3%。全年全市十大生态产业增加值为 268.61 亿元，占全市 GDP 的 44.2%，占比比上年提升 4.4 个分点。

3. 经济功能区

张掖市有 1 个国家级经济技术开发区、4 个省级工业园区和 1 个省级工业集中区，形成了以张掖经济技术开发区、民乐生态工业园区为重点，临泽、高台、山丹城北、肃南工业园区为支撑的"2+4"开发区发展格局。

（二）张掖市社会发展现状

1. 人口现状

2014~2019 年，张掖市常住人口数量呈现缓慢增长态势，但在 2020 年出现较为显著的下降。2014~2019 年，张掖市常住人口数量从 121.33 万人增长至 123.76 万人，增长幅度不大。然而，2020 年张掖市常住人口数量出现较大幅度下降，降至 112.99 万人。随后，2021 年和 2022 年常住人口数量下降至 112.25 万人和 112.01 万人，2023 年再次下降至 110.46 万人（见图 2）。2023 年，张掖市城镇人口数量为 60.60 万人，占常住人口的比重

（常住人口城镇化率）为54.86%，比上年末提高1.37个百分点。未来，张掖市应继续关注人口变化趋势，积极采取措施保障人口持续稳定增长，以促进经济社会持续健康发展。

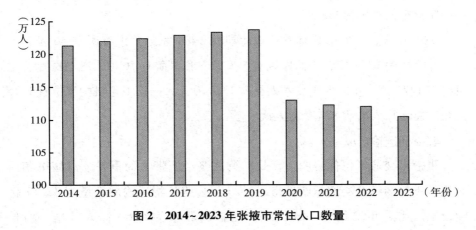

图2 2014~2023年张掖市常住人口数量

2. 社会保障情况

2023年末，张掖市参加城镇职工基本养老保险人数为22.30万人，比上年末增加0.64万人。参加城乡居民基本养老保险人数为67.32万人，减少0.74万人。参加基本医疗保险人数为118.12万人，减少0.88万人，其中参加职工基本医疗保险人数为15.54万人，参加城乡居民基本医疗保险人数为102.58万人。参加失业保险人数为9.89万人，增加0.29万人。领取失业保险金人数为1247人。参加工伤保险人数为14.02万人，增加1.15万人，其中参加工伤保险的农民工有3.77万人，增加0.01万人。参加生育保险人数为10.85万人。全市共1.52万人享受城市居民最低生活保障，5.05万人享受农村居民最低生活保障，0.58万人享受农村特困人员救助供养。同时，全市共有各类社区养老机构和设施510个，社区互助型养老设施10个。

3. 教育与医疗情况

2023年，张掖市在校生有2.57万人，毕业生有0.58万人。中等职业教育招生0.41万人，在校生1.17万人，毕业生0.41万人。普通高中在校

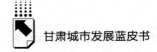

生 2.22 万人，毕业生 0.73 万人。初中在校生 3.95 万人，毕业生 1.19 万人。普通小学在校生 7.38 万人，毕业生 1.34 万人。特殊教育招生 44 人，在校生 192 人。幼儿园在园幼儿 3.57 万人。九年义务教育巩固率为 100%，高中阶段毛入学率为 96.2%。

2023 年末，张掖市共有医疗卫生机构 1404 家。全市有医院 46 家，其中，综合医院有 21 家，中医医院有 5 家，专科医院有 16 家；基层医疗卫生机构有 1326 家。年末卫生技术人员有 1.24 万人，医疗卫生机构床位有 1.16 万张，总诊疗人次达 823.7 万人次。

4. 交通运输情况

张掖市交通区位优势明显，是丝绸之路经济带上的重要节点城市和西北地区重要的综合交通枢纽城市。2023 年公路货物运输周转量为 32.17 亿吨公里，比上年增长 14.8%；旅客运输周转量为 6.60 亿人公里，增长 87.5%。张掖市民航机场集团完成旅客吞吐量 42.88 万人次，增长 199.2%；民用汽车保有量达 27.31 万辆，增长 7.5%，其中私人汽车保有量达 25.02 万辆，增长 6.8%。张掖市形成以市区为中心、高速公路为主骨架、普通国省道为干线、县乡道为分支的"四横九纵十三联"路网。张掖市拥有兰新铁路、兰新高速铁路等铁路线路，主要站点有民乐站、山丹军马场站、高铁张掖西站、临泽站、高台站等。截至 2022 年，张掖市已建成一、二、三类通用机场 9 个，并建成甘肃省首个通用航空机场——张掖丹霞通用航空机场。张掖市乡镇客运站覆盖率达到 100%，建制村通客车率达到 100%。

5. 科技发展情况

2023 年，张掖市登记市级科技成果 15 项，其中应用技术类成果 14 项。专利授权量达 1246 件，下降 18.1%，其中发明专利授权量有 72 件，有效发明专利有 442 件，每万人口发明专利拥有量为 3.95 件；共签订技术合同 619 项，增长 41.0%；技术合同成交金额达 45.49 亿元，增长 18.0%。

二 张掖市高质量发展的变化

（一）创新维度

近年来，张掖市积极践行创新驱动发展战略，创新指数持续攀升，显示出张掖市创新能力在不断提升。具体来看，自2014年以来，张掖市的创新发展指数不断攀升，2015年增长率达到47.92%，这反映了张掖市在科技创新和产业升级方面做出的积极努力。随后，2016年创新发展指数增长19.72%，2017年和2018年分别增长10.59%和24.47%，这表明张掖市在持续深化创新发展的过程中，取得了显著成效，综合竞争力不断提升。2019年，创新发展指数出现下降，降幅达到-9.40%，这可能是受到多重因素的综合影响，如经济结构调整、外部环境变化等。然而，2020年张掖市创新发展指数迅速恢复增长，增速达12.26%，显示出良好的抗风险能力和恢复力。2021年，创新发展指数略有下降，但降幅相对较小，仅为-0.84%。2022年和2023年，创新发展指数分别下降9.32%和2.80%，尽管创新发展指数有所波动，但总体仍保持在合理区间（见图3）。

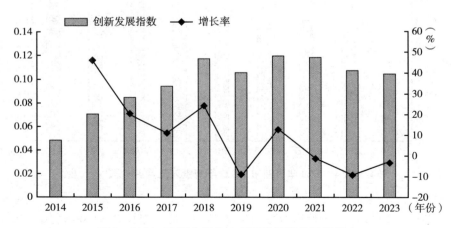

图3　2014~2023年张掖市创新发展指数及增长率

1. 创新投入

创新投入主要是指人力与资本的投入。区域创新发展离不开创新人才，创新人才是实现创新的基础，是推动区域创新必不可少的核心资源；资本投入是实现创新的基本保障，为区域创新发展注入源源不断的动力。因此，要以科技创新驱动高质量发展，加大创新投入力度，构建高质量发展创新投入评价体系。本报告选取 R&D 经费投入/GDP、人均国家财政性教育费投入、教育支出占地方一般公共预算比例、科学技术支出占 GDP 的比例 4 项指标测度创新投入水平。

张掖市 R&D 经费投入/GDP 总体呈现上升趋势。2014～2020 年，张掖市 R&D 经费投入从 23551 万元增长至 58811 万元，占 GDP 的比例也从 0.65%上升至 1.26%，其中 2019 年达到 1.30%的高点。然而，2021 年 R&D 经费投入有所下降，为 44739 万元，占 GDP 的比例也降至 0.85%。2022 年，R&D 经费投入再次回升至 59368 万元，占 GDP 的比例恢复至 1.02%（见图 4）。总体来看，张掖市在科技创新投入方面取得了积极进展，R&D 经费投入/GDP 稳步提升，为推动高质量发展奠定了坚实基础。

图 4　2014～2022 年张掖市 R&D 经费投入及其占 GDP 的比重

2014～2022 年，张掖市教育支出从 17.45 亿元增长至 27.66 亿元，增长 58.5%。同期，人均国家财政性教育费投入也呈现增长趋势，从 2014 年的

1438.39 元增长至 2022 年的 2469.55 元，增长 71.7%。人均教育经费稳步提高，有助于改善教育条件，提升教育服务能力，促进教育公平。特别是 2020~2022 年，张掖市教育支出和人均国家财政性教育经费投入均实现显著增长（见图 5）。

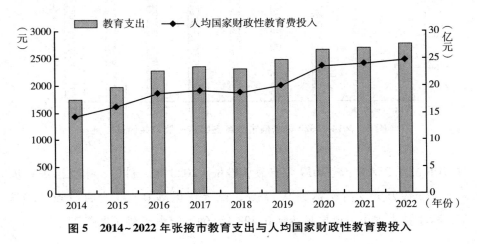

图 5　2014~2022 年张掖市教育支出与人均国家财政性教育费投入

张掖市在过去几年持续加大教育投入力度，教育支出从 2014 年的 17.45 亿元增长到 2022 年的 27.66 亿元。张掖市教育支出占一般公共预算比例在 2014~2016 年保持稳定。2017 年，由于一般公共预算增加，教育支出占一般公共预算比例有所下降，但 2019 年有所回升。2020 年，尽管教育支出继续增长，但教育支出占一般公共预算比例略有下降。2021 年，教育支出占一般公共预算比例上升至 17.12%。2022 年，教育支出占一般公共预算比例有所下降，但仍保持在 14% 以上。总体而言，张掖市政府对教育的投入持续增长，教育支出占一般公共预算比例总体保持稳定（见图 6）。

2014~2023 年，张掖市科学技术支出整体呈现上升趋势，从 2014 年的 7382 万元增加至 2023 年的 30255 万元。科学技术支出占 GDP 的比例相应提高，从 2014 年的 0.204% 上升至 2023 年的 0.498%。尽管 2015 年科学技术支出占 GDP 的比例下降至 0.142%，但随后呈现上升趋势，尤其是 2020~2023 年，占比大幅提升。具体来看，2020 年科学技术支出达到 12046 万元，

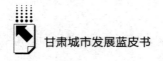

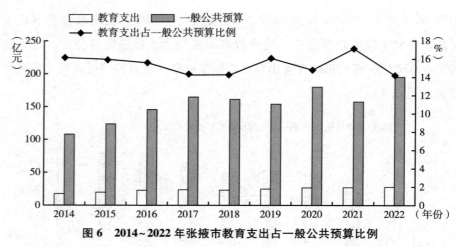

图6 2014～2022年张掖市教育支出占一般公共预算比例

占GDP的0.258%，较2019年有显著增长。2022年，科学技术支出进一步增至21692万元，占比达到0.373%，比上年提高0.153个百分点。2023年，科学技术支出占比更是达到0.498%，创下历史新高（见图7）。

图7 2014～2023年张掖市科学技术支出占GDP的比例

2. 创新成效

创新成效能较为直观地反映一个地区的技术创新成果，目前创新成效的测度指标主要包括万人专利授权量与万人专利申请受理量。专利比较接近创新的商业应用，具有与创新活动关联度大、数据易获取的优势，并且能够较为全面地反映各区域的创新和发明情况，相关性分析表明专利与创新活动之间有非常紧密的联系。相较于专利申请量，专利授权量是经过国家专利局正式授权认可的，具有新颖性、创造性和实用性，所以专利授权量可以更直接地体现科技创新成果。发明专利不仅涵盖以技术手段实现的解决方案，还包括基于解决方案的应用和创造性的改进或发展。本报告选取万人专利申请受理量、万人专利授权量两项指标分析创新成效。

2017年张掖市的专利申请受理量达到3506件，2018年增长至4344件，2019年降至2228件。在万人专利申请受理量方面，2017年为28.52件，2018年增至35.21件，反映出张掖市在科技创新方面的进步和专利意识的增强。然而，2019年万人专利申请受理量降至18.00件。张掖市在专利申请受理方面取得了积极进展，尤其在2018年达到峰值，显示出科技创新活力和知识产权保护意识的增强。

自2015年起，张掖市的专利授权量呈现增长趋势，从419件增长到2020年的2192件，随后在2021年达到2254件的峰值；张掖市的万人专利授权量从2015年的3.43件增长到2020年的19.40件。然而，2022年和2023年万人专利授权量有所下降，分别为13.59件和11.28件（见图8）。总体来看，张掖市的专利授权量稳步增长，万人专利授权量有所提升，在科技创新领域持续取得显著进步。

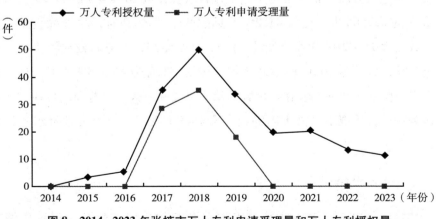

图8　2014~2023年张掖市万人专利申请受理量和万人专利授权量

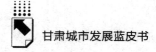

3. 创新潜力

创新潜力能够反映一个地区当前的发展水平，还能够预测未来的发展前景，对推动经济高质量发展具有重要的指导意义。高校专任教师数是衡量一个地区教育资源的重要指标，反映了该地区的高等教育发展水平。普通高校在校生数是衡量一个地区人才培养规模的重要指标，其直接体现一个地区的创新人才和创新能力。高校在校生能够促进知识扩散和技术创新，形成更加活跃的创新氛围，促使地方开展更多创新活动和创业实践，为地方经济发展注入活力。本报告选取万人拥有高校专任教师数和万人拥有普通高校在校生数两项指标测度创新潜力。

过去几年，张掖市高校专任教师队伍持续壮大，教师数量从 2014 年的 859 人增至 2022 年的 1303 人，增幅达 51.7%；在万人拥有高校专任教师数方面，张掖市也呈现稳步上升的态势，从 2014 年的 7.08 人增长至 2022 年的 11.63 人，增长 64.3%。这一指标的提升，反映了高等教育资源的增加与教育公平性的提高。总体来看，张掖市高校专任教师队伍持续壮大，万人教师配备比例显著提升，教育资源配置优化，为高等教育发展和人才培养注入强大动力。

过去十年，张掖市普通高校在校生数总体上呈现稳定增长的趋势，从 2014 年的 19994 人增至 2023 年的 25700 人，增长 28.5%；在万人拥有普通高校在校生数方面，张掖市也实现了显著增长，从 2014 年的 164.79 人增至 2023 年的 232.66 人，增长 41.2%（见图 9）。具体来看，尽管普通高校在校生数在 2015~2019 年有所波动，但自 2020 年起，普通高校在校生数开始快速增长，尤其是 2021 年和 2022 年，增长率分别达到 8.6% 和 12.3%。总体来看，张掖市普通高校在校生数的稳步增长和万人拥有普通高校在校生数的显著提升，体现了张掖市高等教育事业稳步发展，市民受教育水平显著提升。

（二）协调维度

2014~2023 年，张掖市协调发展指数整体呈增长趋势，显示出城市

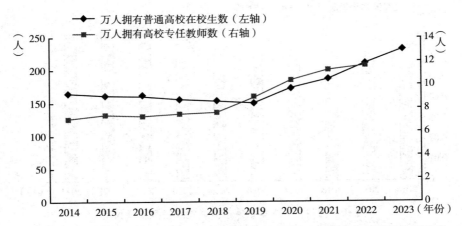

图 9　2014～2023 年张掖市万人拥有高校专任教师数与万人拥有普通高校在校生数

发展的均衡性不断提升。协调发展指数从 2014 年的 0.0571 上升至 2023 年的 0.0713，反映出城市在高质量发展过程中各领域间的协调性不断增强。2014～2023 年，张掖市协调发展指数增长 24.87%。特别是在 2020 年，协调发展指数达到 0.0685，增长率高达 7.11%。然而，2021 年张掖市协调发展指数出现小幅下降，降至 0.0680，增长率为 -0.73%。随后，2022 年和 2023 年协调发展指数又恢复增长，分别达到 0.0697 和 0.0713，增长率分别为 2.50% 和 2.30%。增长率的变化反映了协调发展指数增长的快慢程度。2015～2020 年，增长率呈现波动上升趋势，其中 2015 年的增长率为 4.55%，2016 年增长率为 1.29%，2017 年增长率为 0.02%，2018 年增长率为 1.93%，2019 年增长率为 3.70%，2020 年增长率达到峰值 7.11%。2021 年增长率为 -0.73%，表明增长速度放缓。2022 年和 2023 年增长率恢复为正值，显示出协调发展指数增长的稳定性和可持续性（见图 10）。综合来看，张掖市协调发展指数增长率在某些年份有所波动，但总体上呈现增长趋势，表明张掖市在高质量发展方面取得了积极的成果。

本报告从城乡发展、地区发展以及产业结构三个方面测度张掖市城市协调发展水平。

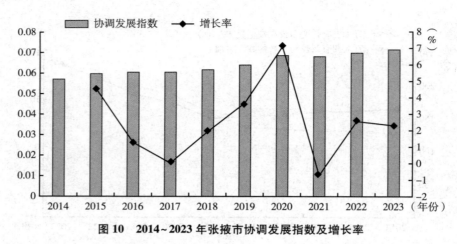

图10 2014~2023年张掖市协调发展指数及增长率

总体来看，张掖市在经济实力、居民收入与消费结构、城镇化进程和产业结构优化等方面均呈现积极的发展态势（见表1）。

表1 2014~2023年张掖市协调发展维度各指标情况

年份	人均GDP/全国人均GDP（%）	居民人均消费支出/全国人均消费支出（%）	农村居民收入/城镇居民收入（%）	农村居民消费/城镇居民消费（%）	常住人口城镇化率（%）	产业结构高级化指数
2014	23.90	1.14	54.58	52.79	40.33	1.28
2015	24.38	1.16	55.01	55.50	42.19	1.54
2016	24.33	1.15	54.16	54.85	43.93	1.70
2017	22.00	1.12	54.11	54.60	45.76	2.12
2018	22.01	1.05	54.26	58.99	47.55	2.51
2019	24.07	1.04	54.41	61.25	48.55	2.81
2020	26.05	1.18	55.29	65.13	51.29	2.89
2021	25.78	1.15	56.83	65.28	52.52	2.63
2022	27.60	1.18	58.25	66.75	53.49	2.46
2023	28.51	1.17	59.35	66.67	54.86	2.59

1. 城乡发展

本报告选取农村居民收入/城镇居民收入、农村居民消费/城镇居民消费以及常住人口城镇化率 3 项指标测度城乡发展水平。

在城乡居民消费差距方面，2014~2023 年，张掖市农村居民消费占城镇居民消费的比例呈现稳步上升的趋势。2014 年，该比例为 52.79%，2023 年增至 66.67%，增长近 14 个百分点。这一趋势表明，张掖市农村居民的消费能力在逐步提升，城乡消费差距有所缩小。具体来看，2014~2016 年，农村居民消费/城镇居民消费从 52.79% 上升至 54.85%，增长幅度较小。2017 年，农村居民消费/城镇居民消费降至 54.60%，但 2018 年大幅上升至 58.99%。从 2019 年开始，农村居民消费/城镇居民消费持续上升，2019 年为 61.25%，2020 年跃升至 65.13%，2021 年和 2022 年分别达到 65.28% 和 66.75%，2023 年略有回调至 66.67%，但仍处于高位。

在城乡居民收入差距方面，农村居民收入/城镇居民收入从 2014 年的 54.58% 提升至 2023 年的 59.35%，表明张掖市在缩小城乡居民收入差距方面取得了显著成效。具体来看，2014~2017 年，农民居民收入/城镇居民收入分别为 54.58%、55.01%、54.16% 和 54.11%，保持相对稳定。2018~2022 年，农村居民收入/城镇居民收入分别为 54.26%、54.41%、55.29%、56.83% 和 58.25%，呈现上升的趋势。值得注意的是，农村居民消费与收入的变化趋势基本保持一致，表明农村居民的消费行为与其收入水平高度相关，消费能力的提升主要依赖收入水平的提高。

张掖市常住人口城镇化率从 2014 年的 40.33% 增长到 2023 年的 54.86%，增长近 15 个百分点，表明张掖市城镇化进程持续推进。具体来看，2014~2017 年，常住人口城镇化率分别为 40.33%、42.19%、43.93% 和 45.76%，保持稳定增长态势。2018~2022 年，常住人口城镇化率分别为 47.55%、48.55%、51.29%、52.52% 和 53.49%，呈逐年上升的趋势。常住人口城镇化率的提升与城乡居民消费和收入水平差距的缩小关系密切。随着城镇化进程的推进，农村居民收入和消费水平得到提升，城乡差距逐渐缩小。从数据可以看出，常住人口城镇化率提升并非线性增长，而是呈阶段性加速趋势（见图 11）。

总体来看，张掖市农村居民消费与收入水平的提升同城镇化进程的加

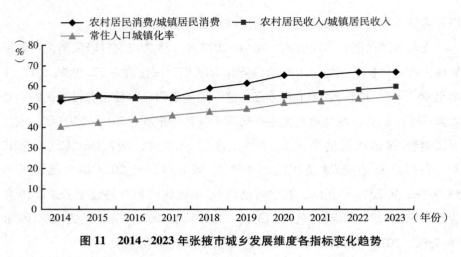

图 11　2014~2023 年张掖市城乡发展维度各指标变化趋势

速推进形成相互促进的良性互动关系。农村居民消费和收入水平的提升，反映了农村经济的发展和居民生活水平的提高，常住人口城镇化率的提升则表明城市经济的吸纳能力和公共服务水平提升。尽管农村居民消费和收入占比有所提升，但与城镇居民相比，仍存在一定差距。常住人口城镇化率的快速提升，也反映出农村人口向城市流动的趋势，城乡发展不平衡的问题仍需关注。

2. 地区发展

本报告选取人均 GDP/全国人均 GDP 与居民人均消费支出/全国居民人均消费支出两个指标衡量地区发展水平。

2014~2023 年，张掖市人均 GDP 占全国人均 GDP 的比重呈现稳步上升趋势。2014 年，该占比为 23.90%，2023 年增长至 28.51%，十年间增长近 5 个百分点。这一趋势表明，张掖市的经济发展速度在全国范围内具有一定的优势，经济总量和人均水平均有显著提升。2014~2016 年，张掖市的人均 GDP 占比保持在 24% 左右，波动较小，显示出经济发展具有一定的稳定性。2017 年，人均 GDP 占比下降至 22.00%，2018 年几乎与上年持平，为 22.01%，这与当时的经济环境和政策调整有关。从 2019 年开始，张掖市的人均 GDP 占比重回上升通道，2019 年为 24.07%，2020 年跃升至 26.05%，

2021年略有回调，为25.78%，但2022年和2023年分别达到27.60%和28.51%，显示出强劲的增长势头。

2014~2023年，张掖市居民人均消费支出占全国居民人均消费支出的比重为1.04%~1.18%，总体上呈现小幅波动的态势。这表明，张掖市居民的消费水平在全国范围内相对稳定，但增长幅度较为有限。2014~2016年，居民人均消费支出占比保持在1.14%~1.16%，波动较小，显示出消费市场的稳定性。2017年，居民人均消费支出占比下降至1.12%，2018年进一步下降至1.05%，这可能与居民收入增长放缓有关。2019年，居民人均消费支出占比略有下降，为1.04%，2020年跃升至1.18%，2021年回调至1.15%，2022年和2023年分别为1.18%和1.17%，显示出消费市场逐步回暖（见图12）。

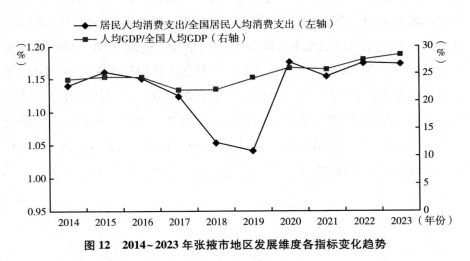

图12　2014~2023年张掖市地区发展维度各指标变化趋势

总体来看，张掖市人均GDP的增长与居民人均消费支出的增长具有一定的关联性。人均GDP的提升为居民消费奠定了经济基础，但消费支出的增长幅度相对较小，说明居民消费潜力尚未完全释放。尽管张掖市在经济总量和人均水平上取得了显著进步，但与全国平均水平相比，仍存在一定差距。人均GDP占比的提升幅度较大，而居民人均消费支出占比的提升幅度较小，反映出地区发展在某些方面仍存在不平衡性。

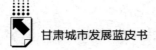

3. 产业结构

本报告选取产业结构高级化指数测度产业结构的协调性。

2014～2023 年，张掖市产业结构高级化指数呈现波动上升的趋势。具体来看，2014 年产业结构高级化指数为 1.28，经过 9 年的发展，2023 年产业结构高级化指数升至 2.59。2014～2020 年，张掖市产业结构高级化指数呈现明显的上升趋势。其中，2014～2016 年，产业结构高级化指数从 1.28 增至 1.70，增长 0.42，这表明在这段时间，张掖市产业结构调整初见成效，高级化进程逐步推进。2016～2017 年，产业结构高级化指数增长 0.42，增速较快，表明这一时期张掖市产业结构调整力度较大。2017～2020 年，产业结构高级化指数增速加快，从 2.12 增至 2.89，增长 0.77，反映出这一阶段张掖市产业结构优化升级步伐加快。而 2018～2019 年，产业结构高级化指数增长 0.30，增速相对较慢，但仍在持续上升。2020～2021 年，产业结构高级化指数出现 0.16 的下降，这是自 2014 年以来首次出现下降。2021～2023 年，张掖市产业结构高级化指数出现波动。2021 年产业结构高级化指数为 2.63，较 2020 年下降 0.26，这可能是外部经济环境变化或内部结构调整导致的一时波动。2022 年，产业结构高级化指数进一步下降至 2.46，但 2023 年又回升至 2.59（见图 13）。这一波动表明，在产业结构高级化的进程中，张掖市仍面临一定的挑战和压力。

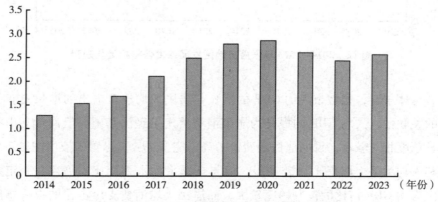

图 13　2014～2023 年张掖市产业结构高级化指数

总体来看，张掖市产业结构高级化指数呈现上升趋势，反映了产业结构优化升级的成果。然而，在发展过程中，产业结构高级化指数的波动也提示我们需要关注潜在的风险和挑战。从年份差异和平均增长率来看，张掖市产业结构调整仍有较大的提升空间，未来需要继续加大产业结构调整力度，促进高质量发展。

（三）绿色维度

张掖市绿色发展指数在过去十年总体呈现稳步上升的趋势。从2014年的0.0286增长至2023年的0.0370，增长29.37%。这一趋势表明，张掖市在绿色发展方面取得了显著进展。2014年，张掖市绿色发展指数为0.0286。随后，2015年绿色发展指数小幅上升至0.0287，增长率达到0.35%，显示出张掖市的绿色发展势头良好。2016年，绿色发展指数提升至0.0352，增长率达到22.65%，显示出张掖市在绿色发展方面取得初步成效。2017年，绿色发展指数出现微小回调，降至0.0321，增长率仅为-8.81%。2018年，绿色发展指数继续下降至0.0309，增长率为-3.74%。2016～2018年，绿色发展指数逐步下降，反映了张掖市绿色发展过程中可能面临一定的挑战。2019年，绿色发展指数再次下降至0.0305，增长率为-1.29%，表明绿色发展指数的调整仍在继续。2020年，张掖市绿色发展指数迎来较大幅度的增长，从0.0305上升至0.0367，增长率为20.33%，这是2014～2023年增长率最高的一年，反映了张掖市在绿色发展方面做出的积极努力。2021年，绿色发展指数有所回调，降至0.0349，增长率为-4.90%，显示出绿色发展具有一定的波动性，张掖市的绿色发展可能遇到了一些阻碍与挑战。2022年，绿色发展指数回升至0.0362，增长率为3.72%。2023年，绿色发展指数继续上升至0.0370，增长率为2.21%，呈现稳步增长的趋势（见图14）。

本报告从污染排放、污染治理、绿色环境及安全生产四个维度测度张掖市绿色发展水平。总体来看，张掖市在经济发展过程中对环境保护的重视程度与污染排放控制的效果显著提高。

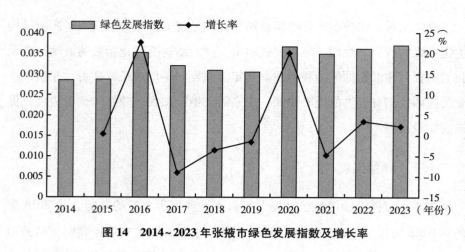

图14　2014~2023年张掖市绿色发展指数及增长率

1. 污染排放

本报告选取单位 GDP 废水排放、单位 GDP 废气排放与单位 GDP 固体废物排放 3 项指标测度张掖市污染排放情况。

2014 年张掖市单位 GDP 废水排放量为 4338.52 万吨。2015 年，单位 GDP 废水排放量有所下降，为 4227.59 万吨。2016 年，单位 GDP 废水排放量大幅减少至 2927.34 万吨，降幅达 30.76%。2017 年，单位 GDP 废水排放量回升至 3121.53 万吨，但依然低于 2014 年的水平。2018 年，单位 GDP 废水排放量再次增加，达到 4322.00 万吨，接近 2014 年的水平。2019 年，废水排放量保持不变，仍为 4322.00 万吨。2020 年，废水排放量继续增加，达到 4903.00 万吨。

2014 年单位 GDP 废气排放量为 82.13 万吨。2015 年，单位 GDP 废气排放量大幅下降至 67.73 万吨。2016 年，单位 GDP 废气排放量进一步减少至 27.50 万吨，降幅达到 59.40%。2017 年，单位 GDP 废气排放量继续下降至 16.98 万吨。2018 年，单位 GDP 废气排放量降至 13.24 万吨。2019 年，单位 GDP 废气排放量有所回升，为 23.18 万吨。2020 年，单位 GDP 废气排放量进一步降至 9.23 万吨。2021 年，单位 GDP 废气排放量大幅减少至 2.77 万吨，降幅达到 69.99%。2022 年，单位 GDP 废气排放量有所回升，为 4.46 万吨。2023 年单位 GDP 废气排放量降为 0 万吨（见图15）。

2014~2023 年，张掖市的单位 GDP 废水排放量呈现先下降后上升的趋势。2014 年，单位 GDP 废水排放量为 4338.52 万吨。2016 年，单位 GDP 废水排放量大幅下降至 2927.34 万吨。2018 年，单位 GDP 废水排放量有所回升，为 4322.00 万吨。2020 年单位 GDP 废水排放达到峰值，为 4903.00 万吨（见图 15）。

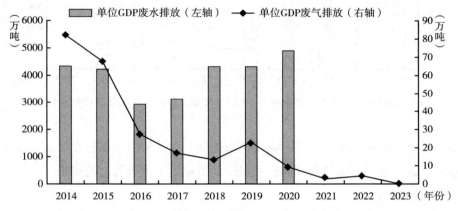

图 15　2014~2023 年张掖市单位 GDP 废气排放和单位 GDP 废水排放

2014~2023 年，张掖市的单位 GDP 固体废物排放量呈现显著下降趋势。2014 年，单位 GDP 固体废物排放量为 2.5 万吨，2023 年降至 0，实现零排放，表明张掖市在减少固体废物排放、提升资源利用效率方面取得巨大进展。2017 年，单位 GDP 固体废物排放量大幅下降至 2.0 万吨。2018 年进一步降至 0.8 万吨，减排效果显著。从 2019 年开始，单位 GDP 固体废物排放量持续下降，从 0.7 万吨降至 2022 年的 0.5 万吨，2023 年实现零排放（见图 16）。

总体来看，2014~2023 年，张掖市单位 GDP 废水排放、单位 GDP 废气排放和单位 GDP 固体废物排放均呈现明显的下降趋势。2016 年单位 GDP 废水排放量比 2014 年下降 32.53%，单位 GDP 废气排放量比 2014 年下降 66.52%。这表明张掖市对污染物的排放控制取得了显著成效。单位 GDP 废水排放量和单位 GDP 废气排放量总体上呈下降趋势。这一趋势反映了张掖

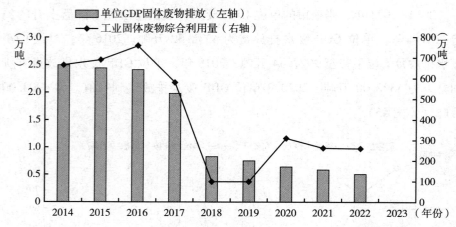

图16　2014～2023年张掖市单位GDP固体废物排放和工业固体废物综合利用量

市在环境保护和生态建设方面取得积极进展，以及城市高质量发展战略逐步推进。总体来看，张掖市在绿色发展道路上取得了值得肯定的成果。

2. 污染治理

本报告选取工业固体废物综合利用量、生活垃圾无害化处理率两项指标测度张掖市的污染治理情况。

张掖市工业固体废物综合利用量在2014～2023年呈波动变化的趋势。2014年，工业固体废物综合利用量为666.93万吨，2022年降至259.38万吨，表明张掖市在工业固体废物综合利用方面取得了一定成效。2014～2016年，工业固体废物综合利用量从666.93万吨上升至758.18万吨。2017年，工业固体废物综合利用量下降至580.84万吨，2018年进一步降至98.47万吨。2019年，工业固体废物综合利用量维持在98.47万吨，2020年回升至309.83万吨，2021年和2022年分别降至261.60万吨和259.38万吨（见图16）。张掖市工业固体废物综合利用量总体上呈现波动下降的趋势。

2014～2021年，张掖市的生活垃圾无害化处理率一直保持在100%（见图17），显示出张掖市在生活垃圾处理方面的高效和稳定。这表明张掖市在提升城市环境卫生、保障居民健康方面取得了显著成效，反映出张掖市在生活垃圾处理设施建设、处理技术提升和管理机制完善等方面做出的努力。

图 17　2014～2021 年张掖市生活垃圾无害化处理率

总体来看，张掖市生活垃圾无害化处理率的高位稳定，表明张掖市在污染治理方面取得显著成效。随着环保技术的不断进步和绿色政策的深入实施，张掖市在污染治理和资源利用方面有望进一步提升。加强工业结构调整、推广绿色生产方式和增强居民环保意识，将是推动绿色高质量发展的关键路径。

3. 绿色环境

本报告选取绿地面积覆盖率、空气质量二级以上天数占比以及建成区绿化覆盖率 3 项指标测度张掖市的绿色环境情况。

从绿地面积覆盖率来看，2014～2021 年，张掖市的绿地面积覆盖率呈现上升趋势。2014 年，绿地面积覆盖率为 24.94%，2021 年增长至 36.84%。这表明张掖市在城市绿化建设方面取得了显著成效，城市生态环境得到有效改善。2014～2016 年，绿地面积覆盖率从 24.94% 迅速上升至 50.37%，尤其在 2015 年出现大幅增长，达到 36.64%。2017 年，绿地面积覆盖率下降至 31.87%，随后几年保持相对稳定，2021 年达到 36.84%。整体来看，张掖市在绿地建设方面仍有进步的空间。

张掖市建成区绿化覆盖率在 2014～2021 年呈现与绿地面积覆盖率相似的变化趋势。2014 年，建成区绿化覆盖率为 30.67%，2021 年增长至 40.27%，这表明张掖市在城市绿化覆盖方面取得了明显进展，城市绿化水平得到有效提升。2014~2016 年，建成区绿化覆盖率从 30.67% 迅速上升至 53.71%，尤其在 2015 年出现大幅增长，达到 36.64%。2017 年，建成区绿化覆盖率下降至 35.69%，随后几年保持相对稳定，2021 年达到 40.27%（见图 18）。整体来看，张掖市在绿化覆盖方面仍有进步的空间。

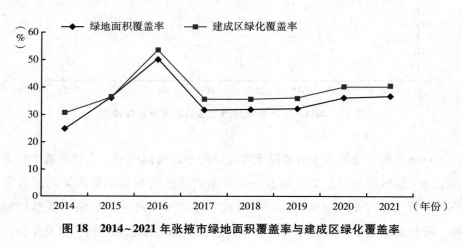

图 18　2014~2021 年张掖市绿地面积覆盖率与建成区绿化覆盖率

总体来看，张掖市在城市绿化建设方面成效显著，不仅改善了城市生态环境，也提升了居民的生活质量。在城市绿化方面，张掖市有望实现更高水平的发展，继续加大城市绿化投入力度、创新绿化技术和增强市民环保意识，将成为推动城市绿色高质量发展的关键路径。

4. 安全生产

本报告选取亿元地区生产总值安全事故死亡率测度张掖市安全生产情况。张掖市通过采取一系列政策措施和管理创新，有效降低安全事故发生频率和造成的损失。

2014~2023 年，张掖市亿元地区生产总值安全事故死亡率呈现明显的下降趋势。2014 年，亿元地区生产总值安全事故死亡人数为 0.240 人/亿元，2022 年降至 0.042 人/亿元，2023 年略有回升，为 0.094 人/亿元，表明张掖市在提升安全生产水平、保障人民群众生命财产安全方面取得了显著成效。2014~2016 年，亿元地区生产总值安全事故死亡率从 0.240 人/亿元上升至 0.305 人/亿元，显示出张掖市的安全生产形势有所波动。从 2017 年开始，亿元地区生产总值安全事故死亡率开始下降，2017 年为 0.231 人/亿元，2018 年降至 0.152 人/亿元，2019 年进一步降至 0.100 人/亿元，2020年和 2021 年分别为 0.071 人/亿元和 0.063 人/亿元，2022 年达到最低点0.042 人/亿元。2023 年，亿元地区生产总值安全事故死亡率有所回升，为0.094 人/亿元（见图 19）。

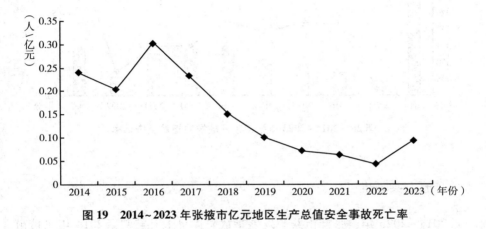

图 19 2014～2023 年张掖市亿元地区生产总值安全事故死亡率

总体来看，张掖市亿元地区生产总值安全事故死亡率的显著下降，反映了张掖市在安全生产方面取得积极成果，这表明张掖市安全生产管理、风险防控和应急救援等方面的工作取得了实效。尽管亿元地区生产总值安全事故死亡率总体趋势是下降的，但仍存在一定的波动，如 2016 年的上升和 2023年的回升，这提示张掖市仍需持续关注和加强安全生产工作。

（四）开放维度

2015～2023 年，张掖市开放发展指数整体呈波动上升趋势。2014 年张掖市开放发展指数较高，2015 年有所下降，2016～2019 年呈现上升趋势，并在 2019 年达到高点（0.015），后逐年下降，2023 年有所回升（见图 20）。这反映了张掖市在高质量发展过程中面临的复杂性和不确定性。为实现城市高质量发展，张掖市仍需进一步深化对外开放，加强对外经济合作，优化开放政策，提高开放型经济水平，以增强城市竞争力和可持续发展能力。

图20　2014~2023年张掖市开放发展指数及增长率

（五）共享维度

2014~2023年，张掖市共享发展指数整体呈上升趋势。2014年张掖市共享发展指数为0.0809，2023年增长至0.1041。2014~2023年，张掖市共享发展指数有一定的波动：2014~2015年共享发展指数增长率为−12.6%，2016~2017年增长率有所上升，从5.20%增加到7.00%。2018~2020年，共享发展指数呈现上升趋势。2020~2023年，共享发展指数增长率分别为8.50%、11.10%、6.50%和6.90%，这表明在这4年间，张掖市的共享发展指数保持正增长，并且2021年的增长率是所有年份中最高的（见图21）。

总体来看，张掖市共享发展指数有所波动，但增长率在多数年份保持正值。这表明张掖市在推动高质量发展的过程中，共享经济正成为重要的组成部分，共享发展水平的提升有助于推动经济结构优化和升级。

本报告从经济成果、社会保障及基础设施三个方面测度城市共享发展水平。经济成果是反映一个城市或地区经济发展水平和居民生活质量的指标，

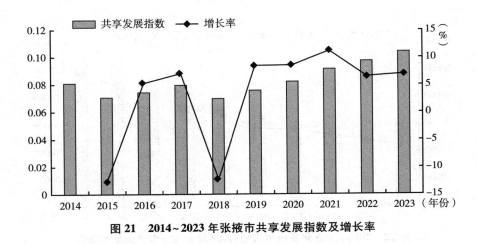

图 21　2014～2023 年张掖市共享发展指数及增长率

通过分析经济成果的情况，可以评估发展成果是否惠及广大人民群众，是否实现发展成果由人民群众共享。社会保障水平直接关系社会的和谐稳定，社会保障的普及程度和覆盖范围可以反映一个城市公共服务的均等化水平。基础设施是经济社会发展的重要支撑，基础设施的建设和改善情况反映了城市提供公共服务的能力，基础设施的完善有助于缩小城乡、区域之间的差距，促进城乡、区域协调发展，实现共同繁荣。

1. 经济成果

本报告选取人均 GDP、人均社会消费品零售额两个指标测度张掖市取得的经济成果。

张掖市人均 GDP 从 2014 年的 29852 元增长到 2023 年的 54660 元（见图 22），增长 83.1%。这表明 2014～2023 年，张掖市的经济成果显著，居民收入水平得到大幅提升。与全国平均水平相比，2014 年张掖市人均 GDP 是全国平均水平的 63.6%，而 2023 年这一比例降至 61.2%。张掖市的人均 GDP 增长率在某些年份超过全国平均增速。特别是 2020 年和 2021 年，张掖市的人均 GDP 增长率分别为 25.5% 和 20.1%，远高于全国平均增速。过去十年张掖市取得了显著的经济成果，人均 GDP 的持续增长反映了城市经济的健康发展，然而，为缩小与全国平均水平的差距，张掖市需要继续加快发展步伐，优化经济结构，提高经济增长的质量和效益。

图 22　2014~2023 年张掖市人均 GDP 与人均社会消费品零售额

2014~2023 年张掖市的人均社会消费品零售额从 11172.32 元增长到 24527.43 元，增长 119.54%。从人均社会消费品零售额增长趋势来看，除了 2018~2019 年增长显著以外，其余年份的增长率相对平稳，张掖市的消费市场呈现稳定增长态势。另外，张掖市人均社会消费品零售额的增长与人均 GDP 的增长趋势一致，因此可以说明此地区的经济发展与居民收入增长相互促进。张掖市居民消费水平的稳步提升为未来经济的持续增长奠定了坚实基础，为保持这种增长趋势，该地区需要继续关注消费市场的变化，推动产业升级，增强经济发展的内生动力。

2. 社会保障

本报告选取每万人口医生数、万人卫生机构床位数、普通中小学师生比 3 项指标分析张掖市的社会保障情况。

每万人口医生数从 2014 年 59.50 人增长到 2023 年的 112.26 人，增长 88.67%，万人卫生机构床位数从 61.16 张增长到 105.02 张，增长 71.71%（见图 23）。这表明张掖市在加强医疗卫生队伍建设和完善服务设施方面取得重要进展，更多的卫生技术人员和床位意味着居民可以享受到更便捷、更高质量的医疗卫生服务。同时，张掖市在努力推进医疗卫生服务均等化，确保更多居民能够享受基本医疗卫生服务。

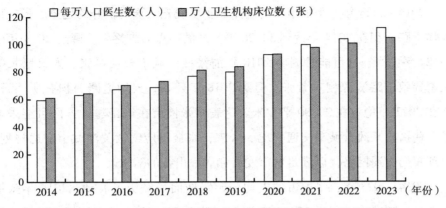

图 23　2014~2023 年张掖市每万人口医生数及万人卫生机构床位数

2014~2023 年张掖市普通中小学师生比基本保持稳定，在 0.0793~0.0843 的范围内波动（见图 24），该比例能够保证教师有足够的精力关注每个学生的成长。张掖市积极推动教育领域发展，努力为居民提供满意的教育服务。为进一步提高社会保障水平，张掖市将继续优化教育资源配置，提高教师的专业素质，促进教育质量持续提升。

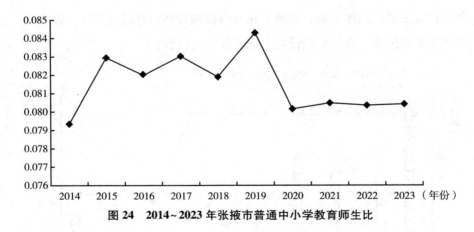

图 24　2014~2023 年张掖市普通中小学教育师生比

3. 基础设施

本报告选取人均道路面积、人均公园绿地面积、燃气普及率 3 项指标测度张掖市的基础设施建设水平。

2014~2023 年，张掖市人均道路面积呈现先下降后上升的趋势。张掖市人均道路面积在 2014 年达到 33.26 平方米的高点后，逐年下降至 2018 年的 13.24 平方米，这可能是因为 2018 年前张掖市城市规模扩张、人口增长等因素导致道路资源相对紧张。但从 2018 年开始，人均道路面积有所回升，并在 2023 年稳定在 23.00 平方米。这表明张掖市在道路建设方面可能采取了一些措施来改善城市交通状况。未来，张掖市应继续关注城市交通规划，合理布局交通网络，以满足城市发展和居民出行的需求。

2014~2023 年，张掖市的人均公园绿地面积经历了波动。2014 年张掖市人均公园绿地面积为 75.05 平方米，2015~2018 年人均公园绿地面积开始出现不同程度的波动上升或下降，从 2019 年开始，人均公园绿地面积逐渐稳定并开始缓慢增长。张掖市应继续加强城市绿化工作，提高人均公园绿地面积，改善城市生态环境。

2014~2020 年，张掖市燃气普及率保持 100%，但在 2021 年和 2022 年有所下降，降至 97.61% 和 97.79%，到 2023 年回升至 97.82%（见图 25）。燃气普及率的轻微波动反映了城市燃气供应系统的调整或更新，但总体上仍保持较高水平。总体来看，张掖市在基础设施方面仍有提升空间，需要进一步优化资源配置，提升基础设施的完善度和适应性。

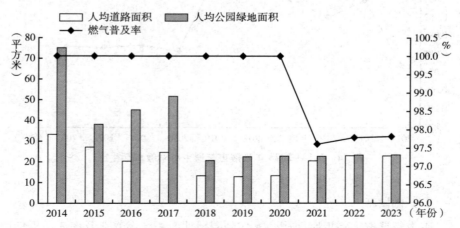

图 25　2014~2023 年张掖市人均道路面积、人均公园绿地面积和燃气普及率

（六）综合分析

2014~2016年，张掖市的综合发展指数呈现上升趋势，2015年虽然出现8.81%的下降，但在随后的2016年和2017年分别实现11.43%和5.33%的增长，这表明张掖市在经历调整后，积极推动经济发展方式转变，并取得了显著成效。2018~2020年，张掖市的综合发展指数持续增长，增长率分别为5.35%、0.11%和10.26%，显示出张掖市在坚持稳中求进工作总基调下，经济结构调整和转型升级取得了积极进展。2021年，综合发展指数增速略有放缓，仅为1.34%，但仍保持了增长态势。2022年，综合发展指数出现2.78%的下降，这可能是受到国内外经济环境变化等因素的影响。但2023年，张掖市的综合发展指数实现4.72%的增长，显示出较强的恢复力和发展潜力（见图26）。

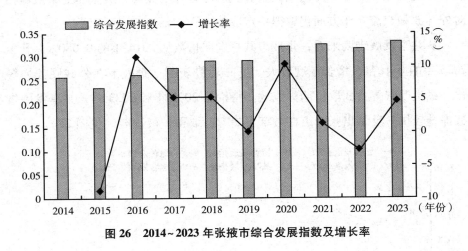

图26　2014~2023年张掖市综合发展指数及增长率

总的来说，张掖市在高质量发展的道路上实现了稳步前进，但在面对外部环境变化和内部结构调整的压力时，仍需进一步深化改革、扩大开放、增强创新能力，以确保经济持续健康发展。

从创新发展维度来看，张掖市的创新发展指数从2014年的0.0483提升至2023年的0.1043，显示出张掖市在科技创新和产业升级方面做出的持续努力。

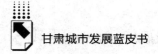
从协调发展维度来看，张掖市的协调发展指数从 2014 年的 0.0571 上升至 2023 年的 0.0713。这一趋势表明张掖市在经济社会协调发展、城乡一体化等方面取得显著进步。2020 年后，协调发展指数提升速度加快，反映出张掖市在统筹发展方面的政策效果逐步显现。

从绿色发展维度来看，张掖市的绿色发展指数从 2014 年的 0.0286 稳步提升至 2023 年的 0.0370。尽管增长幅度较小，但仍显示出张掖市在生态环境保护和绿色发展方面取得积极进展。特别是在 2016 年和 2020 年，其绿色发展指数有较为明显的提升，可能与该时期张掖市实施的环保政策和项目有关。

从开放发展维度来看，2014 年张掖市开放发展指数为 0.0430，2015 年骤降至 0.0055，之后逐年回升，2023 年达到 0.0144。这种波动可能与外部经济环境变化和对外开放政策调整有关。尽管存在波动，但整体上张掖市在对外开放和交流合作方面仍取得一定成效。

从共享发展维度来看，张掖市共享发展指数从 2014 年的 0.0809 上升至 2023 年的 0.1041，增长幅度较大。这一趋势表明，张掖市在公共服务均等化、民生改善等方面取得明显成效。特别是 2022 年和 2023 年，共享发展指数提升较快，反映出张掖市在共享发展方面取得积极进展（见图 27）。

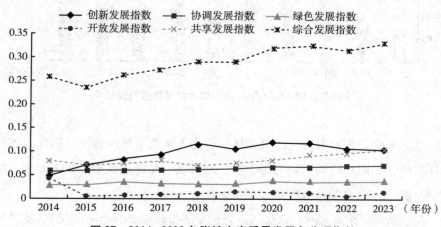

图 27　2014~2023 年张掖市高质量发展各分项指数

2014～2023 年，张掖市在创新、协调、绿色、开放、共享五个维度上均取得了不同程度的进步，综合发展指数有所提升，显示出张掖市在高质量发展方面取得积极成效。其中，创新和共享维度对综合发展指数提升的贡献较大。创新发展指数的持续增长表明科技创新和产业升级成为推动张掖市高质量发展的重要动力；共享发展指数的稳步提升则反映出民生改善和社会公平在高质量发展中的重要作用。未来，张掖市应继续巩固和提升各维度的发展水平，特别是在创新和共享方面进一步加大力度，以实现更高质量、更可持续的发展。

三　张掖市高质量发展中存在的问题

近年来张掖市在推动高质量发展方面取得了积极进展，但深入分析张掖市高质量发展的现状后，发现仍然存在一系列问题和挑战，这些问题在一定程度上制约了张掖市经济社会的发展。本节将详细阐述张掖市高质量发展过程中存在的问题。

（一）产业结构单一与转型升级压力大

张掖市的产业结构以传统农业和资源型产业为主，缺乏高附加值和高新技术产业的支撑。张掖市农业以粮食作物种植为主，经济作物和特色农业发展不足，农业产业链条短，附加值低；工业以煤炭、矿产等资源型产业为主，这些产业受市场波动影响较大，且资源枯竭问题逐渐凸显；服务业尤其是现代服务业发展不足，服务业态单一，无法满足人民群众多样化的服务需求。

（二）基础设施建设滞后

张掖市的基础设施建设虽然取得了一定进步，但与高质量发展的要求相比，仍有较大差距。张掖市的交通网络尚未形成高效的互联互通体系，对外通道不畅，内部交通网络有待优化；互联网、大数据中心等新型基础设施建

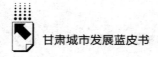

设滞后，不利于信息化时代的经济发展；能源供应以传统能源为主，新能源和可再生能源的开发利用不足，能源结构有待优化。

（三）生态环境问题

张掖市位于干旱半干旱地区，生态环境脆弱，在高质量发展过程中面临一系列生态环境问题。张掖市水资源总量有限，且分布不均，水资源开发利用效率低，水资源短缺成为发展瓶颈；地处沙漠边缘，土地沙漠化问题严重，对农业生产和生态环境造成威胁；工业污染、城市生活污染等问题仍然存在，影响了环境质量和居民生活质量。

（四）人才流失与科技创新不足

张掖市在人才吸引和科技创新方面存在一定的不足，这直接影响了高质量发展的动力。由于受到经济发展水平和生活条件的限制，张掖市面临人才流失的问题，尤其是高端人才；科研机构和创新平台数量有限，科技创新能力不足，难以支撑产业转型升级。

（五）教育医疗资源分布不均衡

教育和医疗是高质量发展的基石，但在张掖市，教育和医疗资源的分布不均衡。优质教育资源主要集中在城市，农村地区教育资源短缺，教育水平参差不齐；医疗服务水平整体较低，尤其是基层医疗服务体系难以满足人民群众的医疗需求。

（六）社会事业发展滞后

张掖市的社会事业发展相对滞后，影响了居民的生活质量和幸福感。社会保障水平有待提高，尤其是农村地区的社会保障体系尚不完善；文化事业发展滞后，公共文化服务体系不完善，无法满足人民群众日益增长的精神文化需求。

（七）城市管理水平有待提高

随着城市化的快速推进，张掖市在城市管理方面面临新的挑战。城市缺乏长远规划，无法适应未来发展的需要；城市管理手段较为传统，缺乏智能化、信息化管理手段。

四 张掖市高质量发展的对策建议

本报告通过对张掖市高质量发展水平进行分析，从创新、协调、绿色、开放、共享维度提出张掖市发展过程中存在的问题，并结合张掖市高质量发展实际，提出以下对策建议。

（一）产业结构优化与转型升级

为推动张掖市产业结构优化与转型升级，本报告提出以下对策。首先，发展多元经济，张掖市应积极发展现代农业，通过推广高效节水灌溉技术，提升农业生产的科技含量和资源利用效率。同时，发展特色农产品加工业，通过对农产品的深加工，提高其附加值，增加农民收入。其次，培育新兴产业，张掖市需要加大对新能源、新材料、生物医药等战略性新兴产业的扶持力度，吸引相关企业和研发机构入驻，形成产业链的集聚效应，为经济转型升级注入新动力。最后，强化科技创新能力，建立产学研相结合的创新体系，鼓励企业加大研发投入力度，加强与高校和科研机构的合作交流，促进科技成果的转化应用，从而为张掖市的产业升级提供技术支撑和创新能力。通过采取这些措施，张掖市将实现产业结构的优化和转型升级，为高质量发展奠定坚实基础。

（二）基础设施建设

为提升张掖市的基础设施建设水平，本报告建议采取以下措施。首先，在交通网络优化方面，应完善交通规划，提升公路、铁路等交通设施的互联

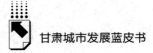

互通水平，构建一个开放便捷的交通网络，以加强区域内部的联系和对外交流。其次，信息基础设施的提升同样至关重要，张掖市需要加大投入力度，推动光纤、移动通信网络等现代信息技术全面覆盖，显著提升互联网的接入速率和服务质量，为数字经济的发展奠定坚实基础。最后，能源结构的调整也是关键一环，张掖市应积极发展风能、太阳能等可再生能源，推动能源供应结构多元化，同时提高能源的利用效率，这不仅有助于减少对传统能源的依赖，还能促进绿色低碳发展，为实现高质量发展提供能源保障。通过采取这些措施，张掖市的基础设施建设得到显著改善，为经济社会发展提供有力支撑。

（三）生态环境保护

在生态环境保护方面，张掖市应采取一系列有力措施以实现可持续发展目标。首先，水资源管理是关键环节，张掖市需要加强水资源的保护和节约利用，通过加强水资源综合管理，确保水资源的合理分配和高效利用，从而提高水资源的利用效率。其次，面对沙漠化这一严峻挑战，张掖市应实施退耕还林和防沙治沙工程，加强植被保护，有效防治土地沙漠化，保护生态环境。最后，环境污染治理也不容忽视，张掖市必须严格执行环保法规，加大对工业污染的治理力度，推广清洁生产理念和技术，同时提高城市污水处理和垃圾处理能力，减少环境污染，提高城市环境质量。通过采取这些综合措施，张掖市将在保护生态环境的同时，促进经济社会和谐发展。

（四）人才发展与科技创新

在推动张掖市高质量发展的进程中，人才发展和科技创新是驱动力。张掖市应制定并实施一系列人才引进与培养策略，通过出台具有吸引力的人才政策，吸引国内外高端人才前来张掖市工作和生活，同时注重本地人才的培养和素质提升，打造一支高素质的人才队伍，为城市发展注入活力。此外，张掖市还应致力于科技创新平台的建设和完善，鼓励和支持企业建立自己的研发中心，加强与高校、科研机构的合作，通过搭建这些平台，提升整体的科技创新能力，为产业升级和技术进步提供强有力的支撑。通过采取这些措施，张掖市将构建起一个充满活力和创新精神的生态系统，为城市的可持续发展奠定坚实的人才和技术基础。

（五）教育医疗资源均衡发展

为促进张掖市教育医疗资源的均衡发展，首先需要在教育领域实施资源整合策略，通过优化教育资源配置，特别是在农村地区加大教育投入力度，确保教育资源得到合理配置，从而提升整个地区的教育质量。其次，应重视完善基层医疗服务体系，通过提升基层医疗服务水平，保障人民群众享受基本医疗服务。这些措施将有助于缩小城乡之间教育医疗资源的差距，让更多的农村居民享受到与城市居民同等的教育和医疗服务，进而提高人民群众的生活质量，推动张掖市实现更加公平和全面的高质量发展。

（六）社会事业进步

为推动张掖市社会事业进步，首先应着力完善社会保障体系，通过提升社会保障水平和扩大覆盖范围，确保人民群众在面对风险和困难时能够得到基本保障。其次，加大对文化事业的投入力度，强化公共文化服务体系建设，丰富人民群众的精神文化生活，提升文化软实力。这几项举措将有助于张掖市提高居民的生活幸福感和社会安全感，促进社会和谐稳定，为城市高质量发展奠定坚实的社会基础。

（七）城市管理水平提升

在城市管理水平提升方面，张掖市应重视城市规划的编制工作，科学制定并实施城市规划，确保规划的前瞻性和科学性，以引导城市有序发展。同时，城市管理手段的创新是关键，张掖市需要积极引入智能化、信息化的城市管理工具和技术，通过建立智慧城市管理系统，提升城市管理效率和品质。这样的城市管理策略不仅有助于提高城市运行效率，还能增强城市的综合竞争力，为居民营造一个更加宜居、高效的生活环境，推动张掖市向现代化城市迈进。

B.9
平凉市城市高质量发展报告

唐相龙　张博文*

摘　要： 2014~2023 年平凉市创新发展指数从 0.0198 增长至 0.0515，增长 160%；协调发展指数从 0.0252 增长至 0.0371，增长 47%；绿色发展指数从 0.0299 增长至 0.0347；开放发展指数从 0.0050 增长至 0.0135；共享发展指数从 0.0355 增长至 0.0726。平凉市高质量发展的五个维度均有显著提高，综合发展指数在全省表现较好，但在科技创新、协调发展、开放经济等方面也存在一些问题。基于此平凉市要持续推动产业转型升级，加快构建现代化产业体系；扩大有效供给，走出招商引资困境；深挖消费潜力，扩容提质激活力；优化城市功能，加快城乡融合；厚植生态底色，筑牢生态屏障；解决民生问题，构筑多层次社会保障体系。

关键词： 科技创新　开放经济　平凉市

一　平凉市发展特征

（一）经济运行总体平稳

近年来，平凉市地区生产总值持续增长。初步核算，2023 年全市地区生产总值为 668.56 亿元，同比增长 5.6%，经济显示出强劲的增长势头。

---

* 唐相龙，博士，兰州交通大学建筑与城市规划学院院长、教授、博士生导师，主要研究方向为城乡规划设计与理论、城市规划历史与理论、国土空间规划理论与方法等；张博文，兰州交通大学建筑与城市规划学院，硕士研究生，主要研究方向为城乡规划设计与区域可持续发展。

其中，第一产业增加值为 163.98 亿元，增长 6.0%；第二产业增加值为 190.98 亿元，增长 2.9%；第三产业增加值为 313.60 亿元，增长 6.6%。一、二、三产业增加值分别占地区生产总值的 24.5%、28.6% 和 46.9%，三次产业对经济增长的贡献率分别为 25.0%、13.2% 和 61.8%，分别拉动经济增长 1.4 个百分点、0.7 个百分点和 3.5 个百分点。

同时平凉市紧扣"三基地两区"建设，即陇东综合能源基地、先进制造基地、文旅康养基地和国家生态文明建设示范区、农业精品培育示范区，深入推进产业结构调整。工业方面，煤炭、电力等传统产业持续壮大，同时新能源、新材料等新兴产业蓬勃发展。农业方面，平凉市以静宁苹果、平凉红牛等特色产业为引领，推动农业产业化发展。服务业方面，文旅康养产业成为新的经济增长点。

2023 年，全市农作物播种面积为 537.06 万亩，比上年增长 1.01%。粮食播种面积为 435.13 万亩，比上年增加 3.81 万亩，增长 0.88%。油料种植面积为 33.65 万亩，增加 0.09 万亩，增长 0.27%。蔬菜种植面积为 48.82 万亩，增加 3.70 万亩，增长 8.20%。中药材种植面积为 8.41 万亩，增加 0.30 万亩，增长 3.70%。挂果园面积为 136.62 万亩，减少 0.48 万亩，下降 0.35%。全年粮食总产量为 116.76 万吨，增长 0.99%，其中，夏粮产量为 31.92 万吨，下降 4.81%；秋粮产量为 84.84 万吨，增长 3.36%。全年谷物产量为 92.19 万吨，增长 1.81%。其中，小麦产量为 31.60 万吨，下降 4.61%；玉米产量为 56.81 万吨，增长 5.75%。油料产量为 4.31 万吨，下降 2.94%。蔬菜产量为 79.03 万吨，增长 9.16%。中药材产量为 3.29 万吨，增长 5.21%。园林水果产量为 207.97 万吨，增长 8.84%。

（二）工业经济稳中有升

2023 年，全市全部工业增加值为 152.97 亿元，比上年增长 3.7%。规模以上工业增加值增长 0.6%。在规模以上工业中，分经济类型来看，国有企业增加值增长 13.5%，集体企业增加值下降 14.7%，股份制企业增加值增长 0.4%。分隶属关系来看，中央企业增加值下降 2.3%，市县属企业增加值增长 9.3%。分轻重工业来看，重工业增加值增长 0.5%，轻工业增加值增长 2.8%。分门类来看，采矿业增加值增长 0.7%，电力热力燃气及水生产供应业增加值下降 10.7%，制造业增加值增长 14.2%。在规模以上工业中，煤炭开采和洗选业增加值比上年增长 0.5%，电力、热力生产和供应业下降 11.1%，通用设备制造业增长 14.1%，计算机、通信和其他电子设备制造业增长 139.8%，专用设备制造业下降 32.3%，农副食品加工业增长 10.8%，燃气生产和供应业下降 14.6%，食品制造业增长 9.2%。在规模以上工业中，煤、电、建材三大行业完成工业增加值比上年增长 0.3%，占全市规模以上工业增加值的 89.3%。

（三）第三产业持续发展

2023 年，全市批发和零售业增加值为 28.63 亿元，增长 7.0%；交通运输、仓储和邮政业增加值为 14.47 亿元，增长 17.0%；住宿和餐饮业增加值为 9.71 亿元，增长 23.7%；金融业增加值为 42.13 亿元，增长 9.8%；房地产业增加值为 37.43 亿元，下降 6.1%；其他服务业增加值为 179.95 亿元，增长 7.4%。全市规模以上服务业企业营业收入为 26.55 亿元，比上年增长 14.8%。全市客运量为 1112.00 万人次，比上年增长 43.8%；客运周转量为 10.76 亿人公里，增长 88.0%；货运量为 614.89 万吨，下降 0.04%；货运周转量为 3.15 亿吨公里，增长 11.3%。2023 年末全市民用汽车保有量为 29.45 万辆，比上年末增长 2.7%，其中私人汽车保有量为 27.05 万辆，增长 3.2%。民用轿车保有量为 14.47 万辆，增长 3.3%，其中私人轿车保有量为 13.94 万辆，增长 3.3%。全年邮政业务总量为 34.51 亿元，比上年增长 20.7%。邮政寄递服务业务量为 4532.21 万件，增长 8.0%。其中，邮政函件业务量为 7.76 万件；包裹业务量为 1.0 万件；快递业务量为 1539.79 万件，增长 35.8%；快递业务收入为 2.23 亿元，增长 25.6%。全年电信业务总量为 17.27 亿元，增长 18.3%。电话用户为 217.68 万户，其中固定电话用户为 21.78 万户，移动电话用户为 195.90 万户。4G 移动电话用户为 92.70 万户。互联网宽带接入用户为 168.62 万户，其中移动宽带用户为 137.08 万户。移动互联网用户接入流量为 2.66 亿 GB，比上年下降 18.4%。

（四）质量效益不断提升

2023 年，全市一般公共预算收入为 37.33 亿元，同口径增长 12.3%。其中，税收收入为 23.75 亿元，增长 12.9%；非税收入为 13.58 亿元，下降 31.8%。从主体税种来看，国内增值税为 9.31 亿元，增长 20.4%；企业所得税为 2.90 亿元，增长 34.6%；个人所得税为 0.43 亿元，增长 18.0%。全市一般公共预算支出为 273.97 亿元，比上年增长 5.3%。其中，一般公共服务支出为 21.88 亿元，下降 6.6%；教育支出为 50.88 亿元，下降 4.9%；科学技术支出为 2.83 亿元，增长 26.6%；社会保障和就业支出为 40.99 亿元，增长 9.1%；卫生健康支出为 34.57 亿元，增长 11.5%；住房保障支出为 10.21 亿元，增长 40.4%。

（五）基础设施建设不断完善

平凉市持续加强基础设施建设，旨在全面提升城市的各项功能。不断加大投入力度，推动交通、水利、信息等基础设施全面升级。近年来，平凉市新建和改造了多条高速公路和国道，使得城市内外交通更加便捷，为区域经济发展提供了有力支撑，为平凉市经济发展注入了新的活力。值得一提的是，平凉机场的正式立项并获得批复，标志着全市交通运输网络即将进入一个大提速、大升级的新阶段。机场的建设将进一步完善平凉市的立体交通体系，提升城市的综合竞争力，为市民和游客提供更加便捷的空中出行选择，同时为平凉市的对外开放和招商引资创造更加有利的条件。

自 2023 年以来，全市设立地震台（站）10 个，保障了居民紧急避险、有效避险。同时在改善居民居住条件方面，平凉市通过建设生态及地质灾害避险搬迁安置点，帮助居民解决了居住困难的问题，显著改善了他们的居住环境和生活条件，使得居民的生活更加便利和舒适。

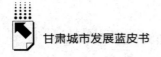

（六）社会事业蓬勃发展

平凉市始终把保障和改善民生作为工作的出发点和落脚点。通过实施一系列民生工程，如增加医疗机构床位、建设养老服务设施等，提高人民群众的生活水平。

2023 年末全市参加城镇职工基本养老保险人数为 24.22 万人，比上年末增加 7092 人。参加城乡居民基本养老保险人数为 126.76 万人，减少 20847 人。参加基本医疗保险人数为 198.77 万人，减少 31153 人。其中，参加职工基本医疗保险人数为 20.14 万人，参加城乡居民基本医疗保险人数为 178.63 万人。全年资助参加基本医疗保险人数为 58.23 万人，医疗救助人数为 102.26 万人次。参加失业保险人数为 13.17 万人，增加 6770 人。全市领取失业保险金人数为 1627 人。参加工伤保险人数为 17.58 万人，增加 8043 人，其中参加工伤保险的农民工有 2.72 万人，减少 4083 人。参加生育保险人数为 14.80 万人，增加 8024 人。各项社会保险基金总收入达 59.83 亿元，各项社会保险基金总支出达 60.74 亿元。

2023 年末全市共有 2.41 万名城镇居民和 13.30 万名农村居民享受政府最低生活保障，7904 人享受农村特困人员救助供养，全年国家抚恤、补助退役军人和其他优抚对象 1.54 万人。全市共有社会福利院 9 家，床位 894 张，在院供养人数为 581 人。全市共有社区服务机构和设施 2582 家，其中社会服务中心 111 家、社区服务站 1541 家、社区养老机构和设施 32 家、社区互助型养老设施 898 家。

（七）生态环境持续改善

平凉市牢固树立和践行绿水青山就是金山银山的理念，加大生态环境保护力度。通过实施一系列生态治理工程，提高了森林覆盖率，改善了生态环境。平凉市积极践行绿色发展理念，推动经济社会全面绿色转型。2023 年，全市水资源总量达 4.91 亿立方米。全年总用水量为 2.56 亿立方米，比上年下降 8.8%。其中，生活用水量为 6229 万立方米，下降 2.6%；工业用水量为 3616 万立方米，下降 9.2%；农业用水量为 1.49 亿立方米，下降 12.3%；生态用水量为 852 万立方米，增长 24.6%。

截至 2023 年末，全市共有国家级自然保护区 1 个、自然保护地 7 个、省级森林公园 2 个、国家级风景名胜区 2 个、省级风景名胜区 2 个。2023 年，全市规模以上工业能源消费量为 568.9 万吨标准煤（当量值），比上年下降 3.7%。同时，全年环境空气质量优良天数为 326 天，达标率为 89.3%。细颗粒物（$PM_{2.5}$）年均浓度为 27 微克/米^3，比上年下降 3.6%。大气环境可吸入颗粒物（PM_{10}）年均浓度为 58 微克/米^3，下降 3.3%。二氧化硫年均浓度为 8 微克/米^3，比上年增长 14.3%。二氧化氮年均浓度为 30 微克/米^3，下降 6.3%。

（八）城市文化与旅游资源丰富

平凉市历史悠久，文化底蕴深厚，是中华民族和华夏文明的重要发祥地之一，拥有众多历史文化遗产和名胜古迹，且自然人文景观众多，是中国优秀旅游城市。崆峒山等旅游景区享有盛誉，吸引了大量游客前来观光旅游。全市范围内共有 1 个国家级自然保护区、7 个自然保护地，这些保护地涵盖各种生态系统，有助于生物多样性保护。此外，平凉市还有 2 个省级森林公园和 2 个国家级风景名胜区，这些区域以其独特的自然景观和人文景观吸引了大量游客。2023 年，全市接待国内游客 3900.16 万人次，比上年增长 34.0%；国内旅游收入达 190.47 亿元，增长 25.0%。全市在自然保护区和风景名胜区的建设方面取得显著成就，为保护生态环境和促进旅游业发展做出积极贡献，同时为平凉市带来新的经济增长点。

二 平凉市高质量发展变化分析

2014~2023 年，平凉市在创新、协调、绿色、开放、共享五个维度上均取得了显著进步。其中，平凉市的创新发展指数从 2014 年的 0.0198 增长至 2023 年的 0.0515，增长 160%，显示出平凉市创新能力持续增强。特别是在

2020~2023 年，创新发展指数有了较大幅度提升，这与平凉市加大科技创新投入力度、优化创新环境有密切关系。2014~2023 年，平凉市的协调发展指数虽然有所波动，但总体保持增长态势，从 0.0252 增长至 0.0371，增长47%。2021~2023 年，平凉市协调发展指数相对较高，这与平凉市在城乡发展、区域协调等方面做出的努力有关。平凉市的绿色发展指数从 2014 年的0.0299 持续增长至 2020 年的 0.0362，表明平凉市在环境保护、绿色发展方面取得了显著成效。但在 2021~2023 年，绿色发展指数略有下降，但仍保持在较高水平，这与平凉市在平衡经济发展与环境保护方面面临的挑战有关。平凉市的开放发展指数从 2014 年的 0.0050 增长至 2023 年的 0.0135，显示出平凉市在对外开放、国际合作方面不断加强。特别是 2020 年以后，开放发展指数增长速度加快，这表明平凉市积极参与"一带一路"建设、不断提高对外开放水平。平凉市坚持实施更大范围、更宽领域、更深层次对外开放，塑造开放发展新优势，全面提升对外开放水平。平凉市的共享发展指数从 2014 年的 0.0355 增长至 2023 年的 0.0726，反映出平凉市在民生改善、社会保障方面取得的积极成果。平凉市在脱贫攻坚、乡村振兴等方面持续发展，并坚持把巩固拓展脱贫攻坚成果作为实施乡村振兴战略的首要任务，过渡期内严格落实"四个不摘"要求，逐步实现由集中资源支持脱贫攻坚向全面推进乡村振兴平稳过渡。2014~2023 年，平凉市综合发展指数也呈现稳步增长的趋势。这些成果为平凉市的经济社会发展奠定了坚实基础，也为未来的发展提供了有力支撑。

（一）平凉市创新驱动发展情况

平凉市坚持把创新作为引领发展的第一动力，深入实施创新驱动发展战略，以科技创新催生新发展动能，加快建设创新平凉。突出人才支撑作用，实施人才强市战略，健全配套服务体系，完善聚才引才用才机制，全方位培养、引进、用好人才。加快人才培养引进。坚持高端引领、整体开发，用好现有人才，精准引进各类急需紧缺人才，培养储备未来发展需要的人才。

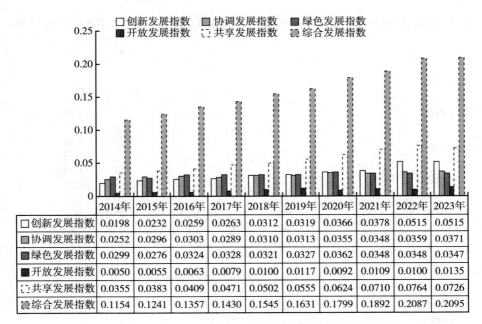

	2014年	2015年	2016年	2017年	2018年	2019年	2020年	2021年	2022年	2023年
□创新发展指数	0.0198	0.0232	0.0259	0.0263	0.0312	0.0319	0.0366	0.0378	0.0515	0.0515
▨协调发展指数	0.0252	0.0296	0.0303	0.0289	0.0310	0.0313	0.0355	0.0348	0.0359	0.0371
▤绿色发展指数	0.0299	0.0276	0.0324	0.0328	0.0321	0.0327	0.0362	0.0348	0.0348	0.0347
■开放发展指数	0.0050	0.0055	0.0063	0.0079	0.0100	0.0117	0.0092	0.0109	0.0100	0.0135
⬚共享发展指数	0.0355	0.0383	0.0409	0.0471	0.0502	0.0555	0.0624	0.0710	0.0764	0.0726
▨综合发展指数	0.1154	0.1241	0.1357	0.1430	0.1545	0.1631	0.1799	0.1892	0.2087	0.2095

图1 2014~2023年平凉市综合发展指数及其各分项指数

（二）平凉市科学技术支出情况

平凉市科学技术支出从 2014 年的 5636 万元亿元增加到 2022 年的 22374 万元，共增加 16738 万元，虽有波动但总体呈现增长趋势。其中，2014~2018 年科学技术支出略有下降，2018 年仅为 3785 万元。平凉市科学技术支出从 2019 年的 4533 万元增加到 2022 年的 22374 万元，增加 17841 万元。2020~2021 年，平凉市科学技术支出增长率达 84%（见图2）。

从 R&D 经费投入情况来看，2014 年平凉市 R&D 经费投入为 6367 万元，2022 年增长到 16478 万元，增加 10111 万元。2014~2023 年，平凉市 R&D 经费投入总体呈现先下降后上升的趋势，与科学技术支出的变化趋势类似。2014~2017 年全市 R&D 经费投入呈现下降趋势，从 2014 年的 6367 万元下降到 2017 年的 3497 万元，下降 45%。2018~2022 年，平凉市 R&D 经费投入整体呈现上升趋势。2021~2022 年，平凉市 R&D 经费投入大幅增长，从 8827 万元增加到 16478 万元，增加 7651 万元（见图 3）。

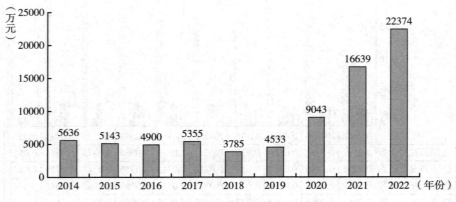

图 2　2014~2022 年平凉市科学技术支出

图 3　2014~2022 年平凉市 R&D 经费投入

（三）平凉市协调发展情况

平凉市树立大运筹、大建设、大开发、大经营的理念，加快推进"四个转变"，统筹城市规划、建设、管理，强化文化保护，塑造城市风貌，体现时代特色，打造宜居宜业宜游的陕甘宁区域中心城市。推进农业转移人口市民化，全面放开落户限制，落实居住证制度，简化落户手续，促进农业转移人口在城市便捷落户。落实农业转移人口"人地钱"挂钩政策。

平凉市农村居民收入/城镇居民收入从 2014 年 28.27 增加到 2023 年 33.83，增长 19.7 个百分点，总体呈现稳步增长的态势。其中，2014~2015 年增幅为 7.0 个百分点。2016~2017 年，平凉市农村居民收入/城镇居民收入从 29.89 增加到 29.95，增长 0.2 个百分点。2017~2023 年，平凉市农村居民收入/城镇居民收入从 29.95 增长到 33.83（见图 4）。2017 年是一个转折点，此后平凉市农村居民收入/城镇居民收入逐步提升。这反映出平凉市农村居民收入与城镇居民收入差距逐渐缩小，城乡协调发展持续推进。

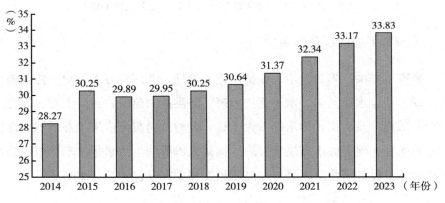

图 4　2014~2023 年平凉市农村居民收入/城镇居民收入

平凉市人均 GDP/全国人均 GDP 从 2014 年的 36.05 增长到 2023 年的 41.44，增长 15 个百分点，总体呈现先下降后上升的趋势（见图 5）。其中，平凉市人均 GDP/全国人均 GDP 从 2014 年的 36.05 下降到 2017 年的 28.28，下降 22 个百分点。2016~2017 年平凉市人均 GDP/全国人均 GDP 下降幅度为 13 个百分点。而 2017 年之后，平凉市人均 GDP/全国人均 GDP 呈现增长趋势，2017~2023 年增长 47 个百分点。2019~2020 年，平凉市人均 GDP/全国人均 GDP 从 30.40 增长到 35.60。平凉市人均 GDP/全国人均 GDP 情况与农村居民收入/城镇居民收入情况相似，以 2017 年为拐点。这说明平凉市城乡发展情况与地区发展情况一致，较易受到政策与市场环境的影响。

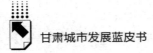

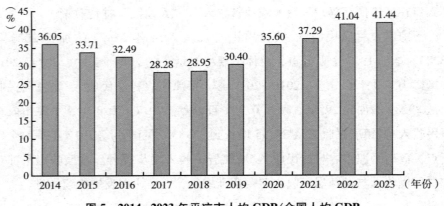

图 5　2014～2023 年平凉市人均 GDP/全国人均 GDP

（四）平凉市绿色发展情况

平凉市坚决扛牢黄河治理保护的重大责任，共同抓好大保护，协同推进大治理，实施水源涵养、水土流失治理、防洪能力建设、污染治理、绿色生态产业培育、黄河文化传承等重大工程，着力改善黄河流域生态环境，优化水资源配置，促进城市高质量发展，提高人民群众生活水平。平凉市坚持在保护治理中促进高质量发展，在高质量发展中提升保护治理水平。

（五）平凉市工业固体废物综合利用量

平凉市工业固体废物综合利用量由 2014 年的 247.39 万吨增长到 2022 年的 395.34 万吨，增长 60%，总体呈现先下降后上升的趋势（见图 6）。按平凉市工业固体废物综合利用量，将 2014～2022 年分成 3 个阶段。其中，第一阶段为逐步增长阶段，从 2014 年的 247.39 万吨增加到 2016 年的 337.94 万吨，增长 37%。第二阶段为回落阶段，2016～2019 年工业固体废物综合利用量减少 132.39 万吨，降幅达 39%。第三阶段为快速增长阶段，工业固体废物综合利用量从 2019 年的 205.55 万吨增长到 2022 年的 395.34 万吨，涨幅为 92%。平凉市工业固体废物综合利用量分别以 2016 年和 2019 年为拐点，2017～2019 年工业固体废物综合利用量保持在较低水平。

平凉市人均公园绿地面积从 2014 年的 8.08 平方米增长到 2022 年的

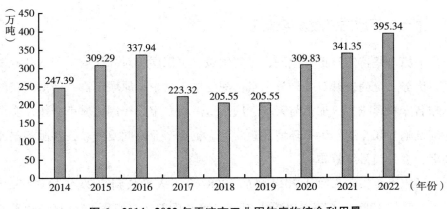

图 6 2014~2022 年平凉市工业固体废物综合利用量

16.17 平方米，增长 100.1%，总体呈现增长趋势（见图 7）。其中，2014~2016 年，人均公园绿地面积从 8.08 平方米增长到 8.35 平方米，增长 3.3%。2016~2017 年，人均公园绿地面积从 8.35 平方米增长到 11.25 平方米，涨幅为 34.7%。2017~2020 年，平凉市人均公园绿地面积保持稳定，2020 年后，平凉市人均公园绿地面积又有较大幅度增长，2020~2022 年增加 3.65 平方米，涨幅为 29.2%，说明平凉市自 2019 年后，开始大力改善生态环境，增加绿地面积，努力建设生态宜居宜业的美丽家园。

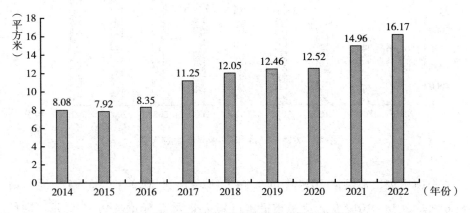

图 7 2014~2022 年平凉市人均公园绿地面积

203

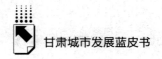
（六）平凉市开放发展情况

平凉市坚持实施更大范围、更宽领域、更深层次对外开放，塑造开放发展新优势，全面提升对外开放水平，深度融入关中平原城市群，借助西安国际知名度和影响力，加强与天水、庆阳、咸阳、宝鸡等周边城市合作，实现基础设施互联互通、生态环境共建共治、主要产业协同发展、公共服务共建共享、重大项目统筹布局。

平凉市年旅游人数从 2014 年的 1308.60 万人增长到 2023 年的 3900.16 万人，增长 198%，年旅游人数呈现迅速增长的趋势（见图 8）。这说明平凉市给予旅游业大力支持，将更多的资金投入旅游业。2019~2022 年，平凉市年旅游人数波动明显，说明在疫情期间平凉市旅游产业也受到了不小的冲击。2019~2020 年，平凉市年旅游人数下降 410.21 万人。2021~2022 年，平凉市年旅游总人数下降 245.10 万人。2022~2023 年，平凉市年旅游人数迅速上升，从 2910.58 万人上升到 3900.16 万人，涨幅为 34%。这表明平凉市除遭受疫情冲击的年份外，其余年份的旅游发展水平均有一定程度提高。

图 8　2015~2023 年平凉市年旅游人数

平凉市进出口额从 2014 年的 1.74 亿元增长到 2023 年的 2.83 亿元，增长 63%。2014~2017 年，平凉市进出口额从 1.74 亿元增长 2.76 亿元，增长

59%。2017～2019年，平凉市进出口额迅速增长，从2.76亿元增长到4.79亿元，涨幅达74%。2019～2023年，平凉市进出口额迅速回落，下降1.96亿元（见图9）。

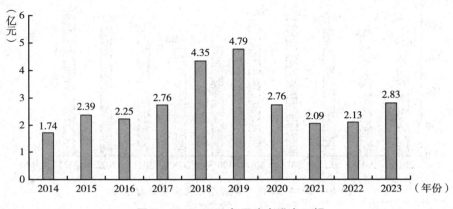

图9　2014～2023年平凉市进出口额

（七）平凉市共享发展情况

平凉市牢固树立以人民为中心的发展思想，加强普惠性、基础性、兜底性民生建设，提高民生工程精准度，健全公共服务体系，扎实推动共同富裕，促进人的全面发展和社会全面进步。

平凉市社会消费品零售额由2014年的162.84亿元增长到2023年的215.22亿元，增加52.38亿元，涨幅为32%。2014～2017年，平凉市社会消费品零售额呈现平稳上升态势，从162.84亿元增长至209.81亿元，增长29%。而2018～2020年平凉市社会消费品零售额明显回落阶段，从208.11亿元降至165.68亿元，下降20%。2020～2023年，平凉市社会消费品零售额呈现增长趋势（见图10）。

平凉市卫生机构床位数从2014年的11516张增长到2023年的17300张，增加5784张，涨幅为50.2%。2018～2019年，平凉市卫生机构床位数增长率超过6%。2015～2016年，平凉市卫生机构床位数增长率为3.1%。

2019~2020年，平凉市卫生机构床位数有小幅下降，下降0.8%。2020年后平凉市卫生机构床位数又呈现稳步增长趋势（见图11）。

图10　2014~2023年平凉市社会消费品零售额

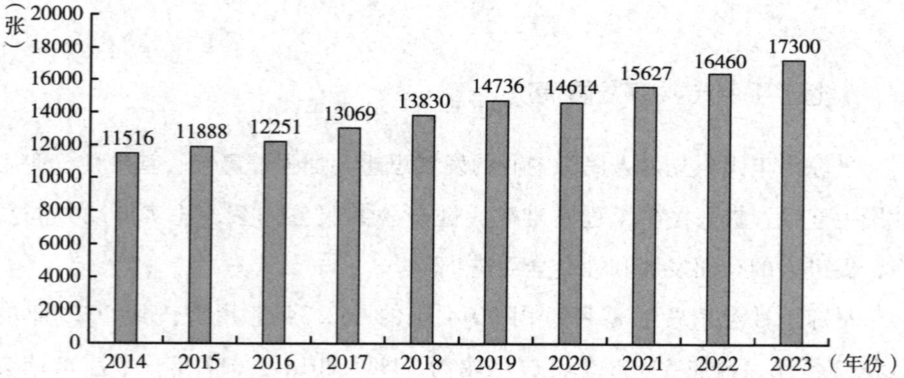

图11　2014~2023年平凉市卫生机构床位数

三　平凉市高质量发展中存在的问题

（一）科技创新能力滞后

当前，平凉市科技活动投入较少、高技术产业化水平偏低，全市综合科技进步指数仅为 35.36%。截至 2023 年底，甘肃省现有高新技术企业 1683 家，而平凉市仅有 36 家，市内仅有 14.68% 的规模以上工业企业开展研发活动，缺乏领先优势，实现市场化难度较大。

同时，平凉市科技人才总量偏少，人才结构性矛盾突出，在全市专业技术人才总量中，一般专业人才占比较大，具有高学历、高职称的人才以及科技带头人、专利发明人占比偏低。在具有大专以上学历的人才中，研究生及以上学历占比不到 10%，具有高级职称和研究生以上学历的人才主要集中在教育卫生系统，农业、果品等领域占比较低。

（二）协调发展水平差距较大

平凉市农村消费市场的发展速度远远落后于城市。2018~2020 年，城镇消费品零售额略有上涨，农村消费市场的发展仍然比较缓慢。2018~2022 年，平凉市农村消费品零售额占比下降幅度较大，而农村人口比例下降幅度较小。2023 年上半年，平凉市实现社会消费品零售总额 110.59 亿元，其中，城镇社会消费品零售额为 98.80 亿元，农村社会消费品零售额为 11.79 亿元，农村社会消费品零售额仅为城镇的 11.93%。基本生活类商品销售额持续增长，餐饮消费、旅游消费等线下接触型服务型消费稳步恢复，但服务行业恢复速度低于预期，汽车、家具、建筑装潢、家电等改善型消费依然不振。

（三）绿色治理水平不高

2024 年 1~8 月，平凉市中心城区优良天数比率为 83.6%，同比减少 2.0 个百分点。虽然 $PM_{2.5}$ 平均浓度和 PM_{10} 平均浓度有所下降，但大气环境改善的压力依然较大。这主要是由于平凉市大气扩散能力较差，加之城区机动车辆、基建及棚改项目、城乡生活等污染源增多，大气污染因子由单一的煤烟型向复合型转变，结构优化、节能减排任务依然严峻。此外，在环保基础设施建设方面，平凉市仍有待加强，尤其是城乡接合部污水收集管网建设、雨污分流改造等环保基础设施仍然不足。这导致生活污水收集不全和雨

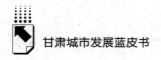
污混流等问题，影响了水环境质量。此外，再生水配套管网不健全，利用率偏低，也是当前平凉市面临的一大挑战。

（四）开放经济发展不佳

平凉市对外贸易长期以农产品出口为主，以鲜苹果、苦杏仁、苹果汁、杂粮豆为主的农产品出口创汇占出口额的 90% 以上，机电产品和轻工类产品创汇占比较小。以特色农产品为主的外贸经济，容易受气候变化、自然灾害、季节性因素和国际国内形势变化的影响，经营风险较大，贸易增长缺乏可持续性。

此外，平凉市外贸出口企业，多数规模小、资产少、抵押物不足，商业银行了解企业信息难度大、成本高，考虑风险与收益等因素，支持企业融资的积极性普遍不高。特别是一些刚获经营权或获经营权时间不长的出口企业，由于银行信誉未建立，不符合信贷政策，虽然手中有出口订单，却苦于无周转资金，出口业务不能全面展开。经营资金严重短缺，让出口企业时常望"单"兴叹。企业流动资金不足、融资渠道少、融资成本高、担保难成了制约其做大做强的重要因素。

（五）社会保障基础薄弱

平凉市共有城乡养老机构 32 家，其中城市社区老年人日间照料中心有 65 家，农村互助老人幸福院有 800 家。然而，与平凉市老年人口的增长速度相比，养老机构的数量仍然不足，并且养老机构在城乡之间分布不均衡，城市地区由于经济较为发达，养老机构数量较多，但农村地区由于经济相对落后，养老机构数量较少，难以满足当地老年人的需求。

四 平凉市高质量发展的对策建议

从 2023 年下半年开始，国家投资政策出现积极变化，将进一步加大西部地区基础设施补短板力度，并向深度贫困地区倾斜，给平凉市发展特别是深度贫困县发展带来机遇。从内部条件来看，供给侧结构性改革深入实施，给平凉市煤电产业持续回暖创造了有利条件，以煤电为主导的工业经济保持平稳增长态势；消费主导型需求结构以及新技术新业态的发展都将持续影响第三产业健康发展；"放管服"改革及转变作风、改善发展环境的一系列举措，都将为社会投资特别是民间投资提供更多空间。

（一）推动产业转型升级，加快构建现代化产业体系

1. 聚焦延链补链强链，加快工业优化升级

工业是平凉市实体经济的"主心骨"和"压舱石"，煤电作为工业主体的局面短期内无法改变。平凉市深入实施产业链链长制，做强煤电产业，稳步扩煤、加快转电，突出煤炭安全清洁高效利用。加大规模以上企业培育力度，创新服务举措，指导企业做好上规入统工作，以新的增量带动经济增长，持续优化营商环境，助力企业高质量发展，努力打造新的经济增长点。进一步强化服务意识，落实落细惠企政策，积极主动上门服务、精准对接，针对企业特点提供个性化服务与指导，切实解决企业急难愁盼问题，全力支持重点企业建成投产、上规入统、发展壮大。

2. 深入推进乡村振兴，发展特色优势产业

坚持以工业化思路发展农业，优化种植养殖结构，推动特色产业高效发展。以现代生态循环农业整市建设试点和农业精品培育示范区建设为牵引，深入实施"万千百十"养牛工程，扎实开展苹果产业"十大转型提质"行动，加快优然牧业万头全群奶牛养殖示范园区和泾河川万亩现代农业产业园等项目建设，抓好秋粮生产和苹果产销，推进"三品一标"体系建设，促进牛、果、菜、薯、药等特色优势产业优化升级。

3. 加快建设现代服务业，打造发展主引擎

促进现代服务业扩大规模、拓展空间、优质高效发展。推动先进制造业与现代服务业深度融合，实施生产性服务业十年倍增计划，优先发展科技服务业、信息技术服务业，提质发展现代物流业、租赁和商务服务业、金融业，培育发展节能环保服务业、人力资源服务业，推进生产性服务业向专业化和价值链高端延伸。另外，还要推进批发零售、物流、餐饮住宿等传统服

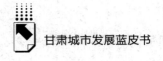
务业清洁化、绿色化发展，培育认定一批现代绿色服务业集聚区，推动产业结构向低碳转变、向绿色迈进。

（二）扩大有效供给，走出招商引资困境

1. 招商引资提质增效

要牢固树立"项目为王"理念，深入实施"项目攻坚突破年"活动，持续引大引强，前期项目抓跟进、落地项目抓开工、在建项目抓进度，全力加快招商引资成果转化，尽快形成新的投资增量，以项目建设新成效推动经济大发展。坚持把"抓项目、促投资"作为稳定经济的关键抓手和第一支撑，聚焦先进制造业和现代服务业，建立完善"以商引商、以企引企"招商机制，力争在重大项目和"小而美"项目上取得新突破。

2. 强化要素供给保障

畅通项目建设"快速通道"和解决问题"绿色通道"，强化能源、技术、人才、土地等要素供给，拓宽融资渠道，引导金融机构加大中小企业、绿色发展等领域的信贷投放力度，降低融资成本，为企业科技创新提供更为优质的服务。

3. 狠抓项目建设，加大投资力度

落实市级领导包抓服务机制，持续加快在建项目建设进度，确保项目尽早开工，对正在开展前期工作的重大项目逐项细化任务、制订工作计划，做好审批、衔接等工作，力争项目前期工作取得实质性进展。持续做好招商引资工作，在做好已谋划项目的基础上，继续落实以商招商、精准招商，招引更多大项目，储备打基础、补短板、增后劲的好项目。

（三）深挖消费潜力，扩容提质激活力

1. 创新消费场景

打造集能逛、能玩、能买于一体的消费新场景，将文商旅体娱融为一体，在满足消费者需求的同时，将"多元的消费业态"和"丰富的消费场景"作为吸引消费者的手段，发展体验式消费。广泛开展各类促销活动，

继续发放电子消费券，推动餐饮、娱乐等行业消费快速增长，汽车、家电等大宗消费升温，大力发展"夜间经济""假日经济"。

2. 扩大文旅消费

学习借鉴其他地方先进经验，抢抓暑期消费旺季、国庆假期等客流高峰，发挥避暑旅游优选地的品牌效应，推出一批精品旅游线路。大力培育康养公寓、特色民宿、房车营地等消费新业态，加快发展乡村旅游，积极推动泾川温泉小镇、海寨沟旅游度假区、崆峒山游客中心等重点项目建设，做好"环西部火车游崆峒号"旅游专列运行工作，策划一系列文旅宣传推介活动，吸引更多人来平凉市消费。

3. 激活农村消费

深入开展县域商业活动，改造乡镇商贸中心，鼓励大型流通企业和电子商务平台向农村地区延伸，完善农产品产地仓储保鲜冷链设施，实施"数商兴农"、"快递进村"和"互联网+"农产品出村进城等工程，畅通农产品和消费品双向流通渠道。

（四）优化城市功能，加快城乡融合

1. 优化城市功能

加大投资力度，建设和完善城市交通、水电、通信、环保等基础设施，提高城市综合承载能力和宜居度。推动智慧城市和数字城市建设，利用现代信息技术提升城市管理效率和公共服务水平。加快产业升级和转型，推动现代服务业和高新技术产业发展，提高城市经济实力和创新能力。促进产业集群和产业链的形成，增强城市的产业集聚效应和辐射带动作用。

2. 加快城乡融合

政府增加对城乡融合发展的财政投入，重点支持农村基础设施建设和公共服务水平提升。通过财政补贴、税收优惠等政策措施，引导社会资本投入城乡融合发展领域。深化农村集体土地制度改革，建立健全的土地流转市场，鼓励农民将闲置土地流转给城市建设。保障农民的土地权益，提高农民的土地收益，促进城乡土地资源的优化配置和合理利用。推进农村产业转型

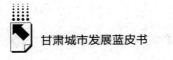

升级，发展现代农业和农村产业，加快农村产业化进程，提高农业生产效益和农民收入水平。

（五）厚植生态底色，筑牢生态屏障

1. 强化生态保护与修复

加强山水林田湖草沙一体化保护和系统治理，增强生态系统自我修复能力。实施重点生态修复工程，如退耕还林、湿地保护与恢复等，提升生态系统质量和稳定性。加强生物多样性保护，建立健全生物多样性保护体系，强化就地保护和迁地保护。严厉打击破坏生物多样性的行为。

2. 推动绿色发展转型，发展绿色经济

加快构建绿色产业体系，推动传统产业绿色化改造。大力发展循环经济，提高资源利用率。推广清洁能源，积极发展风能、太阳能等清洁能源，降低化石能源消费比重。加强能源基础设施建设，提高清洁能源供应能力。

3. 完善生态保护制度与政策

完善生态环境保护法律法规体系，加大执法力度。建立健全生态环境损害责任追究制度，严厉打击环境违法行为。创新生态保护机制，探索建立多元化生态保护补偿机制，激励社会各界参与生态保护。

（六）解决民生问题，构筑多层次社会保障体系

1. 加强基本养老保险制度建设

完善基本养老保险制度，提高养老金待遇水平，确保养老金按时足额发放，以保障老年人的基本生活。推出个人养老金制度，鼓励个人自愿参加，拓展养老保障资金来源，进一步提升养老保障能力。

2. 完善医疗保险制度

加大政府投入力度，提高医疗保险的报销比例和扩大报销范围，以减轻群众医疗负担。推广跨省异地就医直接结算，为群众提供更加便捷的医疗服务，减少因就医地限制产生的额外费用和不便。

3. 健全失业保险和工伤保险制度

提高失业保险金和工伤保险金的待遇水平，确保失业人员和工伤人员在困难时期能够得到及时的经济支持。加强培训和再就业服务，提供职业培训和再就业服务，帮助失业人员和工伤人员尽快重返工作岗位。

4. 统筹城乡社会保障制度

将城市和农村的社会保障制度进行统筹规划，以确保城乡居民在社会保障方面享有平等的权益。通过政策调整和资源倾斜，逐步缩小城乡社会保障差距。

B.10
酒泉市城市高质量发展报告

王 博 史光环*

摘 要： 2014~2023 年酒泉市创新、协调、绿色、开放和共享 5 个维度的发展指数平均值分别为 0.068、0.074、0.031、0.011、0.085，其中共享发展指数、协调发展指数和创新发展指数远高于绿色发展指数和开放发展指数，表明共享发展指数、协调发展指数和创新发展指数对酒泉市高质量发展的贡献和影响较大，而绿色发展指数和开放发展指数贡献相对较小。因此，酒泉市要实现高质量发展，须着力提升绿色发展水平和对外开放程度。

关键词： 高质量发展 新发展理念 酒泉市

一 酒泉市发展特征

酒泉市，古称肃州，是甘肃省人民政府批复的丝绸之路经济带甘肃段的重要节点城市和省域副中心城市。酒泉市凭借其独特的区位优势，在经济发展中取得了显著成就。作为连接甘肃省、青海省、新疆维吾尔自治区与内蒙古自治区的重要节点，酒泉市在促进区域间交通运输、商贸往来和资源要素流动方面发挥了积极作用。同时，酒泉市依托丰富的自然资源，形成了以新能源、矿产资源开发和农业为基础的产业体系，并逐步向新兴产业和绿色发展转型。然而，尽管酒泉市经济实现快速增长，传统的粗放型增长方式依然

---

* 王博，博士，兰州大学教授，主要研究方向为应对气候变化、生态保护与修复、区域与园区温室气体核算、旋流分离工程、大气污染控制；史光环，兰州大学在读博士研究生，主要研究方向为生态脆弱区生态环境修复技术。

存在，制约了经济高质量发展水平的进一步提升。此外，由于西北地区经济发展呈现明显的空间差异，区域发展不平衡的问题依然存在，如何通过推动高质量发展缩小区域差距、激发经济活力，成为酒泉市当前面临的重要挑战。

作为甘肃省的重要战略支点城市，酒泉市的高质量发展不仅关乎本市经济的转型升级，更在促进西北地区的区域协调发展和实现共同富裕方面具有重要的示范作用。本报告围绕创新、协调、绿色、开放、共享五个维度，对酒泉市的高质量发展水平进行深入分析和全面评估，找出其高质量发展的瓶颈，并提出有针对性的对策建议。这将为酒泉市未来的发展提供科学依据，同时为西北地区其他城市的高质量发展探索可行路径。

（一）酒泉市经济发展水平

地区生产总值可以用来衡量一个地区的经济发展水平，地区生产总值越高，该地区经济发展水平越好。从图1可以看出，2014~2023年，酒泉市地区生产总值呈现稳步上升趋势，由2014年的610.55亿元增长至2023年的908.70亿元，增加298.15亿元。从增长率来看，2014~2023年，酒泉市地区生产总值增长率总体上呈现波动上升的态势。尽管在2014~2015年增长

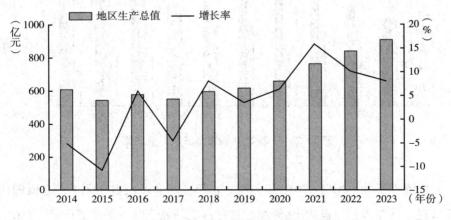

图1 2014~2023年酒泉市地区生产总值及增长率

率为负值，但在随后的年份里，增长率逐渐回升，并在 2023 年达到 8.07%。值得注意的是，2021 年是增长幅度最大的一年，增长率从 2020 年的 6.39% 迅速上升到 15.96%，增长 9.57 个百分点，这一变化反映出酒泉市在 2021 年迎来了经济快速反弹和显著复苏。总体而言，酒泉市经济总量有明显提升，经济持续向好。

（二）酒泉市产业结构

产业结构的优化能够有效推动经济高质量发展。从图 2 可以看出，2014~2023 年，酒泉市第一产业产值增长幅度最大，达 113%；第二产业和第三产业产值分别增长 38.24% 和 42.98%。2015~2020 年，第三产业产值大于第二产业，从 2021 年开始，第二产业产值反超第三产业。这说明在 2021 年以后，酒泉市第二产业在经历转型升级后迎来新的发展机遇。同时，第三产业产值的持续增长也显示出服务业和新兴经济对酒泉市整体经济增长做出积极贡献。

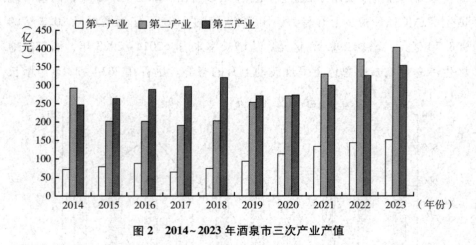

图 2　2014~2023 年酒泉市三次产业产值

如图 3 所示，2014~2018 年，酒泉市第三产业产值占地区生产总值的比重呈现上升趋势，但自 2019 年起，这一占比开始下降，并在 2021 年被第二产业反超。与此同时，第二产业产值占地区生产总值的比重在 2019 年开始回升，逐步上升直至超过第三产业占比。尽管第三产业占比有所回落，但其仍保持在较高水平，表明服务业在经济结构中的主导地位依然显著。同时，第二产业占比的回升巩固和提升了其在国民经济中的地位。此外，第一产业在总量上保持了增长态势，但其在地区生产总值中的占比相对稳定。近十年，酒泉市的经济结构调整，从以服务业为主导逐步转向第二、第三产业并重的格局。

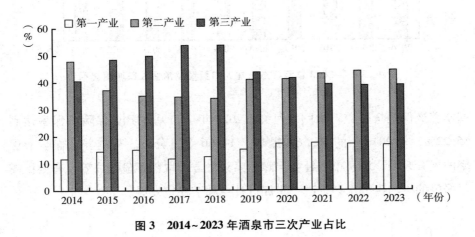

图3　2014～2023年酒泉市三次产业占比

（三）酒泉市人口与社会发展状况

常住人口能够反映城市的人口规模和人口增长趋势，这对城市的经济、社会和资源规划有重要影响。如图4所示，近年来酒泉市常住人口数量总体保持稳定，但呈现小幅下降的趋势。2023年，全市常住人口数量为104.27万人，比2014年减少6.92万人，下降幅度为6.22%。与此同时，随着城镇化进程的不断推进，酒泉市城镇人口比例逐年提高，常住人口城镇化率从2014年的55.23%上升至2023年的67.07%，城市的基础设施建设和公共服务水平得到显著提升。

基本养老保险参保率是社会保障体系的重要指标，反映了政府在保障居民生活、改善社会福利方面做出的努力。在社会保障方面，酒泉市积极推进

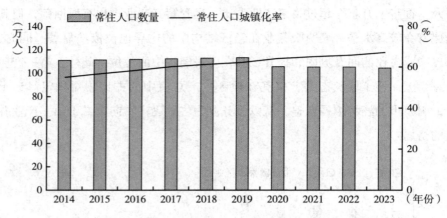

图4　2014~2023年酒泉市常住人口数量及常住人口城镇化率

基本养老保险全覆盖。由图5可知，2023年全市基本养老保险参保率达到65.22%，较2014年的50.56%提升了14.66个百分点。基本养老保险参保率的提升表明，酒泉市在社会保障体系建设方面取得了显著成效，有效提高了居民的生活保障水平，进一步促进社会和谐稳定发展。

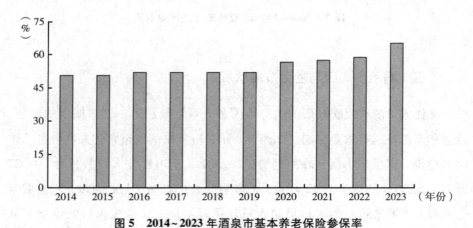

图5　2014~2023年酒泉市基本养老保险参保率

（四）酒泉市旅游业发展状况

近年来，酒泉市旅游业蓬勃发展，如图6所示，年旅游人数从2014年的 1384.2 万人增加到 2023 年的 4607.0 万人，增加 3222.8 万人。2020 年和 2022 年年旅游人数出现明显下降，这可能与全球疫情的影响密切相关。从增长率来看，2014～2023 年酒泉市年旅游人数增长率呈现出先下降后波动上升的趋势。2020 年和 2022 年增长率为负值，表明旅游业受到外部因素的冲击。随着疫情逐渐得到有效防控，旅游业稳步恢复，并在 2023 年迎来显著增长，彰显出酒泉市旅游市场的强劲复苏能力。

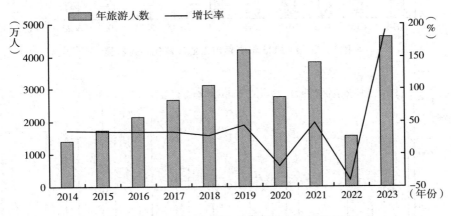

图 6　2014～2023 年酒泉市年旅游人数及增长率

（五）酒泉市生态环境治理现状

酒泉市工业二氧化硫排放量除 2019 年有所上升外，整体呈现下降趋势，从 2014 年的 2.49 万吨下降到 2023 年的 0.30 万吨，降幅达 87.95%（见图 7）。2014～2023 年，酒泉市工业固体废物产生量呈现先降后升再降的波动趋势，而工业固体废物综合利用量整体呈下降趋势。2014 年和 2015 年，工业固体废物产生量较高，之后有所下降，但从 2021 年开始有所反弹，而工业固体废物综合利用量在 2015 年之后显著减少（见图 8）。总体而言，尽管在减少有害气体排放方面酒泉市取得了显著成果，但在固体废物的产生与综合利用上仍有改进空间。

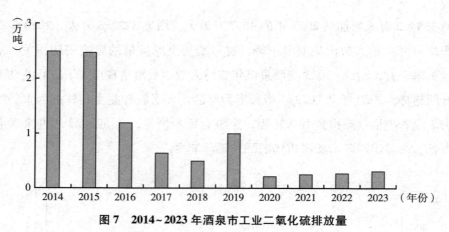

图7　2014~2023年酒泉市工业二氧化硫排放量

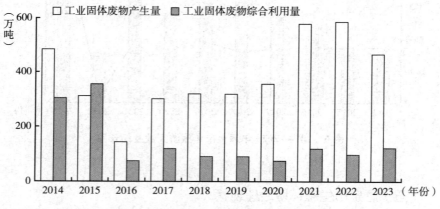

图8　2014~2023年酒泉市工业固体废物产生量和综合利用量

二　酒泉市高质量发展变化分析

（一）高质量发展水平

根据高质量发展理论，将创新发展指数、协调发展指数、绿色发展指数、开放发展指数、共享发展指数相加，得到酒泉市综合发展指数，结果如图9所示。

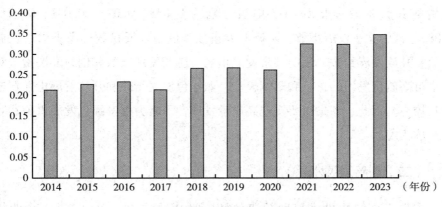

图9　2014~2023年酒泉市综合发展指数

2014~2023年，酒泉市综合发展指数呈现波动上升的趋势，从2014年的0.213上升至2023年的0.348，增长63.38%。其中，2021~2023年，酒泉市高质量发展水平较高，主要原因是创新发展指数和共享发展指数在这段时间大幅提升，进而促进酒泉市高质量发展；2018~2020年酒泉市高质量发展水平次之；2014~2017年，酒泉市高质量发展水平最低。

如图10所示，从创新、协调、绿色、开放和共享5个维度来看，2014~2023年酒泉市创新发展指数、协调发展指数、绿色发展指数、开放发

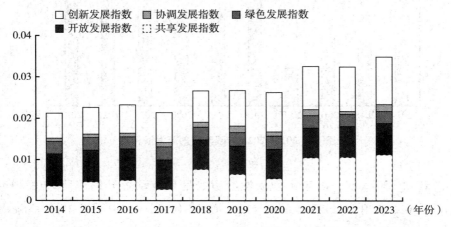

**图10　2014~2023年酒泉市创新发展指数、协调发展指数、绿色发展指数、
开放发展指数与共享发展指数**

展指数和共享发展指数的平均值分别为 0.068、0.074、0.031、0.011、0.085，其中共享发展指数、协调发展指数和创新发展指数远高于绿色发展指数和开放发展指数，表明共享发展指数、协调发展指数和创新发展指数对酒泉市高质量发展的贡献和影响较大，而绿色发展指数和开放发展指数贡献相对较小。因此，酒泉市要实现高质量发展，需着力提升绿色发展水平和对外开放程度。

（二）创新发展水平

本报告从创新投入、创新成效和创新潜力方面，选取 R&D 经费投入/GDP、人均国家财政性教育费投入、教育支出占地方一般公共预算比例、科学技术支出占 GDP 的比例、万人专利申请受理量、万人专利授权量、万人拥有高校专任教师数和万人拥有普通高校在校生数作为酒泉市创新发展水平的衡量指标。运用熵权法计算指标权重，结果如图 11 所示。

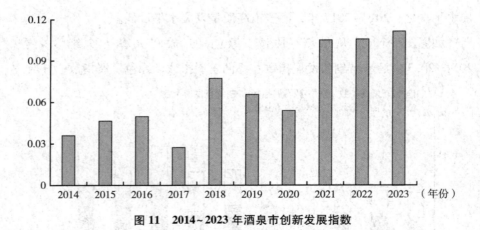

图 11　2014～2023 年酒泉市创新发展指数

2014～2023 年，酒泉市创新发展指数呈现波动上升的趋势，由 2014 年的 0.036 上升到 2023 年的 0.112，增长 211.11%，说明近 10 年酒泉市的创新能力大幅提升。2014～2023 年，酒泉市创新发展指数的平均值为

0.068，其中 2017 年为 0.027，为最小值，主要原因是 2017 年酒泉市 R&D
经费投入大幅下降，由 2016 年的 60882 万元下降至 2017 年的 26872 万元。
总体而言，当前酒泉市创新发展水平不断提高，有助于酒泉市实现高质量
发展。

（三）协调发展水平

从城乡发展、地区发展和产业结构方面，选取农村居民收入/城镇居民
收入、农村居民消费/城镇居民消费、常住人口城镇化率、人均 GDP/全国
人均 GDP、居民人均消费支出/全国居民人均消费支出和产业结构高级化指
数 6 项指标测度酒泉市的协调发展水平。运用熵权法计算指标权重，其值越
大，说明城市协调发展水平越高，结果如图 12 所示。

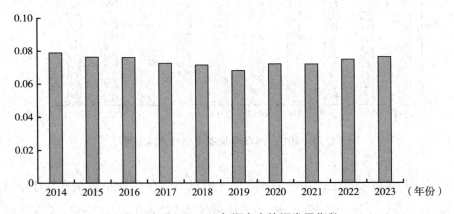

图 12　2014~2023 年酒泉市协调发展指数

由图 12 可以看出，2014~2023 年，酒泉市协调发展指数总体呈"V"
字形。2014~2019 年，协调发展指数缓慢下降，降幅为 15.19%。2019 年后
酒泉市协调发展指数缓慢上升，2023 年升至 0.076。分析原因发现，2014~
2019 年酒泉市人均 GDP 占全国人均 GDP 的比重呈现波动下降趋势，随后显
著上升，其变化趋势与协调发展指数相似。由此可见，人均 GDP 占全国人
均 GDP 的比重是酒泉市协调发展指数的重要影响因素。

（四）绿色发展水平

根据绿色发展理论，从污染排放、污染治理、绿色环境和安全生产等方面，选取单位 GDP 废水排放、单位 GDP 废气排放、单位 GDP 固体废物排放、工业固体废物综合利用率、生活垃圾无害化处理率、绿地面积覆盖率、空气质量二级以上天数占比、建成区绿化覆盖率和亿元地区生产总值安全事故死亡率作为酒泉市绿色发展水平的衡量指标，由此计算其绿色发展指数，结果如图 13 所示。

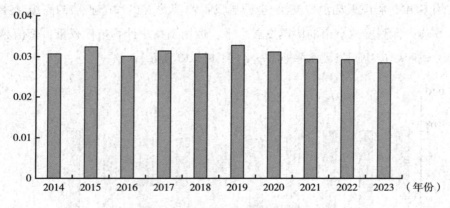

图 13　2014~2023 年酒泉市绿色发展指数

从图 13 可以看出，2014~2023 年，酒泉市绿色发展指数呈现稳中有降的趋势，总体下降幅度较小，从 0.031 降至 0.028，下降 9.68%，波动幅度不大。通过对评价指标进行分析发现，近十年酒泉市工业固体废物综合利用率呈现波动下降的趋势。因此，酒泉市绿色发展指数下降可能与工业固体废物综合利用率有关。酒泉市应积极开展生态文明建设，加大环境污染综合治理力度，进一步促进绿色经济发展，为实现高质量发展做出积极贡献。

（五）开放发展水平

根据开放发展理论，从外贸和旅游两个方面，选择外贸依存度和年旅游人数作为酒泉市开放发展水平的衡量指标。2014～2023 年，酒泉市开放发展指数如图 14 所示。2014～2023 年，酒泉市开放发展指数整体呈现波动上升的趋势，由 0.006 上升至 0.017，增长 183.33%，说明近十年酒泉市的整体开放水平得到大幅提升。此外，2020 年和 2022 年酒泉市开放发展指数突然下降，可能与年旅游人数显著下降有关。总体而言，酒泉市开放发展指数不断提高，有助于推动酒泉市实现高质量发展。

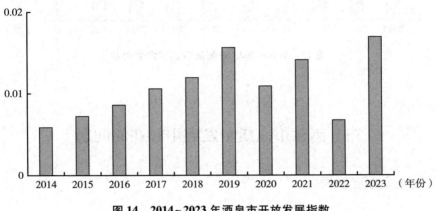

图 14　2014～2023 年酒泉市开放发展指数

（六）共享发展水平

根据共享发展理论，从经济成果、社会保障和基础设施 3 个方面选择人均 GDP、人均社会消费品零售额、每万人口医生数、万人卫生机构床位数、普通中小学师生比、人均受教育年限、人均道路面积、人均公园绿地面积、燃气普及率作为酒泉市共享发展指数的衡量指标，结果如图 15 所示。

2014～2023 年，酒泉市共享发展指数呈现上升态势，由 0.061 上升到 0.114，增长 86.89%，表明酒泉市的共享发展水平整体较好，有较大的发展潜力。近十年，随着酒泉市公共服务水平的提升、基础设施的建设以及社会保障制度的完善，城市共享发展水平进一步提高。

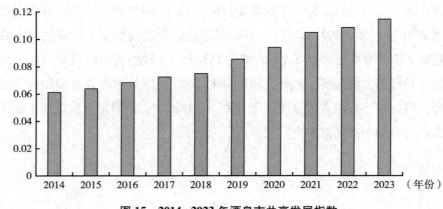

图15　2014~2023年酒泉市共享发展指数

三　酒泉市高质量发展中存在的问题

（一）创新发展

2014~2022年，酒泉市R&D经费投入、教育支出、科学技术支出等均实现显著增长。R&D经费投入从2014年的53753万元增长到2022年的180720万元，增幅达236.20%；教育支出增长率为43.28%，科学技术支出增长率为71.99%，高校专任教师数增长率为62.00%，普通高校在校生数增长率为77.00%。这些指标的增长反映了酒泉市在创新资源投入方面做出的努力，也为其创新发展水平的提升提供了支撑。

然而，酒泉市创新发展中仍然面临一些挑战。首先，创新发展指数波动较大，尤其在2017年和2020年出现了显著的下滑趋势，表明酒泉市创新发展的稳定性不足，可能受到政策调整、市场波动、产业结构变化等外部因素影响。这种波动性反映出创新体系在抗风险能力方面仍需提升，以增强其应对外部冲击的韧性。

此外，酒泉市创新发展指数的提升缺乏持续性。尽管在2018年、2021年和2023年酒泉市创新发展指数有所提升，但这种增长态势并没有延续，一些年份还出现了回落或停滞。这表明酒泉市创新发展的内生动力不足，可能在政策支持、资金投入、市场环境等方面遇到瓶颈。因此，酒泉市需要进一步加强创新发展的系统性布局和长效机制建设，以推动创新发展水平稳步提升。

（二）协调发展

2014~2023年，酒泉市的协调发展水平总体变化不大。酒泉市人均GDP占全国人均GDP的比重先下降后上升，农村居民收入与城镇居民收入之比呈现上升趋势，农村居民消费与城镇居民消费的比重则有小幅上升。然而，酒泉市部分年份的协调发展水平出现小幅波动甚至下降，这一现象反映出以下问题。

协调发展存在不平衡性。尽管整体水平相对稳定，2017~2019年，酒泉市协调发展指数出现明显下滑，这表明在一些社会、经济或环境领域，酒泉市尚未实现协调发展。这种不平衡性可能反映了不同领域间的步调不一致，某些关键领域发展滞后，进而影响了整体协调发展水平的提升。

协调发展的可持续性有待加强。尽管自2020年起酒泉市的协调发展指数呈现上升态势，但波动性暴露出其发展过程中的脆弱性。这种不稳定性表明，面对外部环境的变化或突发事件时，酒泉市的协调发展基础仍不稳固。为应对未来可能的经济波动、社会问题或环境挑战，酒泉市需要进一步增强发展的抗压能力和韧性，以保障协调发展的持续性。

（三）绿色发展

2014~2023年酒泉市的绿色发展水平相对稳定，整体波动较小。说明在加强生态环境保护、资源节约和可持续发展方面，酒泉市仍有改进空间。

实现绿色发展不仅需要采取环境治理措施，更需要加快产业结构的绿色转型。然而，酒泉市在传统产业绿色升级、减少污染排放和减少资源浪费等方面仍显不足，影响其绿色发展水平的提升。例如，工业固体废物产生量呈波动上升趋势，而工业固体废物综合利用量明显下降，这

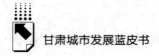

可能不利于该市实现低碳、可持续发展目标。

绿色发展的推进力度也有待加大。尽管绿色发展水平保持在相对稳定的区间，但增长幅度较小，这表明酒泉市在生态环境保护方面的措施虽已取得一定成效，但力度仍有提升空间。特别是在经济发展的背景下，如何平衡资源高效利用与环境保护成为一大挑战。

酒泉市在环境保护与经济发展之间的平衡问题也亟待解决。绿色发展水平提升缓慢，凸显出该市在平衡经济增长与环境保护方面面临的现实困境。在某些年份，为推动经济增长，酒泉市环境保护政策的执行力度有所减弱，这会影响绿色发展水平的稳步提升。

（四）开放发展

2014~2023年酒泉市开放发展水平虽有所提升，但其整体表现欠佳。尽管开放发展对推动经济增长、促进区域交流合作、引进外部资源与技术具有重要作用，但当前存在一些不利因素，影响该市的开放发展。

国际化程度不高和开放合作不足。尽管在2019年、2021年和2023年酒泉市开放发展水平有所提升，但整体水平偏低，说明酒泉市在国际化发展、吸引外资或参与国际合作方面可能存在不足。外部资源的引入和对外合作的深度与广度可能有限，导致酒泉市开放发展水平不高。

内外部市场的联动性较弱。酒泉市可能存在内外市场的联动性不足、对全球经济的敏感性较弱等问题，影响了其外向型经济和国际贸易的发展。

科技创新力度不足。酒泉市在科技合作、技术转移、创新资源的国际化等方面仍有发展空间。

（五）共享发展

2014~2023年酒泉市共享发展水平稳步提升。这表明酒泉市在推动社会公平、提高居民生活质量、扩大公共服务覆盖面等方面取得了显著进展。尤其在教育、医疗、基础设施等基本公共服务的普及与提升上，酒泉市已取得一定成效，为全市居民提供了更公平和更好的发展机会。

通过实施一系列惠民政策和民生保障措施，城乡之间、不同群体之间的差距得到进一步缩小，确保更多市民能够分享经济发展成果，显著提升了居民的幸福感和获得感。尽管酒泉市共享发展取得了可喜的成绩，但区域差异较大、社会保障体系不完善等问题还有待解决。

四　酒泉市高质量发展的对策建议

本报告通过对酒泉市高质量发展水平进行分析，从创新、协调、绿色、开放、共享维度提出酒泉市高质量发展中存在的问题，并结合酒泉市高质量发展实际，提出以下对策建议。

（一）继续坚持新发展理念，推动酒泉市高质量发展

酒泉市高质量发展水平总体呈现上升态势，但仍处于较低水平。实现高质量发展，酒泉市必须坚持新发展理念，走创新发展道路，完善经济协调机制，扩大对外开放，坚持绿色发展理念，积极破解发展难题，确保人民群众共享发展成果。

（二）增强创新能力，加快创新发展步伐

推动高质量发展的核心动力在创新，它不仅是推动经济增长的引擎，更是构建新发展格局的战略支撑。

1.增强科技创新能力至关重要

创新是提升国家竞争力的关键因素，尤其在全球经济一体化的背景下，科技进步成为国家发展的重要驱动力。政府应积极营造有利于创新和创业的环境，包括提供充足的资金支持、实施减税政策、简化行政审批程序等。通过采取这样的政策，能够有效激励企业在技术研发和产品创新方面加大投入力度，释放市场活力。此外，政府还应鼓励科研机构与企业之间加强合作，推动技术转移和成果转化，从而促进科技创新成果应用。

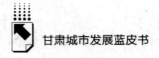

2. 人才问题不容忽视

高质量发展离不开高素质的人才，必须通过多种方式吸引、汇聚和培养各类人才。为此，政府应加强与高等院校、科研机构以及企业的合作，推动产学研结合，增强人才的实践能力和创新意识。建立健全人才激励机制至关重要，包括具有竞争力的薪酬体系、良好的职业发展通道和丰富的培训机会，以确保优秀人才愿意留在本土发展。与此同时，政府可以通过提供创业支持和奖励，鼓励更多人才选择自主创业，激发创新活力。

3. 社会各界积极参与

通过多种平台和项目，促进企业、高校和社会组织协作。可以建立开放式创新平台，鼓励多方合作，共同解决发展中遇到的难题。这种跨界合作不仅能够为人才提供更多发展机会，也能促进知识的交流与共享，提升整体创新能力。

（三）促进区域协同发展

通过建立区域经济共同体，酒泉市能够实现资源的优化配置和高效利用，促进整体发展。

一是加强重点领域合作，推动基础设施互联互通。酒泉市应与周边城市在交通、能源、农业等重点领域深化合作，共同规划和建设区域性的基础设施项目，如交通网络、能源供应体系和现代化农业基地。通过提升交通便利性和区域物流效率，降低企业运输成本，区域整体的生产力和资源流通效率得到提高。此外，在能源方面，通过加强区域电力、风能、光能等清洁能源的联合开发和输送，酒泉市可以有效整合资源，提升能源利用率。

二是推进科技创新合作，提升区域创新能力。区域协同发展应注重科技创新和人才资源共享。酒泉市可与周边城市共同组建科研联盟，联合开展重大科技项目攻关，定期组织技术交流活动，建立健全科研成果共享机制。通过科技创新的协同推进，酒泉市能够加快新技术在农业、制造业等传统产业中的推广应用，助力区域产业升级与转型发展。同时，区域合作还应包括对创新人才的引进和培养，增强人才资源的流动性，实现人才红利的共享。

三是加强招商引资合作，优化区域产业布局。酒泉市可以与周边城市共同开展招商引资活动，形成资源和政策优势的互补。通过合作引进高新技术企业和优质投资项目，酒泉市可以优化区域内的产业结构，延伸产业链，促进上下游企业的紧密协作，增强区域经济的整体竞争力。此外，区域内各城市还应加强信息交流与市场共享，共同打造有竞争力的产业集群和现代化工业体系，提升区域经济的外向度。

（四）建立绿色低碳型城市，促进绿色发展

要想实现高质量发展，建设绿色城市至关重要。尤其在绿色发展面临推动力不足、产业结构转型缓慢、环境保护与经济发展不平衡等问题的背景下，实现绿色发展必须采取切实有效的措施。

1. 以高新技术驱动绿色转型

绿色发展需要高新技术的支持。政府和企业应加大对绿色科技的研发投入力度，鼓励创新低碳技术，推动绿色能源、节能环保、新材料等相关产业发展。通过技术创新，提高资源利用效率，减少对传统高污染、高能耗产业的依赖，加速产业结构转型升级，为经济增长注入绿色动力。

2. 推动污染物减排与资源循环利用

在确保经济平稳运行的前提下，实施严格的污染物排放控制措施，特别是减少二氧化碳和其他温室气体的排放。同时，促进可再生资源的循环利用，加快构建废弃物资源化利用体系。通过提高新能源的使用比例和推广循环经济模式，推动城市从"高消耗、高排放"向"低消耗、低排放"转变，实现经济与环境的协调发展。

3. 提升城市绿化水平与鼓励社会参与

绿色发展不仅依赖技术和政策，还需要社会的广泛参与和支持。提高城市绿化率，不仅有助于改善生态环境，还能增进市民对绿色发展理念的认同。采取宣传教育和激励措施，让市民养成绿色生活方式，积极参与绿色出

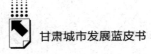

行、垃圾分类等环保行动。同时，政府应加强与社会各界的合作，形成全民共建绿色城市的局面。

（五）不断提高对外开放质量和水平，激发高质量发展活力

酒泉市抓住"一带一路"建设的契机，充分发挥自身的区位优势，推动高水平对外开放，实现高质量发展。

1. 发挥区位优势，优化经济结构

酒泉市地处"一带一路"沿线，具有独特的地理位置，应充分利用这一优势，加快融入国际市场，加强与共建"一带一路"国家的经贸合作。同时，通过引导产业升级，推动经济结构优化，着力发展先进制造业、高新技术产业和现代服务业，提高其在全球价值链中的地位，减少对传统资源型产业的依赖，实现经济可持续增长。

2. 提高利用外资的质量和水平

在引进外资方面，应注重质量而非单纯的规模。优化产业结构，选择符合酒泉市发展方向的外资项目，尤其是引进高附加值、绿色环保型产业，以促进本地经济转型升级。同时，注重吸引具有全球竞争力的外资企业入驻，进一步拓展国际合作渠道，提高国际化程度。

3. 加大对出口产品的技术创新投入力度，提升产品竞争力

面对日益激烈的国际市场竞争，酒泉市应重点加大对出口产品的技术创新投入力度，推动产品从低附加值向高附加值转型。通过引入先进的生产工艺和技术标准，不断提升产品质量，打造具有技术含量和品牌影响力的出口产品。同时，加强与共建"一带一路"国家的经贸合作，扩大产品出口市场，提升产品在国际市场的竞争力。

B.11
庆阳市城市高质量发展报告

唐相龙　蔡乐山*

摘　要：　2014~2023 年，庆阳在综合发展指数由 0.138 提升到 0.206，提升
了 49%，表明庆阳市高质量发展取得显著成效。具体来看，庆阳市共享发展
指数由 2014 年的 0.038 提升到 2023 年的 0.073，表现突出；开放发展指数由
2014 年的 0.003 提升到 2023 年的 0.007，增速达 133%；在创新、协调、绿色
发展维度仍有进步空间。庆阳作为区域性中心城市，要坚持创新驱动、统筹
协调，践行"两山"理念，扩大对外开放，增进民生福祉，推进高质量发展。

关键词：　区域性中心城市　高质量发展　庆阳

一　庆阳市发展现状[①]

庆阳作为陕甘宁三省（区）交通枢纽和区域性中心城市，树立强烈的
机遇意识、责任意识、发展意识，牵引和支撑区域经济社会高质量发展，全
力推动新时代革命老区振兴发展。近年来，庆阳市主动融入全省"一核三
带"的发展格局，紧扣"引领陕甘宁毗邻地区高质量发展的区域性中心城
市"的发展愿景和"国家现代能源经济示范区、现代丝路寒旱农业先行区、
国家红色文化传承创新区、数据信息产业集聚区和黄河流域水土保持样板

---

* 唐相龙，博士，兰州交通大学建筑与城市规划学院院长、教授、博士生导师，主要研究方
向为城乡规划设计与理论、城市规划历史与理论、国土空间规划理论与方法等；蔡乐山，
兰州交通大学建筑与城市规划学院，硕士研究生，主要研究方向为国土空间规划设计和城
市环境与健康。
① 本部分资料来源：《庆阳市 2023 年国民经济和社会发展统计公报》《庆阳统计年鉴 2023》。

区"的战略定位，聚焦"1+7+N"城市建设体系，统筹推进综合能源"5个1000"突破、现代农业产业培育壮大、乡村建设、文旅康养产业打造、数据信息产业集聚、黄河流域水土保持、城市更新、基础设施支撑保障、地方工业发展培育、公共服务提质十大重大支撑工程，谱写了中国式现代化庆阳实践的崭新篇章。

（一）工业兴市实现突破，综合能源产业链加速形成

传统能源高效扩链。2023年，庆阳市原油产量达到1130万吨，原油加工量达到361万吨，煤炭产量达到750万吨，天然气产量达到7.5亿立方米，分别增长7.1%、18.4%、31.6%、47.7%。华能新庄煤矿联合试运转，九龙川煤矿获国家发展改革委核准，核桃峪煤矿东翼风井项目顺利推进，庆阳煤炭资源清洁高效利用进入了新阶段。"气化庆阳"取得突破性进展，宁县湘乐—宁县县城、宁县县城—和盛—西峰2条输气管线即将建成，新增天然气用户1.2万户。华能百万吨级二氧化碳捕集利用和油田驱油增产等CCUS项目实现规模化布局。化工产业高端补链。总投资673亿元的内蒙古东源科技产业链项目即将落地，总投资55亿元的同欣轻烃深加工项目开工建设，取得庆阳煤油化工产业新突破。瑞华能源天然气提氦与储备调峰一体化项目开工建设，正在申报国家氦气储备中心。装备制造高质建链。新能源装机总量达235万千瓦，新能源发电量达25亿千瓦时，增长35.6%。三一重能主机制造、瑞庆塔筒项目建成投用，易事特数字能源、超芯电线电缆、华池电力装备制造等项目加速推进。氢能储能高标育链。建成加氢站2座，50辆氢能公交车率先投用。环县龙源电力零碳产业园加快推进。远景能源、天能控股、易事特制造、寰泰电池、中纳储能建设的锂电、铅酸、钠离子、全钒液流、氢能5条技术路线储能生产基地加速形成。园区提质集链成群。西峰、驿马、长庆桥3个市管工业园区提标增效，招引落地企业101户，实施项目32个，完成工业总产值285亿元。西峰工业园区通过省级化工园区认定，长庆桥化工园区省级认定加快推进。津庆产业园正式揭牌。

（二）"东数西算"迅猛发展，数字经济产业链聚势赋能

园区建设快速推进。2023 年，庆阳市规划面积 1.7 万亩、总投资 77.2 亿元的"东数西算"产业园基础设施建设全面铺开，落地实施重大产业项目 16 个，总投资 198 亿元。中国电信、中国移动一期、提尔科技数据中心项目建成投用，中国能建源网荷储零碳产业园、秦淮数据零碳数据中心一期封顶，10 万架标准机架加速建设，总投资 80 亿元的燧弘绿算中心、金山云智算中心落地，投运绿色智能算力 5000PFlops，聚力建设全国最大的算力生态基地和绿色算力租赁中心。算力调度服务平台和数据要素流通平台上线运行，交易额突破 1 亿元。数字经济招商成效显著。市直部门、中省驻庆单位全员参与数字经济招商，精准对接数字经济企业 1655 户，签约 278 户，签约协议金额达 3278 亿元，101 户注册成立子公司。要素保障支撑有力。出台扶持数字经济发展若干政策 28 条、配套细则 120 条，从财政奖补、税费减免、金融支持、电力保供、土地供给、算力消纳等方面全方位保障，减免税费 93.7 万元，金融支持 13.22 亿元。谋划开通庆阳—西安、庆阳—郑州"人才专列"，设立 1690 万元人才专项基金，联合西安、兰州高校培养数字经济人才 2700 人。数算电产业融合推进。加入中国算力网联盟，与江苏未来网络集团共建确定性网络，与郑州、哈密、苏州、巴州共建城市算力网，开展算力资源跨区域合作与"东数西算"结对子。加快推进"AI 算力产业基地+AI 算力系统平台+AI 算力网络"产业合作，与贵阳、韶关、苏州等枢纽节点城市合作，共享算力、数据、算法、应用等大市场。争取到庆阳"数盾"战略定位，量身打造"数盾庆阳造"品牌。以"陇电入鲁"为契机，规划建设 750 千伏变电站 1 座、330 千伏变电站 3 座、110 千伏变电站 22 座，打造数算电融合枢纽。

（三）建设区域性中心城市，综合能力持续增强

功能配套更加完善。2023 年，庆阳市实施城建项目 196 个，完成投资

103 亿元。完成市区保障性租赁住房一期 1024 套，改造老旧小区 187 个，4 条市政道路通车，建成 5 个停车场，盘活新建停车位 3000 个。基础设施建设扩面提速。完成交通固定资产投资 102 亿元，连续两年位居全省第一。建成甜永高速 3 个"开口子"工程，全面推进太华、西合、东绕城等重点项目。小盘河水库引水入宁、吴家沟水库综合利用、扬黄提质改造、巴家咀水库除险加固及清淤项目加快推进，镇原县、合水县入选全国第六批节水型社会达标县。城市管理不断加强。建成全省首个三维城市信息模型应用城市，加快创建全国文明城市，背街巷道专项整治行动持续推进，拆除违章建筑 7.26 万平方米，城市容貌明显改善。区域合作持续深化。与关中平原城市群 13 个城市联合签署 3 年行动计划，签订文旅联盟和住房公积金协同发展合作协议，携手开启"大关中"协同发展新局面。与平凉签订"1+3"合作协议，共同打造陇东区域经济增长极。

（四）乡村振兴全面推进，"三农"工作成效显著

脱贫成果持续巩固。2023 年，庆阳市严格落实防返贫动态监测和帮扶机制，新识别纳入监测对象 1763 户 8053 人，消除风险 5178 户 2.01 万人，守住了不发生规模性返贫的底线。投入有效衔接推进乡村振兴补助资金 23.18 亿元，受益农户达到 33.4 万户。落实到户产业奖补资金 3.3 亿元，脱贫群众人均可支配收入达到 13949 元，增长 15.6%。现代农业稳步发展。常态化推进撂荒地排查整治，建成高标准农田 45 万亩，粮食总产量达到 142.95 万吨。获批创建国家级农业产业强镇 1 个、省级现代农业产业园 2 个。新引培农业龙头企业 20 家，创建家庭农场 521 家。创新设立 1 亿元农业产业发展贴息资金，带动 1345 个新型农业经营主体贷款 7.81 亿元。乡村建设深入推进。实施小城镇基础设施项目 37 个。创建乡村建设示范村 59 个、和美乡村 30 个。建成"一村万树"工程达标村 232 个，实施农村危房及农房抗震改造 1195 户，完成户厕改造 4 万户。东西协作和中央定点帮扶走深走实。互派挂职干部和专技人才 653 名，"津企庆阳行"活动签约项目达到 25 个，签约金额达到 51.65 亿元。

天津及中央定点单位消费帮扶 13.81 亿元，受益群众达到 2.8 万户。天津援助 3.24 亿元，实施帮扶项目 201 个。

（五）营商环境持续优化，发展活力充分释放

服务效能明显提升。2023 年，庆阳市深入推进"优化营商环境攻坚突破年"和"两型"机关创建行动，落实"最多跑一次""一把手走流程"等集成化改革措施，企业开办时间压缩至半天，招商引资项目落地时限由 198 天压缩为 139 天，项目总体落地周期缩短 1/3 以上，城市综合信用指数全国排名提升 79 个位次。数字政府建设全面加强。市级数字政府平台建设完成，四级政务数据共享交换体系实现全覆盖，政务服务事项全程网办率达到 99.96%，公共资源交易电子化率达到 100%，落实"跨省通办"事项 160 个。"12345"政务服务便民热线获全国服务群众优秀单位奖。市场主体培育壮大。深入开展"千名干部帮千企"行动，协调解决 1151 户企业的 1700 多个问题。新增减税降费及退税缓费 10.92 亿元，清欠企业账款 1.68 亿元，清偿率达到 100%。新登记注册市场主体 2.5 万户，总量突破 18 万户，增长 3.5%。国企改革三年行动顺利完成，17 户企业完成产值 25.83 亿元，增长 227.5%，实现了历史性跃升。市场消费企稳回升。区域消费中心城市加快建设，制定出台推动消费扩容升级的 10 条措施，开展"助企惠民·乐购庆阳"促销活动，拉动消费 29.78 亿元，实现网络零售额 29.57 亿元。落实房地产优化调控政策措施，刺激和拉动住房消费稳定增长，全年新建商品房累计销售 106 万平方米，增长 17.9%。2 家企业被认定为第二批"甘肃老字号"企业。完成西峰区、镇原县县域商业体系建设及环县、合水县国家电子商务进农村综合示范升级等项目。文旅融合全域推进。新创建 4A 级旅游景区 2 家、3A 级旅游景区 3 家。长城国家文化公园（华池段）、长征国家文化公园（南梁、山城堡）加快建设，南梁红色旅游景区被评定为第二批国家级文明旅游示范单位、全省红色旅游创新融合试点单位。

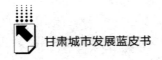
（六）生态环境不断改善，绿色发展底色更亮

污染防治有力有效。2023 年，庆阳市全面完成第一、第二轮中央生态环保督察反馈问题整改任务，信访举报事项全部办结。燃煤锅炉综合治理等 34 个环保基础设施项目顺利推进，全市 23 个国、省、市地表水考核断面全部达标，市区环境空气质量提升幅度位居全省第一。生态建设持续加强。8 县区 632 万亩治理面积全部列入"三北"六期工程核心攻坚区，黄河"几字弯"攻坚战首批重点项目 94 万亩沙化土地治理工程在环县开工。治理水土流失 1008 平方公里，保护塬面 235 平方公里。西峰区清水沟水利风景区入选全国唯一水土保持型高质量发展典型案例，庆城县列入国家新一轮生态综合补偿重点地区。国家国土绿化试点示范、省级森林城市创建和"再造一个子午岭"提质增效三年行动全面完成，造林补植抚育 209 万亩，森林覆盖率达到 26.3%。油区治理成效显著。西峰油田、南梁油田纳入国家级绿色矿山名录，华庆油田等 8 个开采区纳入省级绿色矿山名录，油泥处置利用、油田伴生气资源化利用等产业加快发展，规模以上油服企业达到 70 户。油区治安形势持续向好，未发生较大生产安全事故。

（七）民生事业全面加强，社会大局和谐稳定

就业优先持续强化。2023 年，庆阳市城镇新增就业 2.74 万人，输转城乡富余劳动力 54.4 万人，实现劳务收入 180.4 亿元。开展职业技能培训 3.26 万人，发放创业担保贷款 4.8 亿元，"零就业"家庭动态清零。科技支撑更加有力。R&D 研发投入 6.82 亿元，增长 92%，增速位居全省第二。综合科技进步水平达到 43.4%。创建农业科技示范乡镇 12 个、示范点 146 个。成功获批省人工智能与算力技术、陇东油气资源高效利用 2 个重点实验室和省肉羊高效繁育技术创新中心。教育质量逐步提高。基础教育综合改革深入推进，建立"优质学校+"教育联合体 211 个，高考本科上线率提高 2.8 个百分点，环县一中、华池一中成功创建省级示范性普通高中，镇原中学、北师大庆阳实验学校通过省级示范性高中评估。综合医改纵深推进。持续深化

医药卫生体制改革，推动三医联动、分级诊疗，加快 DRG 医保支付方式改革，人均住院费用下降 279 元，患者医疗负担下降 4.7%。公立医院高质量发展项目顺利推进，建成紧密型县域医共体 12 个。庆阳被确定为全国紧密型城市医疗集团建设试点城市和第三批安宁疗护试点城市。

（八）县域经济强劲发展，特色优势逐步彰显

聚力强县域。2023 年，庆阳市以"真金白银"支持县域经济发展，全域布局油煤气、数算电产业，对获评全省县域经济发展进步县的华池县、镇原县各奖励 1 亿元，县域产业结构加快重塑升级。西峰区围绕能源化工、数字经济园区和区域性中心城市建设，加大要素配套服务力度，全力保障土地供应。庆城县招引的岐伯故里大健康城、超芯电线电缆等项目投资带动能力强，为经济发展增添了动能。宁县加快煤油气资源开发，天能控股百亿元项目加速落地，中欧班列国际货运站和铁路货运中心快速推进。镇原县支持肉鸡产业发展，全力保障平庆铁路建设，制氢制甲醇及重卡一体科技园加快建设。环县全力构建油煤、新能源 2 个百亿元级产业链，打响"中国羊谷"品牌，成为全市重要经济增长极。华池县加速构建石油综合开发、"三元双向"循环农业等 6 个百亿元级产业链，着力打造"红色文旅"品牌。合水县电商基地、京东物流冷链产业园加快推进，为和美乡村建设树立了标杆。正宁县围绕服务核桃峪煤矿、正宁电厂建设，招引新上产业项目，规模以上工业增速持续领先。

二 庆阳市发展变化分析[①]

（一）庆阳市高质量发展总体情况分析

2014~2023 年，庆阳市综合发展指数由 0.138 提升到 0.206，表明

---

① 本部分资料来源：历年《庆阳市国民经济和社会发展统计公报》《庆阳统计年鉴》。

庆阳市高质量发展取得显著成效（见图1）。具体来看，庆阳市创新发展指数从2014年的0.034提升到2023年的0.055，增长率超过60%，总体呈现波动上升趋势，这与庆阳市加大科技创新投入力度、优化创新环境密不可分。庆阳市协调发展指数在2016年和2017年降低，随后逐步提升，2023年为0.035。庆阳市绿色发展指数在2014~2023年较为稳定，2015年最低，为0.032。庆阳市开放发展指数由2014年的0.003提升到2023年的0.007，提升了133%。庆阳市共享发展指数由2014年的0.038提升到2023年的0.073，提升了92%。综上所述，庆阳市在共享开放发展维度表现较为突出，在创新、协调、绿色发展维度有进一步提升的空间。

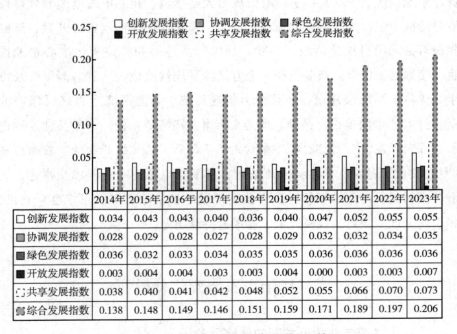

	2014年	2015年	2016年	2017年	2018年	2019年	2020年	2021年	2022年	2023年
□创新发展指数	0.034	0.043	0.043	0.040	0.036	0.040	0.047	0.052	0.055	0.055
▨协调发展指数	0.028	0.029	0.028	0.027	0.028	0.029	0.032	0.032	0.034	0.035
■绿色发展指数	0.036	0.032	0.033	0.034	0.035	0.035	0.036	0.036	0.036	0.036
■开放发展指数	0.003	0.004	0.004	0.003	0.003	0.004	0.000	0.003	0.003	0.007
⊡共享发展指数	0.038	0.040	0.041	0.042	0.048	0.052	0.055	0.066	0.070	0.073
▩综合发展指数	0.138	0.148	0.149	0.146	0.151	0.159	0.171	0.189	0.197	0.206

图1　2014~2023年庆阳市高质量发展情况

资料来源：笔者测算。

（二）庆阳市高质量发展子系统分析

1. 创新发展水平

庆阳市深入学习贯彻习近平总书记关于科技创新的重要论述及对甘肃重要讲话和指示精神，深入实施创新驱动发展战略，以创新型庆阳建设为目标，按照"自主创新、重点跨越、支撑发展、引领未来"的方针，加快推进科技体制机制改革，加强产业核心技术攻关，全面扩大科技开放合作，创新环境持续优化，创新体系日益健全，自主创新能力不断增强，成果转化明显加快，对构建新发展格局、促进高质量发展和建设幸福美好新庆阳的支撑引领作用显著增强。随着打造区域性中心城市战略的逐步实施，庆阳市在城市创新发展方面的优势越来越明显。

（1）创新投入明显增加

2014~2023 年，庆阳市 R&D 经费投入/GDP、教育支出占一般公共预算比例以及科学技术支出占 GDP 的比例均呈波动态势（见表1）。具体来看，R&D 经费投入/GDP 2018 年最低，为 0.07%；2022 年最高，为 0.67%。教育支出占一般公共预算比例 2014 年为 17.68%，2023 年为 16.86%，降低了 0.82 个百分点。科学技术支出占 GDP 的比例最高为 2014 年的 0.26%，最低为 2020 年的 0.12%。

表 1　2014~2023 年庆阳市创新投入情况一览

单位：%

年份	R&D 经费投入/GDP	教育支出占一般公共预算比例	科学技术支出占 GDP 的比例
2014	0.31	17.68	0.26
2015	0.39	20.46	0.22
2016	0.32	20.08	0.15
2017	0.16	18.24	0.24
2018	0.07	17.91	0.15

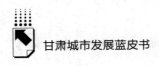

续表

年份	R&D 经费投入/GDP	教育支出占一般公共预算比例	科学技术支出占GDP 的比例
2019	0.10	18.39	0.16
2020	0.23	17.56	0.12
2021	0.40	16.96	0.22
2022	0.67	16.75	0.24
2023	0.38	16.86	0.16

（2）创新成效明显加快

庆阳市先后出台了《庆阳市促进科技成果转移转化行动方案》《关于落实以增加知识价值为导向分配政策的实施方案》《关于建立科技成果转移转化直通机制的实施方案》等文件，基本实现了科技成果转移转化政策的全覆盖；推进庆阳科技大市场建设，先后引入西安中孚、北京铭一、兰州科锐信、成都弘毅天承等服务机构，为企业提供成果评价、技术交易、科技金融、双创孵化等高质量服务。庆阳市农业科学院、陇东学院、庆阳盛洋生态农业开发有限责任公司成功创建了省级科技成果转移转化示范机构。实施成果转化行动，肉羊人工授精胚胎移植、生态黄土乳胶漆生产、抗疏力工程施工等一批引领产业发展的关键技术成功落地转化，创造了良好的经济社会效益。

（3）创新潜力不断增强

2014~2023年，庆阳市万人拥有高校专任教师数和万人拥有普通高校在校生数明显增加，创新潜力明显增强（见图2）。万人拥有高校专任教师数由2014年的3人增加到2023年的6人；万人拥有普通高校在校生数由2014年的73人增加到2023年的130人。针对当前的人才情况，庆阳市按照"小切口、大突破"的引才工作思路，不断深化"放管服"改革，全面下放事业单位选人用人自主权，相继出台多项人才培养和引进政策，积极推行现代学徒制和企业新型学徒制等校企合作育人模式，对接东软数智产业学院、新大陆物联网产业学院、"东数西算"现代产业学院等，加强人才联合培养，构建对接"东数西算"等产业需求的专业核心课程体系，打造专业集群和特色品牌专业，开发优质数字教学资源，着力培养适应庆阳发展需要的高素质专门人才，创新潜力不断增强。

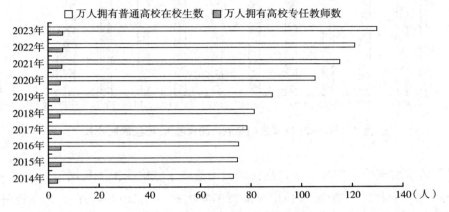

图2　2014～2023年庆阳市万人拥有高校专任教师数和万人拥有普通高校在校生数

2. 协调发展水平

（1）城镇化率不断提高，城乡差距不断缩小

2014～2023年，庆阳市常住人口城镇化率不断提高，2014年常住人口城镇化率为31.55%，2023年常住人口城镇化率为45.21%，表明庆阳市新型城镇化战略实施效果显著，城镇化进入快速发展阶段。城镇居民和农村居民收入明显增加，农村居民收入由2014年的5499元增加到2023年的13246元，城镇居民收入由2014年的20637元增加到2023年的39878元；农村居民收入增速约为141%，城镇居民收入增速约为93%，农村居民收入增速高于城镇居民收入增速。2014～2023年，农村居民收入/城镇居民收入不断提升，由2014年的26.65%提升到2023年的33.22%，表明庆阳市城乡收入差距呈现不断缩小的趋势（见图3）。

2014～2023年，庆阳市城镇居民和农村居民消费提升明显，农村居民消费由2014年的5231元提升到2023年的11235元，城镇居民消费由2014年的14608元提升到2023年的25426元；农村居民消费增速约为115%，城镇

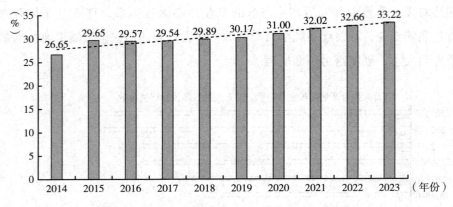

图3 2014~2023年庆阳市农村居民收入/城镇居民收入

居民消费增速约为74%，农村居民消费增速高于城镇居民消费增速。2014~2023年，农村居民消费/城镇居民消费不断提升，由2014年的35.81%提升到2023年的44.19%，表明庆阳市城乡消费差距同样呈现不断缩小的趋势（见图4）。

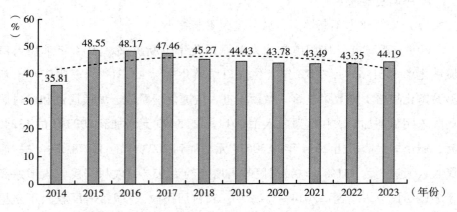

图4 2014~2023年庆阳市农村居民消费/城镇居民消费

（2）城市实力不断增强，与全国差距不断缩小

城市人均GDP/全国人均GDP通常用来衡量城市发展水平与全国平均水平的差距。庆阳市人均GDP由2014年的30087元增加到2023年的51289

元，增幅超过70%（见表2）。庆阳市人均GDP/全国人均GDP呈现先下降后上升的趋势，2014~2019年由64.13%下降到46.65%，原因可能是这一时期全国进入快速发展阶段，而庆阳市发展相对较缓；2020~2023年庆阳市进入快速发展阶段，人均GDP/全国人均GDP于2023年达到57.40%，这表明庆阳市追赶的步伐不断加快。

表2　2014~2023年庆阳市人均GDP与全国人均GDP

单位：元，%

年份	庆阳市人均GDP	全国人均GDP	庆阳市人均GDP/全国人均GDP
2014	30087	46912	64.13
2015	27366	49922	54.82
2016	26734	53783	49.71
2017	26031	59592	43.68
2018	31312	65534	47.78
2019	32690	70078	46.65
2020	34593	71828	48.16
2021	40810	81370	50.15
2022	47351	85310	55.50
2023	51289	89358	57.40

3. 绿色发展水平

庆阳市积极推进资源型产业绿色转型，建立完善绿色发展机制，构建绿色产业结构，建立循环经济发展模式，大力发展生态农业、生态旅游业、大数据、"互联网+"等新兴绿色产业和第三产业，提升经济绿化度，推进经济多元化发展，减少区域经济对资源型产业的过度依赖，避免经济发展出现"大起大落"，实现资源开发与经济社会的绿色、均衡、可持续发展。大力弘扬"南梁精神"，始终把"生态立市、生态强市"作为经济社会发展工作的重中之重，认真贯彻党中央、国务院和省委、省政府关于水土保持和生态文明建设的决策部署，立足生态现状、聚焦生态短板、坚持生态优先，以创建山清水秀自然生态、打造黄土高原生

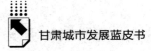

态安全屏障为目标，抢抓各项政策机遇，带领群众攻坚克难抓实干，全市生态环境明显改善。

（1）污染排放情况

废水、废气和固体废弃物是污染的三大来源，通常将单位 GDP 废水排放量、工业二氧化硫排放量和工业固体废物产生量作为衡量城市污染排放情况的指标。具体来看，2014～2020 年，庆阳市单位 GDP 废水排放量从 3300.88 万吨持续增长至 3650.00 万吨。2014～2022 年，庆阳市工业二氧化硫排放量从 0.62 万吨波动下降至 0.09 万吨；工业固体废物产生量从 16.72 万吨波动增长至 36.53 万吨。以上数据反映了庆阳市在节能减排方面仍须加大工作力度。

（2）污染治理情况

通过对工业固体废物综合利用率和生活垃圾无害化处理率进行分析，得到 2014～2023 年庆阳市污染治理情况（见表3）。2017～2023 年，庆阳市生活垃圾无害化处理率保持 100%；2014～2016 年及 2018～2023 年，庆阳市工业固体废物综合利用率均维持在 90% 以上。以上数据表明，庆阳市工业固体废物综合利用水平和生活垃圾无害化处理水平均较高。

表 3　2014～2023 年庆阳市污染治理情况

单位：%

年份	工业固体废物综合利用率	生活垃圾无害化处理率
2014	98.57	97.26
2015	97.57	97.40
2016	100.00	97.63
2017	88.75	100.00
2018	90.30	100.00
2019	90.30	100.00
2020	96.15	100.00
2021	98.52	100.00
2022	96.63	100.00
2023	95.51	100.00

（3）绿色环境情况

通过对建成区绿化覆盖率和绿地面积覆盖率进行分析，得到 2014~2023 年庆阳市绿色环境情况（见表 4）。建成区绿化覆盖率和绿地面积覆盖率虽有波动，但总体呈现上升趋势。建成区绿化覆盖率由 2014 年的 29.65% 上升到 2023 年的 33.62%，绿地面积覆盖率由 2014 年的 33.36% 上升到 2023 年的 35.81%。

表 4   2014~2023 年庆阳市绿色环境情况

单位：%

年份	建成区绿化覆盖率	绿地面积覆盖率
2014	29.65	33.36
2015	29.90	29.90
2016	29.14	30.42
2017	28.00	31.90
2018	30.05	32.04
2019	31.08	34.31
2020	32.69	34.50
2021	33.38	35.18
2022	33.05	35.25
2023	33.62	35.81

4. 开放发展水平

庆阳市坚持实施更大范围、更宽领域、更深层次对外开放，塑造开放发展新优势，全面提升对外开放水平。深度融入关中平原城市群，借助西安的国际知名度和影响力，与天水、平凉、咸阳、宝鸡等周边城市紧密合作，实现基础设施互联互通、生态环境共建共治、主要产业协同发展、公共服务共建共享、重大项目统筹布局。

2014~2023 年，庆阳市旅游人数总体呈现上升趋势，具体分为两个阶段（见图 5）。第一个阶段为 2014~2019 年，庆阳市旅游人数虽然在 2017 年出现小幅下滑，但总体呈现上升趋势；第二个阶段是 2020~2023 年，受外部环境影响，庆阳市旅游人数出现一定下滑，但于 2023 年迅速恢复并创下历史新高，达到 2113 万人次。以上数据表明，庆阳市努力提高城市知名度，大力发展旅游业，推动城市产业转型，提升城市对外开放水平。

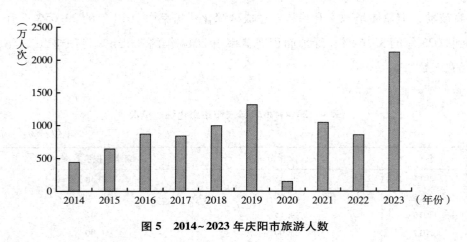

图 5　2014~2023 年庆阳市旅游人数

5. 共享发展水平

人人共建、人人共享是经济社会发展的理想状态。庆阳市坚持多元融合、共建共享的发展理念，充分发挥各行各业优势，把新时代文明实践工作与党建、法治、文体、健康、教育等工作全面融合，推动社会各方共享发展成果。

（1）经济成果共享情况

通过对人均 GDP 和人均社会消费品零售额进行分析，得到庆阳市经济成果共享情况（见图 6）。2014~2023 年，庆阳市人均 GDP 呈现先降后升的趋势，2017 年达到低点 26031 元，随后上升幅度明显，2023 年达到 51289元，较 2014 年增长超过 70%。人均社会消费品零售额则呈现先升后降再升的趋势，2014~2018 年人均社会消费品零售额由 8415 元上升到 11190 元，2019 年降至 7996 元，2020~2023 年重新呈现上升趋势，2023 年人均社会消费品零售额为 9678 元。

（2）社会保障情况

通过对每万人口医生数、万人卫生机构床位数和普通中小学师生比进行

图6 2014~2023年庆阳市人均GDP和人均社会消费品零售额

分析，得到2014~2023年庆阳市社会保障情况，如表5所示。2014~2023年，庆阳市每万人口医生数和万人卫生机构床位数均呈现显著上升趋势，每万人口医生数由2014年的39.46人增加到2023年的76.76人，增幅约为95%；万人卫生机构床位数由2014年的37.34个增加到2023年的74.39个，增幅约为99%。普通中小学师生比总体较为稳定，基本能够保证每8~9个学生1名老师。

表5 2014~2023年庆阳市社会保障情况

单位：人，个

年份	每万人口医生数	万人卫生机构床位数	普通中小学师生比
2014	39.46	37.34	0.09
2015	41.13	40.19	0.09
2016	42.07	42.02	0.08
2017	43.06	45.44	0.08
2018	45.31	49.90	0.08
2019	59.37	57.32	0.09
2020	66.16	63.17	0.08
2021	71.92	66.76	0.08
2022	74.84	70.63	0.08
2023	76.76	74.39	0.08

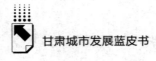

（3）基础设施建设情况

通过对人均道路面积、人均公园绿地面积和燃气普及率进行分析，得到2014~2022 年庆阳市基础设施建设情况，如表6 所示。2014~2022 年，庆阳市人均道路面积、人均公园绿地面积和燃气普及率总体呈现上升趋势，人均道路面积 2021 年最大，为 33.46 平方米；人均公园绿地面积 2022 年最大，为 13.70 平方米；燃气普及率 2021 年最高，为 95.54%。具体来看，人均道路面积在 2020 年及以前增长较缓，2021 年实现跳跃式增长，由 2020 年的17.01 平方米增长到 33.46 平方米；人均绿地面积在 2018 年实现跳跃式增长，由 2017 年的 7.24 平方米增长到 11.80 平方米；燃气普及率呈现一定程度的波动变化，2019 年及之后保持在 90%以上。

表6　2014~2022 年庆阳市基础设施建设情况

单位：平方米，%

年份	人均道路面积	人均公园绿地面积	燃气普及率
2014	15.26	7.00	85.00
2015	15.96	7.33	88.30
2016	16.00	7.48	90.03
2017	16.18	7.24	89.48
2018	16.86	11.80	89.31
2019	16.94	11.79	91.43
2020	17.01	12.37	95.48
2021	33.46	13.69	95.54
2022	33.10	13.70	92.81

注：2023 年数据暂缺。

三　庆阳市发展中存在的问题

（一）创新驱动发展能力不足

全社会缺乏创新理念和氛围，市民价值观比较保守，工商业经营过程中追求稳定，创新创业氛围不浓厚。R&D 经费投入强度仍有提升空间，创新驱动发展能力亟须增强。经济结构不协调，特色农业受耕地红线约束发展空间较小，消费受中心城市虹吸效应影响，传统服务业增长缓慢。

（二）协调发展水平有待提升

城乡居民收入差距仍然较大，城乡消费水平仍须进一步均衡。这可能是因为庆阳市重工业较为发达，而重工业主要布局在城镇，农村建设发展仍然滞后，乡村振兴战略实施力度仍须加大。

从2014~2023年庆阳市三产占比来看（见图7），庆阳市产业发展处于工业化阶段，第二产业占比最高，截至2023年仍然超过50%，是庆阳市的主导产业。庆阳市第一产业占比一直维持在12%左右，较为稳定；第二产业占比先降低后升高，第三产业占比先升高后降低，可能的原因是庆阳市第二产业经历了转型升级，由高污染、高耗能的重工业向清洁绿色的创新产业转型，但城市服务业仍然处于一个较低水平，尚不能满足区域性中心城市建设需求。

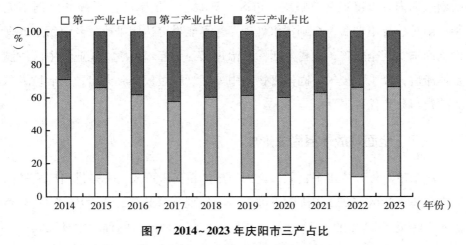

图7 2014~2023年庆阳市三产占比

资料来源：历年《庆阳市国民经济和社会发展统计公报》《庆阳统计年鉴》。

（三）环境治理压力仍然较大

庆阳市地处鄂尔多斯盆地西南部能源金三角地带，蕴藏着储量丰富的石油、煤炭、天然气等矿产资源，这为庆阳市建设国家级大型能源化工基地提供了坚实的物质基础。但是近年来，以资源开采为主导的经济增长模式导致资源过度消耗和生态环境质量下降，油气资源产业的发展给本已脆弱的生态环境造成了新的压力，各县区均存在不同程度的水土流失、水资源匮乏、水土污染等生态环境问题。庆阳市两条主要的用水河流马莲河和蒲河均被不同程度地污染，这一状况造成庆阳市在资源性缺水的基础上出现水质性缺水，水资源短缺成为庆阳市经济社会发展的瓶颈。

具体来看，随着石油化工、煤电煤化工等重点工业项目的实施，庆阳市降碳空间被进一步压缩，完成"十四五"时期主要污染物减排和碳排放强度下降目标形势较为严峻。资源开发造成的环境污染问题依然突出，油区地下水污染、土壤污染等问题尚未得到有效解决，加之油区老旧管线长、风险隐患点多，突发环境污染事件频次高，空气质量提升空间越来越小。马莲河、蒲河等主要河流枯水期超标问题依然存在，特别是地质因素造成的超标问题短期内难以得到有效解决。市区、县城、乡镇生活污水配套管网不完善，雨污分流不彻底，个别污水处理厂还不能稳定达标排放，乡镇污水处理设施尚未实现全覆盖，农村生活污水治理仍处于起步阶段。工业集中区建设整体滞后，废水、废气、固体废物集中处理设施短板十分突出，生活垃圾源头减量与分类任务艰巨。

（四）全面开放体系尚未形成

庆阳市对外开放水平较低，全面开放体系尚未形成。一是进出口额呈现下降趋势，2014~2022 年庆阳市进出口额呈现下降趋势，由 2014 年的 4.45 亿元下降至 2022 年的 1.33 亿元。二是庆阳市向西开放的程度相对较低，外向型经济规模较小，缺乏具有国际竞争力的外向型产业集群和龙头企业，产品在国际市场上的份额和影响力有限，难以形成强大的对外开放动力。

（五）生活质量和发展能力有待提升

庆阳市建成区承载压力较大，可能导致基础设施超负荷运行、交通拥堵、公共服务资源紧张等问题。建成区绿地面积为 1300 公顷，仅占全省的 4.06%，表明绿地覆盖率不足，可能加剧热岛效应、空气污染等，影响居民生活质量和城市可持续发展能力。

四 庆阳市高质量发展的对策建议

庆阳市在推进高质量发展的过程中，要积极提升自身能级，同时增强带动区域发展的力量，发挥并巩固区域性中心城市的核心功能。

（一）坚持创新驱动，打造高质量发展动力引擎

加快庆阳国家农业科技园区建设。加大农业现代化技术研发与引进推广力度，集成应用设施化、机械化、智能化、数字化等现代手段和技术装备，建设现代丝路寒旱农业先行区和科技产业孵化示范区。积极打造政产学研用协同发展创新平台，加快推进各类研究机构、测试检验中心、乡村振兴发展研究院、现代农业产业科技创新中心建设，培育"引繁推""产加销"一体化科技型企业。健全新型农业科技服务体系，建设科技金融、农业信息、品牌创新等公共服务平台，创新农技推广服务方式，支持科技成果转化、应用和示范。聚焦特种材料、能源消纳、大数据、石油化工、农产品加工等领域，以庆阳石化、金山云、华为大数据中心、海升苹果、中盛肉羊、早胜肉牛、正大生猪和圣越肉鸡等为主体，建设科学研究基地和产业技术研发中心。支持大型龙头企业联合陇东学院等市内外高校和科研院所创建国家级、省级重点实验室及工程研究中心和技术创新中心，面向特定行业和产业需求，开展关键技术攻关、产品研发、成果转化及应用示范。构建多元创新创业服务平台。立足产业技术需求，依托国家级、省级农业科技园区及省级高新技术产业开发区和工业集中区，着力打造省级科技成果转移转化示范区。支持企业建立技术转移和创新创业服务平台，探索建立企业主导的创新联合体，培养特色优势产业技术服务团队，建立专业化技术服务体系。

（二）坚持统筹协调，促进乡村振兴与新型城镇化有效衔接

坚持城乡统筹协调发展。协调是发展的内生特点，解决好发展不平衡、不充分问题是协调发展的重要方面。坚持用全面的眼光看待城市发展，重点协调城市内部各个区域及城市间的长远发展。抢抓乡村振兴与新型城镇化战略机遇，建立健全城乡一体化发展体制机制，加速推动城乡间要素自由流动，提高社会均等化水平，形成以城带乡、以工促农、城乡互惠的协调发展新局面。发挥中心城镇辐射带动作用。以庆阳主城区为龙头，基于现状和空间规划，通过划定重点发展区域充分发挥带动作用，促进农村劳动力有序转移。建立以工促农发展机制，创新产业发展观念，鼓励兴办实业、打造创新高地，吸引劳动力就地就业，推动劳动力与技术之间的融合发展，形成辐射带动县域发展新格局。加大资金保障力度。建立多元、可持续的资金保障体系，进一步推进公共服务、财税等重要领域改革。加大财政资金投入力度，将重点项目纳入年度政府投资计划，保障项目实施。探索政府与社会资本合作模式，出台相关政策制度，加强与金融机构的对接，提升项目撬动能力，拓宽平台公司融资渠道。开展金融产品与服务创新，鼓励各类金融机构开展合作，逐步提高科技信贷创新产品比例。

（三）践行"两山"理念，打造黄河流域绿色发展转型示范区

对传统产业进行绿色改造。对于庆阳市来说，一方面要将油气资源开采中消耗的自然资源价值计入企业生产成本，促使企业提高自然资源开采效率，防止资源浪费，减少资源耗损；另一方面要将环境成本计入企业生产成本，对资源开发企业实施环境会计核算制度。政府部门要加强宏观调控，按照"谁开发、谁保护，谁受益、谁补偿，谁污染、谁治理，谁破坏、谁修复"的原则，监督资源开发主体履行自然资源价值补偿、生态建设和环境整治等方面的责任和义务，将企业生态环境恢复治理成本内部化，消除能源资源开发的负外部性。建立能源产业循环经济发展模式。资源型产业要坚持资源再利用、再循环的原则，利用先进的生态循环技术和设备，纵向延长产

业链，建立生态产业链，推行清洁生产，加强废物综合回收利用，减少生态足迹，实现能源产业与生态环境的和谐发展。加强生态工业园区建设，将有关联的企业建在一起，促进这些企业间物质和能源的充分循环，实现园区内废物综合回收利用，建设生态工业园区，实现能源产业链价值链一体化以及企业之间、产业之间的优势互补，降低企业生产成本，促进资源共享。

培育新兴绿色产业，增强经济发展动力。庆阳市在依靠矿产资源开发建设国家级大型能源化工基地的同时，必须大力培育非矿产资源产业，尤其是在"一带一路"背景下，最大限度地发挥本地的区位、自然、文化优势，以"和平合作、开放包容、互学互鉴、互利共赢"的精神为指引，充分利用"一带一路"生态环保合作体系及支撑与服务平台，加强与国内外相关城市、企业在绿色生产和生态建设领域的技术、人才交流与合作，加大生产技艺、生产流程以及新兴产业的创新力度，培育环保产业，努力提升环保项目的收益，积极发展大数据、人工智能、"互联网+"、生态农业、生态旅游业、文化产业以及可再生能源开发等新兴绿色产业，构建经济利益和生态环境保护双赢的绿色发展模式。

大力发展第三产业，提升经济绿化度。第三产业的绿色增长是未来经济发展方式转变的方向，相对于第一产业和第二产业，第三产业是较为绿色的产业，对生态环境影响强度较弱。因此，应充分发挥庆阳市的区位优势，借助新时代推动西部大开发以及共建"一带一路"的机遇，加强与周边区域的全方位合作，加强区域合作信息沟通与交流平台建设，积极发展绿色物流、绿色金融，打造区域信息服务中心、区域金融中心和区域物流中心。大力发展生态旅游业，实现生态保护与旅游业发展的良性互动，充分挖掘地方民俗文化特色，借助跨境电商等平台，促进地方特色文化产业发展，积极促进区域经济多元化发展。

（四）扩大对外开放，形成开放合作新优势

积极参与"一带一路"建设。实施"南联、北拓、东进、西出"开放发展战略，畅通对外开放大通道。以西部陆海新通道建设为契机，加快庆阳

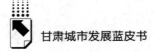

至平凉铁路、甜永高速等南向骨干通道建设，提升与渝、桂、川、黔等西南省份的联通水平，加快融入中国—中南半岛经济走廊，全面开拓东盟国家水果、中药材等出口市场。向北对接"蒙煤入甘""疆煤东运"，建立与蒙古国的贸易通道。向东加强与陇海线城市及港口的合作，对接粤港澳大湾区，推动"引进来"和"购回来"，扩大日韩优质产品和服务进口。深度融入关中平原城市群，深化与西安国家中心城市的合作，全力推进西安科技创新成果在庆阳转移转化和产业化，积极争取西安国家自主创新示范区在庆阳设立产业科技成果中试基地。聚焦资源勘探开发、石油石化、装备制造、生物医药、信息技术等开展关键技术研发和先进技术成果应用，争取在西安建立科创飞地和创新创业孵化园。建立与西安高新技术开发区、经济技术开发区等的对接合作机制，争取西安园区在庆阳建立"飞地园"共享园""附属园"，积极承接西安医药、装备制造、农产品加工等产业转移。强化与中部地区合作。创新天津对口支援合作，继续开展多形式、多层次、多渠道的结对帮扶活动，深化就业、产业、消费、教育、医疗等领域协作。引导天津企业来庆阳投资建厂，实施庆阳初级农特产品深加工项目，在庆阳或天津建立庆阳优质农特产品销售平台。探索天津工业园区、高等院校或职业院校及科研院所与庆阳工业集中区（园区）开展结对合作，延长产业链、提升价值链，承接天津产业转移，提升产业发展层次和水平。积极承接东部地区产业转移。抢抓东部地区产业转移机遇，依托西峰、长庆桥等工业集中区，积极承接能源化工、装备制造、生物医药、农产品加工产业，推动优势主导产业延链补链强链。深化与粤港澳大湾区、京津冀、长三角、长江经济带等地区的互动协作，推进共建产业合作示范区，积极探索"总部+基地""研发+生产"等"飞地经济"模式。

（五）增进民生福祉，全民共享发展成果

建设陇东区域医疗中心，发挥区域医疗服务辐射带动作用。迁建市疾控中心、市血站、镇原县第一人民医院，加强县级医疗废物处置设施建设，改善疾控机构设施设备条件，全面提升全市医疗卫生服务能力和水平。优化医

疗卫生资源配置，健全基层卫生健康服务网络，重点提升儿科、妇产、精神卫生、中医、康复医疗、健康养老和护理等领域专科医疗服务能力。构建强大的公共卫生体系。做实基本公共卫生服务，健全疾病预防控制、妇幼保健、精神卫生、应急救治、卫生监督服务网络，完善疾控机构和城乡社区联动工作机制，稳步提高城乡基本公共卫生服务均等化水平。深化医药卫生体制改革。以区域综合医改为统揽，落实科学合理的分级诊疗制度，推动乡村医疗机构一体化管理，加快城市医联体、县域医共体建设，促进优质医疗资源下沉。落实医院经营管理自主权，探索公立医院"管办分离"的多种有效实现形式。加强"三医"联动各环节的政策衔接。健全药品供应保障制度，全面实行药品耗材集中带量采购。加快人才队伍建设，扩充全科、儿科、护理、康复、心理健康等急需紧缺人才队伍。全力推进"互联网+医疗健康"行动，围绕患者需求，积极开发各类便民应用系统，为患者提供更加便捷、周到、高效的医疗服务。积极应对人口老龄化。大力发展居家养老、机构养老，建设社区养老中心、医养结合机构和市区综合养老基地，努力构建覆盖城乡的"居家养老+社区（村）照料+机构医养+基地养老"四重体系。以市养老综合服务中心为依托，吸引社会资本投资建设集老年公寓、涉老康复护理、稳定期生活照料、安宁疗护于一体的养老服务综合体。深入推进医养结合发展，探索建立老年医养康复中心，鼓励各级医疗机构开展中医药特色养生、养老及康复服务。

B.12
定西市城市高质量发展报告

张永凯　宋贝贝*

摘　要： 2014~2023 年，定西市综合发展指数从 0.096 提升至 0.188，表明定西市综合发展水平不断提高。从具体维度来看，定西市共享、绿色、协调、创新发展指数始终高于开放发展指数，定西市需大力提升对外开放程度。未来，定西市需要进一步增加创新投入，强化资源配置，加强区域战略统筹，完善政策创新机制，强化生态监管保护，改善营商氛围环境，提升居民生活水平。

关键词： 共享发展　绿色发展　高质量发展　定西

一　定西市发展现状与特征

（一）区位条件

定西市是甘肃省人民政府批复确定的丝绸之路经济带甘肃段重要节点城市、陇中地区中心城市。截至 2023 年，全市总面积为 1.96 万平方千米，辖 1 区 6 县，分别为安定区、通渭县、陇西县、临洮县、渭源县、漳县、岷县。定西市地处中国西北地区、甘肃省中部，在黄土高原、青藏高原和西秦岭交会地带，素有"兰州门户、甘肃咽喉"之称，是"一带一路"、西部陆海新通道的重要节点城市。

---

* 张永凯，博士，兰州财经大学教授，主要研究方向为城乡规划和区域创新等；宋贝贝，兰州财经大学硕士研究生，主要研究方向为资源利用与区域发展。

（二）气候特征

定西市以渭河为界大致分为北部黄土丘陵沟壑区和南部高寒阴湿区。前者包括安定区和通渭、陇西、临洮和渭源4县，降水较少，日照充足，温差较大；后者包括漳县、岷县两县，海拔高、气温低。不同地区气候差异较大，使定西市在不同季节展现出不同的自然风光。

（三）地形地貌

定西市地形地貌比较复杂，丘陵起伏、沟壑纵横，多种地形交错。定西河谷川地、台地分属黄河、长江两个流域4个水系。

（四）自然资源概况①

一是水资源。定西市水资源整体较为短缺，人均年占有量仅为600多立方米。从地域分布来看，北部地区水资源匮乏，水质较差且含泥沙量大，而南部地区则相对丰富，水质较好且含泥沙量小。黄河流域面积占全市总面积的98.9%。

二是动植物资源。定西市动植物资源丰富、种类繁多，其中动物资源共有300余种，包括两栖类、爬行类、鸟类和哺乳类，珍稀动物如林麝、马麝、蓝马鸡等在此繁衍生息，洮河、渭河水系还查明有多种具有较高经济价值的鱼类；植物资源涵盖107个科500多个属，粮食作物、药材、油料、蔬菜、林木、花卉等广泛分布，特别是药用植物种类丰富，林木资源也较为可观，为定西市的生物多样性、药材产业发展、生态环境保护和经济发展做出了重要贡献。

三是土地资源。定西市土壤类型多样，为农业生产提供了优越条件。定西市土壤和气候条件特别适合中药材和马铃薯的生长，所产马铃薯在产量和质量上均处于一流水平，形整、质优、储存期长且淀粉含量高。

---

① 本部分资料来源：定西市人民政府官方网站。

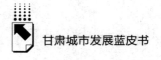

（五）人口状况①

截至 2023 年末，定西市常住人口为 248.24 万人，比上年末减少 2.34 万人，其中男性人口为 125.29 万人，女性人口为 122.95 万人。2023 年全年出生人口为 1.98 万人，人口出生率为 7.95‰；死亡人口为 2.44 万人，人口死亡率为 9.78‰；人口自然增长率为 −1.83‰。截至 2023 年末，定西市 0~15 岁人口为 50.89 万人，占全市常住人口的比重为 20.50%；16~59 岁劳动年龄人口为 148.28 万人，占全市常住人口的比重为 59.73%；60 岁及以上人口为 49.08 万人，占全市常住人口的比重为 19.77%。城镇常住人口为 102.91 万人，比上年末增加 1.92 万人；乡村常住人口为 145.33 万人，比上年末减少 4.26 万人；城镇常住人口占全市常住人口的比重（城镇化率）为 41.46%，比上年末提高 1.16 个百分点。定西市近年来面临较为严重的人口外流问题，特别是 2020 年常住人口大幅减少，2020~2023 年呈持续减少趋势（见图 1）。

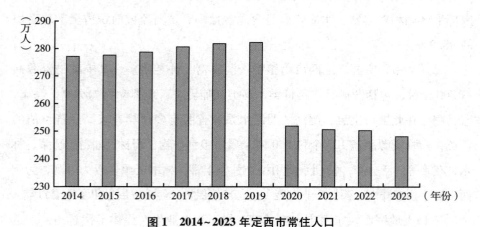

图 1　2014~2023 年定西市常住人口

---

①　本部分资料来源：定西市人民政府官方网站。

（六）经济发展①

定西市经济呈现良好的发展态势，2014~2023 年定西市 GDP 呈总体增长态势（见图2）。2023 年，定西市实现 GDP 600.1 亿元，同比增长 6.6%，其中第一、第二、第三产业增加值分别增长 5.5%、11.0%、5.9%，产业结构为 20.6∶17.6∶61.8，对经济增长的贡献率分别为 16.9%、26.4%、56.7%；人均 GDP 为 24061 元，比上年增长 7.1%。居民消费价格比上年下降 0.2%。其中，其他用品和服务类价格上涨 1.6%，衣着类价格上涨 1.4%，教育文化和娱乐类价格上涨 0.3%，医疗保健类价格上涨 0.1%，交通和通信类价格下降 1.8%，居住类价格下降 0.4%，食品烟酒类价格下降 0.2%，生活用品及服务类价格下降 0.1%。固定资产投资项目达 1148 个，投资额增长 12.5%，其中第一、第二、第三产业投资分别增长 36.9%、16.2%、9.7%，民间固定资产投资下降 5.5%，基础设施投资增长 19.5%。一般公共预算收入为 32.60 亿元，增长 9.6%（剔除一次性增值税留抵退税）。其中，税收收入为 16.52 亿元，占一般公共预算收入的比重为 50.7%；非税收入为 16.08 亿元，占一般公共预算收入的比重为 49.3%。一般公共预算支出为 334.9 亿元，增长 7.0%。其中，农林水支出为 80.07 亿元，增长 9.0%；教育支出为 65.71 亿元，增长 0.4%；社会保障和就业支出为 46.65 亿元，增长 15.3%。

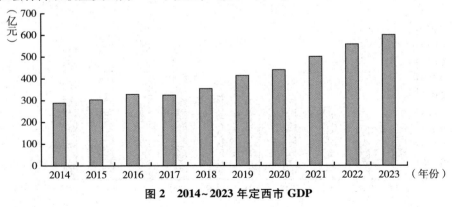

图 2　2014~2023 年定西市 GDP

---

① 本部分资料来源：定西市人民政府官方网站。

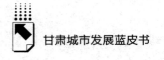

二 定西市高质量发展水平分析

（一）创新发展水平

本报告针对定西市的创新发展水平，从创新投入、创新成效及创新潜力三大维度入手，用以下 8 个关键指标进行衡量：R&D 经费投入∕GDP、人均国家财政性教育费投入、教育支出占一般公共预算比例、科学技术支出占 GDP 的比例、万人专利申请受理量、万人专利授权量、万人拥有高校专任教师数以及万人拥有普通高校在校生数。为确保客观性和准确性，采用熵权法计算创新指标权重。

2014~2023 年定西市创新发展指数如图 3 所示。2014 年创新发展指数（0.013）相对较低，创新发展还处于起步阶段。2014~2019 年，创新发展指数整体呈现上升趋势，2019 年达到 0.024，说明这一阶段定西市的创新能力得到较大的提升。2020 年，创新发展指数出现了跳跃式提升，达到 0.037，说明这一阶段定西市的创新能力有了质的飞跃。2021 年创新发展指数（0.046）达到 2014 年以来的最高点，但 2022 年、2023 年连续下降，表明定西市在创新能力提升方面遇到了一些瓶颈。定西市未来需要继续加大创新投入力度，优化创新环境，以进一步提升创新能力并应对可能出现的挑战。

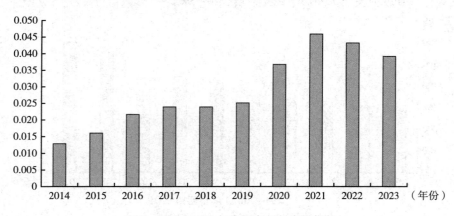

图 3 2014~2023 年定西市创新发展指数

资料来源：笔者计算。

（二）协调发展水平

本报告选取农村居民收入/城镇居民收入、农村居民消费/城镇居民消费、常住人口城镇化率、人均 GDP/全国人均 GDP、居民人均消费支出/全国居民人均消费支出以及产业结构高级化指数 6 个关键指标衡量定西市协调发展水平。通过熵权法计算指标权重，权重的高低直接反映了协调发展水平的高低，权重越高表明发展越协调。

如图 4 所示，定西市的协调发展指数从 2014 年的 0.019 提升至 2023 年的 0.038，总体呈现明显的上升趋势。这表明定西市在城乡、地区和产业结构协调方面取得显著的进步。在阶段性特征方面，2014~2018 年，协调发展指数提升速度逐渐加快，反映了定西市在推动协调发展方面的持续努力。2019 年，协调发展指数实现了较大幅度的跃升，可能得益于更为有力的政策措施或显著的改革成效。从 2020 年起，协调发展指数在 0.038~0.039 波动，表明定西市在协调发展方面可能遇到挑战，需要进一步加大投入和改革力度。为了突破当前的发展困境，实现更高水平的协调发展，定西市需要继续深化城乡、地区和产业结构的改革与调整，加大政策支持和投入力度，推动经济社会的全面进步。

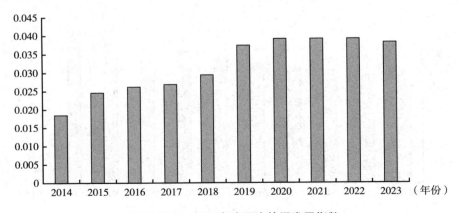

图 4　2014~2023 年定西市协调发展指数

资料来源：笔者计算。

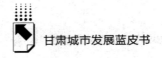

（三）绿色发展水平

依据绿色发展理论，本报告选定以下指标来衡量定西市的绿色发展水平：单位 GDP 废水排放、单位 GDP 废气排放、单位 GDP 固体废物排放、工业固体废物综合利用率、生活垃圾无害化处理率、绿地面积覆盖率、空气质量二级以上天数占比、建成区绿化覆盖率以及亿元地区生产总值安全事故死亡率。这些指标涵盖了污染排放、污染治理、绿色环境及安全生产维度。

如图 5 所示，定西市绿色发展指数从 2014 年的 0.031 攀升至 2023 年的 0.042，表明定西市在绿色发展方面取得持续进步。具体来看，2015 年相较于 2014 年出现了轻微回落，2019~2021 年小幅波动，这些变化可能源于政策调整、经济发展波动及环境治理力度变化等多重复杂因素的影响。2021~2023 年，绿色发展指数持续提升，彰显了定西市在绿色发展领域所采取的举措与投入已初见成效，绿色转型步伐明显加快。综上所述，定西市绿色发展取得令人瞩目的成绩，但仍需审慎应对波动，持续加大投入力度，并不断优化绿色发展策略，以期在未来进一步推动绿色发展水平的全面提升。

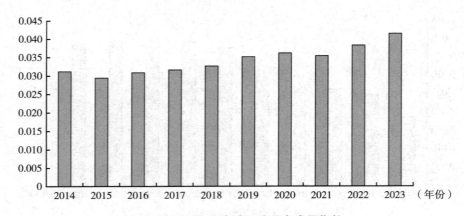

图 5　2014~2023 年定西市绿色发展指数

资料来源：笔者计算。

（四）开放发展水平

根据开放发展理论，本报告从外贸和旅游两个维度入手选择外贸依存度和年旅游人数作为定西市开放发展水平的衡量指标。

如图 6 所示，定西市的开放发展指数在 2014~2023 年呈现波动下降趋势。具体而言，从 2014 年的 0.009 下降至 2018 年的 0.003。2019~2022 年稳定在 0.004~0.005，2023 年达到 0.007，为 2015 年以来的最高点。这表明定西市在对外贸易和旅游方面的开放程度较为稳定。

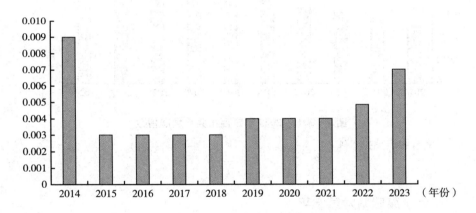

图 6　2014~2023 年定西市开放发展指数

资料来源：笔者计算。

（五）共享发展水平

根据共享发展理论，本报告从经济成果、社会保障和基础设施 3 个方面入手，选择人均 GDP、人均社会消费品零售额、每万人口医生数、万人卫生机构床位数、普通中小学师生比、人均受教育年限、人均道路面积、人均公园绿地面积、燃气普及率作为定西市共享发展水平的衡量指标。

如图 7 所示，定西市的共享发展指数在 2014~2023 年呈现持续上升的趋势。2014 年为 0.024，之后稳步增长至 2023 年的 0.061，增长了 1.5 倍。这表明定西市在资源分配、社会服务等方面不断改善，共享发展成果日益显著，经济社会发展的均衡性和包容性不断增强。

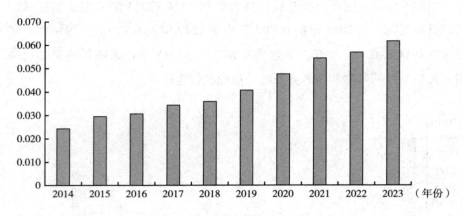

图 7　2014~2023 年定西市共享发展指数

资料来源：笔者计算。

（六）高质量发展水平

根据高质量发展理论，本报告将创新发展指数、协调发展指数、绿色发展指数、开放发展指数、共享发展指数相加，得到定西市综合发展指数。

如图 8 所示，定西市综合发展指数在 2014~2023 年呈现稳步上升的趋势，从 2014 年的 0.096 逐年提升至 2023 年的 0.188。这表明定西市综合发展水平不断提高。如图 9 所示，定西市共享、绿色、协调、创新发展指数始终高于开放发展指数，说明定西市需大力提升对外开放水平。

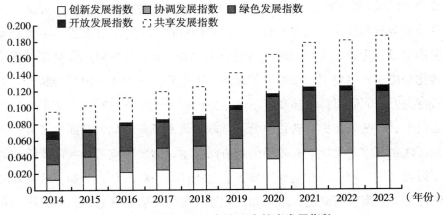

图 8　2014~2023 年定西市综合发展指数

资料来源：笔者计算。

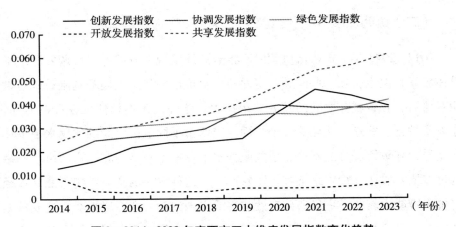

图 9　2014~2023 年定西市五大维度发展指数变化趋势

资料来源：笔者计算。

三　定西市发展中存在的问题

（一）创新发展

2014~2023 年，定西市创新发展指数整体呈现波动趋势，特别是在

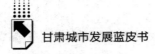

2022 年和 2023 年出现了下降。定西市创新发展基础相对薄弱，在资金、人才、技术等创新资源的配置上存在一定的局限性。例如，资金投入不足导致研发活动难以为继，人才短缺制约创新能力的提升，技术落后限制创新成果的转化和应用。尽管定西市在近年来加大了创新投入力度，但其创新能力仍然有待提升，问题具体表现在以下几个方面：一是缺乏具有自主知识产权的核心技术；二是创新成果转化率低，难以将研发成果转化为实际生产力；三是创新体系不完善，缺乏有效的创新协同机制。创新环境是影响创新活动的重要因素之一，定西市在创新环境营造上还存在一些不足。例如，政策环境不够宽松，创新政策缺乏针对性和实效性；市场环境不够完善，创新产品和服务难以获得市场的认可和支持；文化环境不够开放包容，鼓励创新、容忍失败的社会氛围不够浓厚。

（二）协调发展

2014~2023 年，定西市协调发展指数总体呈现上升趋势，协调发展水平总体较高，但也存在一些问题。定西市农村地区的经济发展和基础设施建设相对滞后，导致城乡之间的发展差距拉大。这种差距不仅体现在经济方面，还涉及教育、医疗、文化等多个方面。定西市不同县区之间的发展水平也存在差异，导致资源分配不均、公共服务水平参差不齐等问题。定西市产业结构过度依赖农业，特别是某些特定农产品。这种单一的产业结构可能导致经济抗风险能力较弱，一旦遇到自然灾害或市场波动，会对当地经济造成较大冲击。并且，相对于农业而言，定西市的工业和服务业发展不够充分，这限制了其经济多元化和产业升级的空间。尽管定西市在近年来加强了交通基础设施建设，但偏远地区及农村地区仍面临交通不便的问题，这影响了当地居民出行和物资流通。尽管国家和定西市政府出台了一系列促进区域协调发展的政策措施，但在实际操作中可能存在落实不到位、执行力度不够等问题。

（三）绿色发展

2014~2023 年，定西市绿色发展指数总体呈上升趋势，定西市在绿色发展方面总体表现较好，但仍有不足。定西市降雨量少、生态脆弱，这对绿色发展构成了天然的限制，使定西市在推进绿化工作、改善生态环境方面面临更大的挑战。定西市存在绿化树种单一、环境景观单调等现象，不仅影响了城市的观赏性和美化效果，还可能导致病虫害的发生。在经济发展过程中，定西市的污染物排放水平相对较高，这可能是由于产业结构不够优化，存在高污染、高耗能的行业，环保设施和技术相对落后，以及污染物处理能力不足。此外，定西市工业固体废物综合利用率不高，生活垃圾无害化处理率也有待提升，安全生产监管和事故预防工作亟须加强。在推进绿色发展的同时，如何平衡生态保护与经济发展的关系是一个重要问题。定西市需要找到既能改善生态环境，又能促进经济增长的发展模式。定西市的绿色发展不仅关乎自身，还与周边地区乃至整个甘肃省的生态环境密切相关。因此，如何在区域协调发展的框架下推进绿色发展，也是一个需要思考的问题。

（四）开放发展

定西市的开放发展指数在 2014~2023 年呈现波动趋势，开放发展水平亟须提升。定西市的经济总量相对较小，县域经济发展不均衡，发展水平存在较大的差异，这导致定西市在吸引外资、扩大开放方面存在一定的困难。主导产业为马铃薯、中医药等特色农业，虽然在当地具有一定的优势，但科技含量不高、产品附加值低、市场竞争力不强。同时，工业规模较小，缺乏投资规模大、技术含量高、产业链条长的龙头骨干企业，限制了定西市在开放发展中的竞争力。相对于交通发达地区，定西市的交通基础设施仍然落后，这在一定程度上限制了其对外开放和经济发展的步伐。物流、仓储等设施不够完善，影响了定西市在吸引外资、扩大贸易等方面的能力。人才储备相对不足，尤其是高端人才、技能型人才和创新创业人才的缺乏，制约了定西市的科技创新、产业升级。企业技术水平相对较低，缺乏核心竞争力，在一定程度上影响了定西市的开放发展水平。

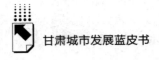

（五）共享发展

定西市的共享发展指数在 2014～2023 年呈现持续上升趋势，共享发展整体表现较好，但仍需加强。尽管定西市的经济在持续增长，但人均 GDP 相比发达地区仍然偏低，这直接限制了居民的生活水平和消费能力。在医疗卫生领域，定西市的资源分配仍呈现不均衡的状态，尤为显著地体现在一些地理位置偏远的地区。定西市的人均受教育年限维持在较低水平，这无疑制约了人力资本积累及就业市场竞争力。此外，定西市整体公共服务质量与效率有待进一步提升。部分服务流程烦琐、效率低下，降低了居民的满意度与获得感。在社会治理层面，定西市面临居民参与度不足的挑战，部分民众对社会治理的参与意识淡薄，加之社会治理过度依赖传统的行政手段与模式，缺乏创新性与灵活性，在一定程度上削弱了治理成效。虽然定西市已成立大数据管理局并下设大数据中心，但在实际运作过程中，数据共享机制尚不健全，部门间的数据壁垒仍未完全消除，这不仅影响了数据的完整性与准确性，也使数据孤岛现象难以彻底消除。

四　定西市高质量发展的对策建议

（一）创新引领强驱动

1.增加创新投入

政府应增加对科技创新的财政投入，确保科技研发投入的增长速度不低于经济增长速度。鼓励企业加大研发投入力度，通过税收减免、资金补助等方式激励企业增加研发支出。拓宽融资渠道，引导社会资本进入科技创新领域，支持创新型企业发展。实施人才强市战略，加大人才引进力度，吸引国内外高层次科技人才来定西市工作。加强人才培养，通过设立奖学金、提供实习实训机会等方式，培养更多具有创新能力的青年人才。完善人才激励机制，提高科技人才的待遇和地位，激发其创新热情。加强科技园区、孵化器、加速器等创新载体的建设，为创新型企业提供优质的创新创业环境。推动科研机构、高校与企业之间的合作，共建研发平台，实现资源共享和优势互补。加快信息化、智能化新型基础设施建设，为科技创新提供有力支撑。

2. 强化资源配置

建立完善科技创新项目评估体系，对申报的项目进行严格的筛选和评估，确保资金投入具有潜力的项目。加强对科技创新项目的监管，确保资金使用的合规性和有效性。除了加大人才引进力度外，还应注重本地人才培养和选拔，通过举办培训班、研讨会等方式提升本地人才的创新能力和水平。鼓励企业、高校和科研机构之间的人才流动和合作，促进知识的交流和共享。强化产学研合作，推动科研成果的转化和应用。设立科技成果转化基金，支持具有市场前景的科技成果转化项目。加大对知识产权的保护和管理力度，提高创新成果的商业化水平。

3. 优化创新环境

根据定西市的实际情况和发展需求，制定更加符合地方特色的创新政策。加强对创新政策的宣传和推广，确保政策的有效实施。加大市场监管和执法力度，维护公平竞争的市场秩序。鼓励创新型企业的发展，为其提供更多的市场机会和资源支持。加强科普教育和创新文化传播，提高全社会的创新意识和创新能力。鼓励再创业和再创新，营造宽容失败、鼓励创新的社会氛围。

4. 发展新质生产力

坚持以科技创新推动产业创新，扎实推进"强工业"行动，实施好研发费用加计扣除等一系列惠企政策措施，强力推动消费品以旧换新政策全面落实，加快传统产业的高端化、智能化、绿色化改造，拓展传统产业存量。

5. 加强区域合作

加强与其他地区的交流与合作，学习借鉴其他地区在科技创新方面的成功经验和实践案例。结合定西市的实际情况和发展需求，将学习到的经验转化为推动本地创新发展的具体措施，共同推动区域创新体系的建设和发展。

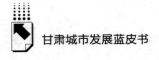

通过共建创新平台、共享创新资源等方式，实现区域创新资源的优化配置和共享利用。

（二）协调统筹促均衡

1. 加强区域战略统筹

加大对农村地区的投入力度，加强农村基础设施建设和提升公共服务水平，缩小城乡差距。推动城乡产业融合发展，鼓励城市居民到农村投资兴业，带动农村经济发展。制定差异化的区域发展政策，根据不同县区的实际情况，给予有针对性的支持和引导。此外，定西市应主动融入区域发展格局，积极参与区域合作，分享发展机遇。加强区域间的交流与合作，推动资源共享和优势互补。

2. 完善公共服务体系

加大投入力度，强化交通、水利、电力等基础设施建设，提高城乡基础设施水平。加强教育、医疗、文化等公共服务设施建设，提高公共服务水平，满足人民群众多样化需求。推动优质教育资源和医疗资源向农村地区倾斜，缩小城乡公共服务差距。加强就业服务体系建设，提供职业技能培训、创业指导等服务，促进城乡居民就业创业。

3. 推动产业融合发展

依托定西市的资源禀赋和产业基础，发展马铃薯、中医药、畜牧、蔬菜等特色产业，形成产业集群效应。注重产业链的延伸和升级，如生物医药、食品智能化加工等，提高产品附加值和市场竞争力。积极引进和培育新兴产业，如新能源、新材料等，形成多元化的产业结构，降低经济风险。

4. 完善政策创新机制

建立健全政策落实监督和考核机制，确保各项政策措施落到实处。加强对政策执行情况的评估和反馈，及时调整和完善政策措施。探索建立区域协调发展新机制和新模式，如区域合作联盟、产业协作平台等。加强与政府、企业和社会各界的沟通与协作，形成推动区域协调发展的合力。

（三）绿色发展寻转型

1. 扩大绿化造林面积

与浙江金华、福建福州、山东青岛等地开展协作，共同推进生态造林项目。组织全民参与义务植树活动，通过植树造林美化环境、提升生态质量。加大力度实施城市绿化项目，建设更多城市公园，形成总量适宜、布局合理、植物多样、景观优美的城市绿地生态系统。

2. 推动生态产业发展

推动中医药产业、循环农业、文化旅游业等生态产业进一步发展，强化跟踪调度、项目建设、政策服务、督导考核等保障措施，以推动生态产业的健康发展。积极发展清洁能源产业，如太阳能、风能等，以减少对化石能源的依赖。推动节能环保产业发展，通过推广节能技术和产品提高能源利用效率，减少环境污染。

3. 强化生态监管保护

建立"河长制""湖长制"，通过定期巡逻等措施，持续改善河湖面貌。提升河湖管护的智能化、信息化水平，优化智慧河湖综合管理平台，通过视频监控等手段，加强河湖水域岸线管控。

4. 净化空气降低污染

对工业污染进行严格的治理，通过加强环保监管、推广清洁生产技术等措施，减少工业污染物的排放。积极倡导绿色出行方式，如骑行、步行等，减少机动车尾气排放对空气质量的影响。通过宣传教育推广绿色生活方式，增强市民的环保意识。

5. 完善绿色发展政策

落实《定西市推动城乡建设绿色发展实施意见》，明确绿色发展指导思想、总体目标、重点任务和组织实施等方面的内容，为绿色发展提供有力的政策保障。坚持绿色发展理念，加强生态环境保护与治理工作，推动经济社会的可持续发展。

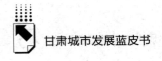

（四）开放联系拓合作

1.加强基础设施建设

完善交通网络，提升公路、铁路等交通基础设施的质量和通达性，特别是加强与周边地区的交通联系，降低物流成本，提高区域竞争力。加快现代物流园区建设，提升仓储、配送等物流服务水平，吸引更多企业和商家来定西市投资兴业。

2.提升对外开放水平

积极开拓国际市场，扩大对外贸易规模，提高出口产品质量和附加值，同时加强进口管理，优化进口结构。积极参与国际和区域经贸合作，加强与周边国家和地区的经济联系和互动，推动形成更高水平的开放型经济新体制。

3.改善营商氛围环境

进一步简化企业注册、项目审批等流程，提高行政效率，降低企业成本。出台更多支持企业发展的政策措施，如税收减免、资金补贴等，增强企业竞争力。加强政府服务窗口和在线服务平台的建设和管理，提高服务质量，为企业提供更加便捷、高效的服务。

（五）成果共享助普惠

1.提升居民生活水平

通过发展特色农业、扶持小微企业、鼓励创新创业等方式，提高人均GDP，从而提升居民的生活水平和消费能力。加大对高科技产业、现代服务业的支持力度，提高产业附加值，为居民提供更多高质量的就业机会。

2.均衡分配医疗资源

政府应加大对偏远地区医疗设施建设的财政投入力度，用于新建或扩建乡镇卫生院、村卫生室等基础设施，并引入先进的医疗设备以提升基层医疗机构诊断能力，同时加强日常维护和更新。此外，加大对基层医护人员的培训力度，鼓励医学专家到偏远地区服务，优化科室设置和人员配置，以提高基层医疗服务能力。为确保医疗资源均衡分布，应制定科学的规划，建立健全调配机制，并加强监测评估。同时，利用信息化手段建立区域医疗信息共享平台，推广远程医疗服务。

3. 鼓励居民参与治理

组织各类社区活动，加强居民之间的互动和联系，提高居民的社区归属感。定期召开居民会议，听取居民的意见和建议，让居民参与社区治理的决策过程，提升治理的民主性和透明度。鼓励居民参与志愿服务活动，如社区清洁、扶贫帮困等，通过实际行动提升居民的责任感和奉献精神。通过建立社区信息平台、社交媒体群组等方式，及时发布社区信息，收集居民反馈，为居民提供更加便捷、高效的参与渠道。

4. 强化数据共享交换

制定统一的数据标准和规范，确保各部门在数据采集、存储、处理等方面的标准一致，便于数据的交换和共享。建立数据共享平台，依托云计算、大数据等技术，搭建跨部门的数据共享平台，实现数据的集中存储和统一管理，为各部门提供便捷的数据访问服务。加强数据安全管理，在数据共享过程中，注重数据的安全性和隐私保护，制定完善数据安全管理制度，防止数据泄露和滥用。建立健全数据共享机制，加大对信息化基础设施的投入力度，实现社会治理现代化，提升政府服务效能。打破部门间的数据壁垒，促进数据的全面共享和有效利用，为政府决策提供更加科学、精准的数据支持。

B.13
陇南市城市高质量发展报告

马利邦*

摘 要: 2014~2023 年,陇南市综合发展指数呈逐年上升趋势,从 0.059 提升至 0.149,提升了约 153%。从各维度来看,陇南市创新发展指数呈波动上升趋势,由 0.011 提升至 0.023;协调发展指数呈波动上升趋势,由 0.017 提升至 0.032;绿色发展指数小幅提升,由 0.020 提升至 0.029;开放发展指数由 0.003 提升至 0.013;共享发展指数呈逐年上升趋势,由 0.007 提升至 0.051。总体来看,陇南市面临产业结构单一,人才、资金及技术不足,生态环境脆弱等问题,需要采取优化产业结构,扩充人才、资金及技术资源,加强生态环境保护等措施进一步推动高质量发展。

关键词: 开放发展 高质量发展 陇南

一 陇南市发展现状与特征

陇南市位于甘肃省东南部、甘陕川"金三角"地带,是甘肃唯一全境属于长江流域的地区,全市辖 1 区 8 县 199 个乡镇(街道),总面积为 2.78 万平方公里,截至 2023 年末常住人口为 234.22 万人。陇南古为"秦陇锁钥、巴蜀咽喉"之要地,今有"绿色明珠、陇上江南"之美誉,既是北方人眼中的南方,温婉而秀丽,又是南方人眼中的北方,粗犷而豪放。

---

* 马利邦,博士,西北师范大学教授,主要研究方向为城乡发展与空间规划、乡村转型与重构。

（一）陇南市经济发展现状①

1. 经济总量

近年来，陇南市在经济高质量发展方面取得积极进展。陇南市 GDP 呈现稳步增长的趋势，从 2014 年的 289.45 亿元增长至 2023 年的 602.7 亿元，反映了陇南市经济发展的强劲动力（见图 1）。陇南市人均 GDP 从 2014 年的 11214 元增长至 2023 年的 25477 元，增长了约 127%。这一增长幅度不仅体现了居民收入的普遍提高，而且体现了陇南市在促进经济发展和改善民生方面的成果。

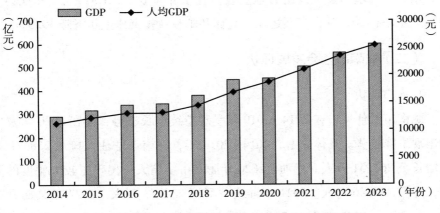

图 1　2014～2023 年陇南市 GDP 与人均 GDP 变化趋势

2. 产业结构

2023 年，陇南市实现 GDP 602.7 亿元，比上年增长 6.6%。其中，第一产业增加值为 116.0 亿元，比上年增长 6.2%；第二产业增加值为 157.4 亿元，比上年增长 8.4%；第三产业增加值为 329.3 亿元，比上年增长 6.1%。全年全市完成大口径财政收入 75.8 亿元，比上年增长 19.6%。第一、第二、第三产业增加值占全市 GDP 的比重分别为 19.2%、26.1%、54.7%。第一、

---

① 本报告数据均来源于历年《陇南市统计年鉴》，增长率数据为笔者计算。

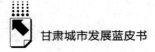

第二、第三产业对全市 GDP 的贡献率分别为 17.0%、28.9% 和 54.1%，第三产业成为经济增长的主要动力。

3. 固定资产投资

2023 年，陇南市固定资产投资比上年增长 16.2%。其中，国有投资比上年增长 13.5%，占固定资产投资的比重为 65.5%；民间投资比上年增长 41.2%，占固定资产投资的比重为 34.5%。按产业分，第一产业投资比上年下降 21.7%；第二产业投资比上年增长 50.1%，其中工业投资比上年增长 50.1%；第三产业投资比上年增长 10.5%。房地产开发投资比上年增长 8.3%，商品房销售面积比上年下降 5.9%。基础投资比上年增长 11.3%。其中，水利、环境和公共设施管理业投资比上年增长 55.5%；卫生和社会投资比上年增长 22.7%；交通运输、仓储和邮政业投资比上年下降 19.5%。

（二）陇南市社会发展现状

1. 人口现状

陇南市常住人口在 2014~2019 年呈现持续增长态势，但在 2020 年及之后出现下降趋势。具体来看，2014~2019 年，陇南市常住人口从 258.71 万人增长至 264.31 万人。然而，2020 年陇南市常住人口出现了较大幅度的下降，降至 240.46 万人。2021 年继续下降至 238.73 万人，2022 年又回升至 238.91 万人，2023 年再次下降至 234.22 万人（见图 2）。截至 2023 年末，陇南市城镇人口为 93.92 万人，占全市常住人口的比重（城镇化率）为 40.10%，比上年末提高 1.61 个百分点。全市出生人口为 1.87 万人，出生率为 7.89‰；死亡人口为 2.46 万人，死亡率为 10.39‰；人口自然增长率为 -2.50‰。

2. 社会保障

2023 年，陇南市发放失业保险 222 人，比上年下降 35.47%；城乡居民养老保险参保 1660550 人，比上年下降 0.36%；工伤保险参保 147009 人，比上年增长 5.82%。城镇最低生活保障对象有 27655 人，发放低保金 2.05 亿元；农村最低生活保障对象有 189829 人，发放低保金 8.29 亿元。民生投

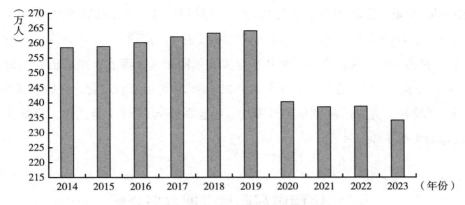

图 2 2014~2023 年陇南市常住人口

入占财政支出的比例连续多年保持在 80% 以上，每年的省市列民生实事全部办结，群众获得感和幸福感不断提升。

3. 教育与医疗情况

2023 年末，陇南市共有学校 2116 所（含教学点 671 个）、教职工 35290 人、在校学生 495046 人。学龄儿童入学率和初中入学率均达 100%。全市普通高中招生 1.85 万人，比上年增长 0.77%；初中招生 3.73 万人，比上年增长 1.82%；小学招生 3.49 万人，比上年增长 4.59%。各类普通高校在陇南市录取 20496 人，比上年增长 8.9%；各类中等职业学校招生 15504 人，比上年下降 16.8%。

2023 年末，陇南市有公立医疗卫生机构 3445 个，其中县级以上综合医院 11 个、中医院 8 个、妇幼保健机构 9 个、疾控机构 10 个、中心血站 1 个、乡镇卫生院 217 个、社区卫生服务中心 14 个、村卫生室 3172 个、卫生计生服务中心 3 个。拥有床位 21563 张、卫生人员 22335 人。

4. 交通运输

陇南市构建"一廊、一圈、两中心、多直联"综合交通网主骨架，"铁公机"立体交通网络基本形成，成为甘陕川"金三角"地带新的交通物流枢纽。

截至 2023 年，陇南市有公路 2690 条，其中普通国道 5 条、高速 4 条、普通省道 39 条、县道 49 条、乡道 182 条、村道 2411 条，通车总里程为 19468.2 公里。截至 2022 年，陇南市全面建成兰海高速（陇南段）、十天高速（陇南段）、两徽高速及成武高速，武九高速实现区间通车，高速公路总里程达到 644.8 公里，位列全省第二。陇南成县机场于 2018 年通航运营，开通航线 9 条。2022 年，完成运输起降 2904 架次，旅客吞吐量为 19.1 万人次，货邮吞吐量为 108.8 吨。

二　陇南市高质量发展水平分析

（一）创新发展水平

2014~2018 年，陇南市创新发展指数呈现上升趋势，特别是在 2018 年，增长率达到 33.33%，创新能力显著提升（见图 3）。2019~2021 年，创新发展指数有所波动，2019 年出现负增长，2020 年实现 27.78% 的正增长，2021 年创新发展指数与 2020 年持平。2022 年和 2023 年，创新发展指数分别增长 8.70% 和 -8.00%，表明陇南市在创新发展方面既有亮点，也存在一定的不足。

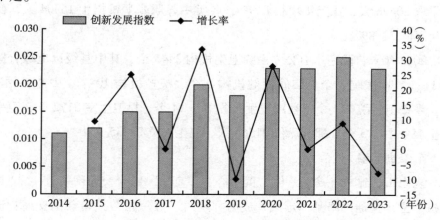

图 3　2014~2023 年陇南市创新发展指数及增长率

说明：2014 年增长率缺失。
资料来源：笔者计算。

总体来说，陇南市在创新发展方面取得了积极进展，但仍需进一步提升创新发展能力，加强创新体系建设，优化创新环境，激发创新活力。

本报告从创新投入、创新成效及创新潜力3个方面测度陇南市创新发展水平。

1. 创新投入

创新投入主要指人力与资本的投入。区域创新发展离不开创新人才，创新人才是实现创新的必要基础，是推动创新必不可少的核心资源；资本投入是实现创新的基本保障，为区域创新发展注入源源不断的动力。本报告选取R&D经费投入/GDP、人均国家财政性教育费投入、教育支出占一般公共预算比例、科学技术支出占GDP的比例4个指标分析创新投入。

陇南市在R&D经费投入方面展现出积极趋势。2014年R&D经费投入为3133万元，占全市GDP的比重为0.11%。随后几年，R&D经费投入呈波动态势。2015年R&D经费投入为2859万元，占比下降至0.09%。2016年，R&D经费投入达到4574万元，占比提升至0.13%。2017～2018年，R&D经费投入进一步增长，2018年达到5364万元，占比为0.14%。2019年，R&D经费投入达到6463万元，占比提升至0.15%。2020年，R&D经费投入大幅增加至11827万元，占比跃升至0.26%。2021年R&D经费投入有所减少，为6939万元，占比下降至0.14%。2022年R&D经费投入再次实现飞跃式增长，达到18260万元，占比显著提升至0.32%（见图4）。

在人均国家财政性教育费投入方面，2014年，陇南市投入为1119.71元。2015～2019年，增长率逐年下降，但投入持续增长，2019年达到1798.27元。2020年增长率回升至17.69%，表明陇南市政府在教育经费上加大了投入力度。然而，2021年出现了7.51%的负增长，投入降至1957.42元。2022年陇南市政府及时调整策略，投入再次提升至2120.88元，增长率为8.35%（见图5）。

在教育支出占一般公共预算比例方面，2014～2022年，陇南市教育支出整体呈上升趋势。2014年教育支出为28.97亿元，占一般公共预算比例为17.59%。此后几年，教育支出逐年增加，2016年达到38.21亿元，占比提

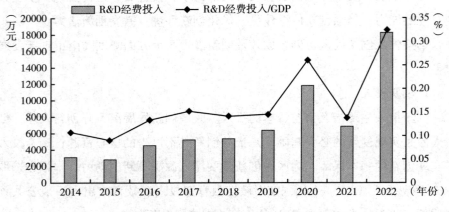

图4　2014~2022年陇南市 **R&D** 经费投入/GDP

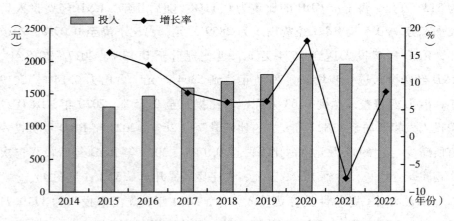

图5　2014~2022年陇南市人均国家财政性教育费投入及增长率

说明：2014年增长率缺失。

升至18.34%。2018年，教育支出占比略微下降至16.95%，但金额持续增长，达到44.46亿元。2019~2020年，教育支出继续增长，2020年达到50.89亿元，但占一般公共预算比例下降至15.13%。2021年，教育支出小幅下降至46.73亿元，但占比回升至16.20%。2022年，教育支出再次增长至50.67亿元，占比小幅下降至15.91%（见图6）。

图6　2014~2022年陇南市教育支出占一般公共预算比例

在科学技术支出占GDP的比例方面，2014~2022年陇南市科学技术支出从5671万元增长至23407万元。2014年陇南市科学技术支出占GDP的比例仅为0.20%。2017年，科学技术支出显著增长，达到8055万元，占比提升至0.24%。2018~2020年，科学技术支出持续增长，2020年达到10608万元，占比为0.23%。2021年科学技术支出增长至13570万元，占比提升至0.27%，陇南市科技创新投入进一步增加。2022年科学技术支出实现了跨越式增长，达到23407万元，占比显著提升至0.42%（见图7）。

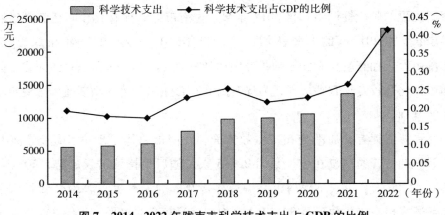

图7　2014~2022年陇南市科学技术支出占GDP的比例

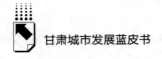

2. 创新成效

创新成效能较为直观地反映一个地区的技术创新成果，衡量指标主要包括万人专利授权量与万人专利申请受理量。专利具有与创新活动关联度高、数据易获得的优势，并且能较为全面地反映各区域的创新情况。

在万人专利申请受理量方面，陇南市呈现波动趋势。2014 年万人专利申请受理量为 1.02 件，2017 年下降至 0.42 件，2018 年提升至 3.20 件，陇南市在科技创新方面的努力取得明显成效，创新活力得到激发。2019 年，万人专利申请受理量为 1.67 件。

在万人专利授权量方面，陇南市同样呈现波动趋势。2017 年为 0.49 件，2018 年提升至 1.70 件，2019 年下降至 0.90 件，2020 年增长至 1.68 件，2021 年达到 2.46 件，创历史新高。2022 年和 2023 年分别为 1.72 件和 1.58 件。

3. 创新潜力

创新潜力能够反映一个地区当前的发展水平，还能预测发展前景，对于推动经济高质量发展具有重要的战略指导意义。万人拥有高校专任教师数是衡量一个地区教育资源的重要指标，反映了该地区高等教育的发展水平。万人拥有普通高校在校生数是衡量一个地区人才培养规模的重要指标。本报告选取以上两个指标分析陇南市的创新潜力。

在万人拥有高校专任教师数方面，陇南市总体呈现增长趋势。2014 年万人拥有高校专任教师数为 1.73 人，2015~2016 年有所减少，显示出教育资源配置的阶段性调整。自 2017 年起，陇南市万人拥有高校专任教师数稳步增长，由 2017 年的 1.45 人增长至 2020 年的 1.91 人。2021 年和 2022 年，陇南市万人拥有高校专任教师数分别达到 2.09 人和 2.23 人。总体而言，陇南市强化高校专任教师培养，为提升高等教育质量和培养高素质人才奠定了坚实基础。

在万人拥有普通高校在校生数方面，陇南市总体呈现增长趋势。2014 年万人拥有普通高校在校生数为 22.15 人，随后呈持续增长趋势，2021 年达到 44.66 人，反映了陇南市高等教育普及率的显著提高。2022 年万人拥有普通高校在校生数降至 39.17 人，但仍处于较高的水平（见图 8）。

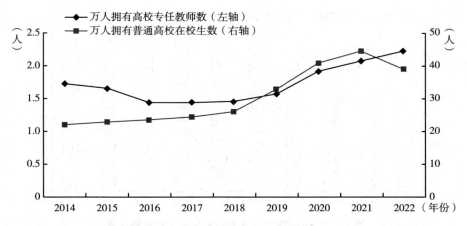

图8 2014~2022年陇南市万人拥有高校专任教师数和万人拥有普通高校在校生数

（二）协调发展水平

陇南市协调发展指数在2014~2023年整体呈现增长趋势，增长率呈现波动趋势（见图9）。协调发展指数由2014年的0.017提升至2015年的0.022，增长29.41%；2016年，协调发展指数达到0.024，但增长率下降至9.09%；2017~2018年，协调发展指数持续提升。2019年，协调发展指数略有下降，但2020年又恢复上升趋势，达到0.032；2021~2023年，协调发展指数较为稳定。

本报告从城乡发展、地区发展以及产业结构3个方面测度陇南市协调发展水平。

1. 城乡发展

本报告选取农村居民收入/城镇居民收入、农村居民消费/城镇居民消费以及常住人口城镇化率3个指标分析陇南市城乡发展水平。

在城乡居民收入方面，陇南市农村居民收入/城镇居民收入整体上涨。从2014年的23.67%提升至2023年的34.12%，表明陇南市在缩小城乡收入差距方面取得了显著成效。具体来看，2015年农村居民收入/城镇居民收入为28.58%，随后在2016年微降至28.57%。2017~2022年，农村居民收入/

285

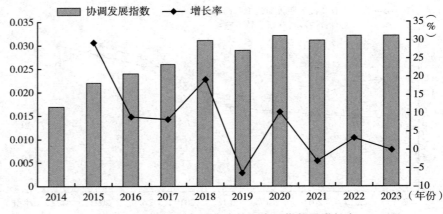

图9　2014~2023年陇南市协调发展指数及增长率

说明：2014年增长率缺失。
资料来源：笔者计算。

城镇居民收入分别为28.79%、29.48%、30.20%、31.26%、32.46%和33.49%，呈稳步增长态势。

在消费结构方面，农村居民消费/城镇居民消费从2014年的32.27%提升至2020年的52.38%，显示出农村居民消费能力的显著提升。然而，2021年和2022年略有波动，分别为53.86%和51.96%，可能与外部环境等因素有关。

陇南市的常住人口城镇化率逐年提高，从2014年的27%提升到2023年的40%（见图10），表明城镇化持续推进。

总体来看，陇南市在缩小城乡收入和消费差距、推进城镇化方面取得显著成效。通过持续的政策支持和经济社会发展的协同推进，陇南市有望在未来继续保持这一积极趋势，进一步提升城乡居民的生活质量和幸福感。

2. 地区发展

本报告选取人均GDP/全国人均GDP、居民人均消费支出/全国居民人均消费支出两个指标分析陇南市地区发展水平。

在人均GDP/全国人均GDP方面，陇南市从2014年的23.90%提升到

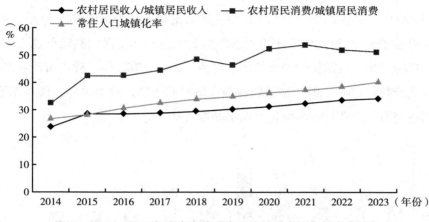

图 10　2014～2023 年陇南市协调发展中城乡发展指标变化趋势

2023 年的 28.51%，反映出陇南市经济实力的显著增强。具体来看，2014～2016 年分别为 23.90%、24.38%、24.33%，相对稳定。2017 年出现下降，降至 22.00%，但随后呈回升态势，2018～2023 年分别为 22.01%、24.07%、26.05%、25.78%、27.60%、28.51%。

在居民人均消费支出/全国居民人均消费支出方面，陇南市从 2014 年的 0.35%提升至 2020 年的 0.44%，显示出居民消费能力的增强。具体来看，2014～2016 年保持在 0.35%，2017 年微降至 0.33%，2018 年回升至 0.38%，2019～2022 年分别为 0.40%、0.44%、0.42%和 0.44%。

总体来看，陇南市在人均 GDP 和居民人均消费支出方面取得显著进步，居民生活水平稳步提升，趋势积极向好。

3. 产业结构

本报告选取产业结构高级化指数分析陇南市产业结构。2014～2023 年，陇南市产业结构高级化指数呈现波动下降趋势，从 2014 年的 2.22 下降到 2023 年的 2.09（见图 11）。具体来看，2014～2017 年，陇南市产业结构高级化指数从 2.22 逐年上升至 3.01，显示出这一阶段陇南市在产业结构优化和高级化方面取得显著进展。2018 年，陇南市产业结构高级化指数达到

2014 年来的最高点，反映出陇南市在产业结构高级化方面的持续努力。2019~2021 年，陇南市产业结构高级化指数出现波动，2019 年下降至 2.43，2020 年回升至 2.59，2021 年再次下降至 2.25。这一阶段的波动可能与外部经济环境变化、内部结构调整等因素有关。2022~2023 年，陇南市产业结构高级化指数稳定在 2.09，尽管较前期峰值有所下降，但仍保持在较高水平，表明陇南市在产业结构高级化方面不断夯实基础。

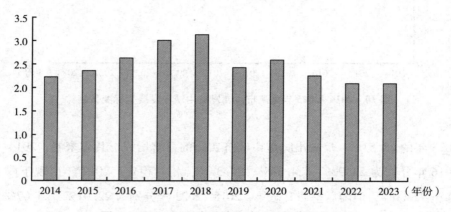

图 11　2014~2023 年陇南市产业结构高级化指数

（三）绿色发展水平

2014~2018 年，陇南市绿色发展指数呈现波动上升趋势，从 2014 年的 0.020 提升至 2018 年的 0.028，增长率为 40.00%，显示出陇南市在生态环境保护、绿色产业发展等方面取得显著成效。2019~2020 年，绿色发展指数持续提升，分别提升了 3.57% 和 10.34%。然而，2021~2023 年，绿色发展指数呈现下降趋势，表明陇南市在绿色发展方面面临一定的压力，需要进一步加强生态环境保护，推动绿色产业发展（见图 12）。

本报告从污染排放、污染治理、绿色环境及安全生产 4 个方面测度陇南市绿色发展水平。

1. 污染排放

本报告选取单位 GDP 废水排放、单位 GDP 废气排放、单位 GDP 固体

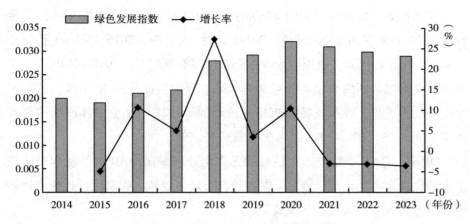

图 12　2014～2023 年陇南市绿色发展指数及增长率

说明：2014 年增长率缺失。
资料来源：笔者计算。

废物排放 3 个指标分析陇南市污染排放情况。近年来，陇南市在废水排放控制方面取得显著成效。2014 年，陇南市单位 GDP 废水排放 4067.63 万吨，随后呈下降趋势。2015 年，排放 4012.87 万吨，同比下降 1.35%，显示出减排措施开始显效。2016 年，陇南市单位 GDP 废水排放 3298.07 万吨，同比下降 17.81%。2017 年陇南市单位 GDP 废水排放小幅提升至 3490.43 万吨。2018～2020 年，陇南市单位 GDP 废水排放稳定在 1768.00 万吨。

在单位 GDP 废气排放方面，陇南市波动较大，2014 年排放 23.34 吨，2018 年下降至 6.86 吨，2019 年显著上升至 27.64 吨，2020～2022 年分别下降至 3.06 吨、2.65 吨和 2.27 吨。

在单位 GDP 固体废物排放方面，陇南市在 2014～2020 年呈现持续下降的趋势。2014 年为 2.88 吨，到 2020 年降至 0.91 吨，表明资源利用效率提高、环境负担减轻。然而，2021 年这一指标回升至 1.24 吨，并在 2022 年进一步上升至 1.74 吨，显示出环境治理工作面临挑战。

2. 污染治理

本报告选取工业固体废物综合利用率、生活垃圾无害化处理率 2 个指标分析陇南市污染治理情况。

在工业固体废物综合利用率方面，自 2014 年起，陇南市的工业固体废物综合利用率呈现波动趋势。2014 年为 23.15%，2016 年大幅下降至 1.87%。随后几年，工业固体废物综合利用率有所回升。2018~2019 年，工业固体废物综合利用率稳定在 4.30%，2020 年大幅提高至 37.16%，这可能是由于技术进步、政策支持和市场需求增加。2021 年工业固体废物综合利用率下降至 23.32%，2022 年再次下降至 17.69%。

2016~2021 年，陇南市生活垃圾无害化处理率保持 100%。陇南市实现了生活垃圾无害化处理全覆盖，在加强城市环境管理、提高生活垃圾处理能力和服务质量方面取得显著成效。

3. 绿色环境

本报告选取绿地面积覆盖率、建成区绿化覆盖率 2 个指标分析陇南市绿色环境。2014~2021 年，陇南市绿地面积覆盖率整体提升。从 8.84% 提升到了 32.42%（见图 13）。特别是 2018 年显著提升，随后趋于稳定。2014~2021 年，陇南市建成区绿化覆盖率整体提升，特别是 2018 年实现了跃升，随后趋于稳定。

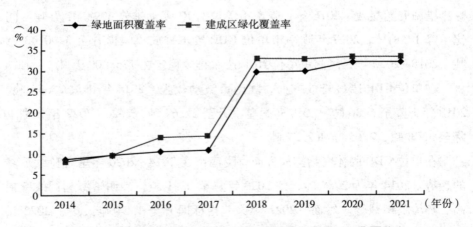

图 13　2014~2021 年陇南市绿地面积覆盖率和建成区绿化覆盖率

4. 安全生产

本报告选取亿元地区生产总值安全事故死亡率分析陇南市安全生产情

况。陇南市通过一系列政策措施和安全管理创新，有效降低了生产安全事故发生频率和损失。

陇南市在安全生产方面取得了显著成效，亿元地区生产总值安全事故死亡率整体呈现下降趋势。具体来看，2014～2019 年逐年下降；2020～2021 年略有回升，但整体上仍然保持在较低水平；2022～2023 年再次连续下降。

（四）开放发展水平

2014～2023 年，陇南市开放发展指数整体呈上升趋势，2023 年达到 2014 年来的最高点 0.013（见图 14）。本报告从外贸、旅游两个方面测度陇南市开放发展水平。

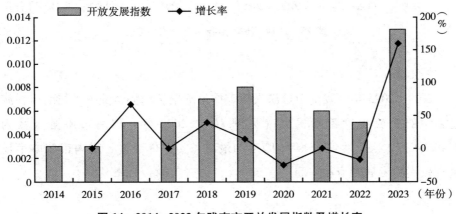

图 14　2014～2023 年陇南市开放发展指数及增长率

说明：2014 年增长率缺失。
资料来源：笔者计算。

1. 外贸

2014～2023 年，陇南市进出口额整体呈现稳步增长的趋势（见图 15）。2014～2016 年，陇南市进出口额从 1.33 亿元增长到 1.78 亿元。2017～2021 年，陇南市进出口额保持了较快的增长速度，尤其是在 2021 年，进出口额达到 2.19 亿元，比 2020 年增长了约 11.4%。2022 年更是有显著的提升，达到 2.85 亿元，显示出陇南市对外开放和外贸发展的积极成果。2023 年陇南市进出口额进一步提高至 3.90 亿元，这表明陇南市外贸水平不断提升，在构建开放型经济新体制方面取得了成效，有助于促进陇南市经济的高质量发展。

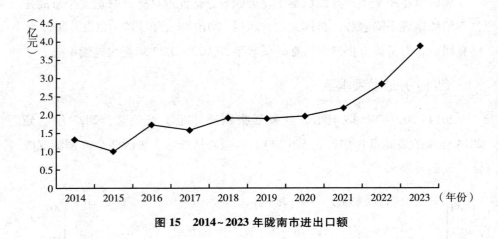

图 15　2014~2023 年陇南市进出口额

2. 旅游

2014~2023 年，陇南市旅游人数整体呈现增长趋势，反映了陇南市在旅游领域的开放程度不断提高（见图 16）。2023 年，陇南市旅游人数为 3640.24 万人次，达到 2014 年以来的最高点。总体来看，陇南市旅游市场具有较大的发展潜力和空间。

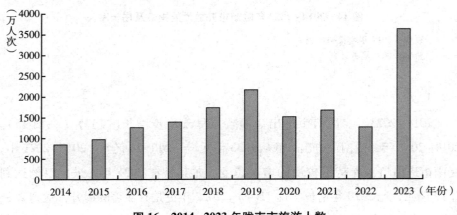

图 16　2014~2023 年陇南市旅游人数

（五）共享发展水平

2014~2023 年，陇南市共享发展指数呈逐年上升趋势（见图 17）。2014 年，陇南市共享发展指数为 0.007，2023 年为 0.051，增长了约 6 倍，反映出陇南市在推动共享发展方面的持续努力。具体来看，2016 年，陇南市共享发展指数增长率最高，为 70.00%，显示出这一时期陇南市在共享发展方面取得显著进展。2020~2023 年，增长率分别为 16.67%、8.57%、10.53% 和 21.43%，表明陇南市在共享发展方面的基础越发坚实，增长动力持续增强。

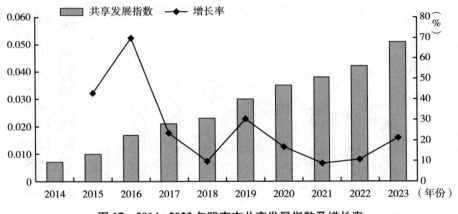

图 17　2014~2023 年陇南市共享发展指数及增长率

说明：2014 年增长率缺失。
资料来源：笔者计算。

本报告从经济成果、社会保障及基础设施 3 个方面测度陇南市共享发展水平。经济成果是反映一个城市或地区经济发展水平和居民生活质量的直观指标。社会保障直接关系社会的稳定与和谐，社会保障的普及程度和覆盖范围可以反映出一个城市的公共服务均等化水平。基础设施是经济社会发展的重要支撑，基础设施的建设和改善情况反映了一个城市提供公共服务的能力，基础设施的完善有助于缩小城乡、区域之间的差距，促进协调发展。

1. 经济成果

本报告选取人均 GDP、人均社会消费品零售额 2 个指标分析陇南市经济成果（见图 18）。2014～2023 年，陇南市人均 GDP 呈现增长趋势，说明陇南市在追求经济高质量发展的同时，努力让发展成果惠及更多居民。2014～2023 年，陇南市人均社会消费品零售额呈现明显的持续增长趋势，从 2014 年的 3220.44 元增长到 2023 年的 8526.17 元，增长了约 1.65 倍。2014～2018 年，人均社会消费品零售额的增速相对平稳，从 2019 年开始增速加快，特别是在 2020～2023 年，增长尤为显著，表明陇南市经济活力增强，通过提高居民消费水平促进了发展成果的共享。

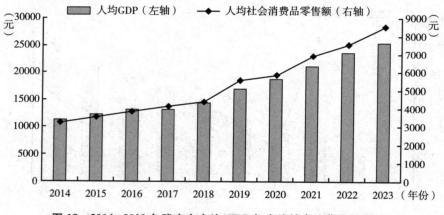

图 18　2014～2023 年陇南市人均 GDP 与人均社会消费品零售额

2. 社会保障

本报告选取每万人口医生数、万人卫生机构床位数、普通中小学师生比 3 个指标分析陇南市社会保障情况。

陇南市每万人口医生数整体增长，从 2014 年的 37.88 人增长到 2023 年的 69.47 人，增长了 83%；万人卫生机构床位数呈现持续增长趋势，从 2014 年的 32.72 张增长到 2023 年的 92.06 张，增长了 181%。这表明陇南市不断充实卫生人力资源，更多的卫生技术人员和床位有助于满足居民对医疗服务的需求，提升居民的医疗保障水平（见图 19）。

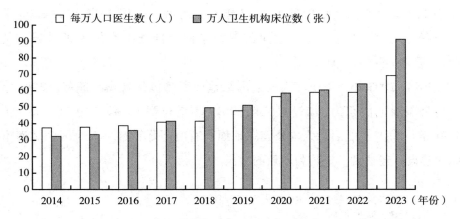

图 19　2014~2023 年陇南市每万人口医生数和万人卫生机构床位数

2014~2023 年，陇南市普通中小学师生比保持在 0.071~0.078，2014~2020 年波动较大，2021~2023 年呈现持续提升趋势，说明陇南市不断优化教育资源配置，力争让每个学生都能享受到优质的教育资源（见图 20）。

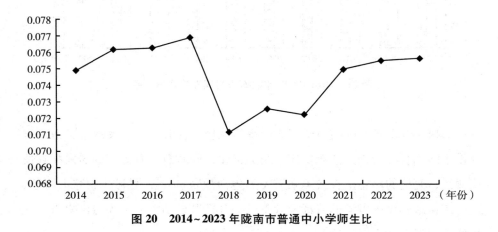

图 20　2014~2023 年陇南市普通中小学师生比

3. 基础设施

本报告选取人均道路面积、人均公园绿地面积、燃气普及率 3 个指标分析陇南市基础设施建设水平（见图 21）。2014~2023 年，陇南市人均道路面积整体增长。2014 年人均道路面积为 4.32 平方米，2023 年增长到 12.22 平方米，特别是在 2017 年有显著增长，从 2016 年的 6.05 平方米跃升至 10.49 平方米，这可能是由于该时期陇南市加大了对城市基础设施建设的投入力度。

2014~2023 年，陇南市人均公园绿地面积整体呈现增长趋势。2014 年人均公园绿地面积为 2.27 平方米，2019 年增长到 13.42 平方米，增长了 4.91 倍。2019 年之后，人均公园绿地面积有所下降，这可能是因为陇南市绿化建设已经达到一个较为成熟的阶段。

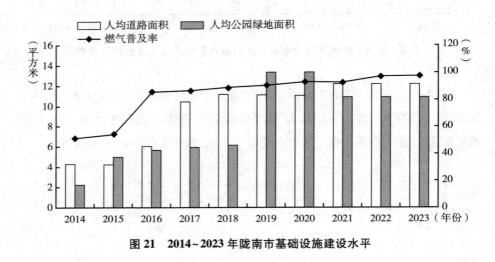

图 21　2014~2023 年陇南市基础设施建设水平

2014~2023 年，陇南市燃气普及率呈现稳步提升趋势，反映了陇南市基础设施的完善，特别是能源供应系统的优化，同时意味着更多的居民能够使用清洁、便捷的能源，直接关系居民的生活质量和生活便利性。综上所述，陇南市在基础设施方面的持续投入不仅提升了城市功能，也为居民提供了更加便捷和舒适的生活环境。

（六）总体分析

2014~2023 年，陇南市的综合发展指数持续提升，从 0.059 提升至 0.149，增长了 153%。2016~2018 年，陇南市综合发展指数增长率分别为

24.24%、8.54%和21.35%，显示出陇南市在这一时期经济实力显著增强，发展质量不断提高。2019~2021年，陇南市综合发展指数增长率分别为5.56%、12.28%和0.78%。2022~2023年，陇南市综合发展指数增长率分别为3.88%和11.19%（见图22）。

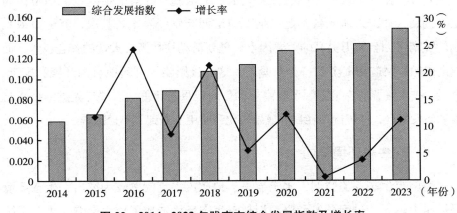

图22　2014~2023年陇南市综合发展指数及增长率

说明：2014年增长率缺失。
资料来源：笔者计算。

整体而言，陇南市在创新、协调、绿色、开放、共享方面均取得一定的进步，在推动高质量发展上取得显著成效，体现了其在产业结构优化、创新能力提升、环境质量改善、民生福祉增进等方面的努力。

三　陇南市高质量发展中存在的问题

近年来，陇南市紧紧围绕国家发展战略，积极推进经济结构调整和产业升级，实现了经济社会持续健康发展。然而，在高质量发展的过程中，陇南市仍面临一些问题。

（一）产业结构单一

陇南市经济发展对农业和资源型产业的依赖度较高，新兴产业发展相对

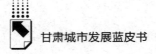

滞后，产业结构单一，抗风险能力较弱。农业现代化水平不高，农产品附加值低，市场竞争力不强。

（二）人才、资金及技术不足

首先，由于地理位置和经济发展水平的限制，陇南市难以吸引和留住高层次创新人才，人才储备不足，难以满足创新发展需求。其次，资金短缺是制约陇南市创新能力提升的重要因素。创新活动往往需要大量的资金投入，而陇南市融资渠道和资金支持相对匮乏，这直接影响了创新项目的开展和推进。最后，技术资源的不足限制了陇南市的创新成果转化能力。缺乏先进的技术支撑和研发平台，使陇南市在科技成果转化和应用上遇到了不少困难。

（三）生态环境脆弱

陇南市生态环境脆弱，水土流失、地质灾害等问题较为突出，生态环境保护压力较大。过度开发和资源消耗对生态环境造成了负面影响，生态系统服务功能下降。

（四）基础设施建设滞后

陇南市交通、水利、信息等基础设施建设相对滞后，制约了经济社会的发展。交通网络不完善，水利设施老化，信息化水平低，影响了生产要素的流动和配置效率。

（五）公共服务水平不高

陇南市在教育、医疗、文化等公共服务领域仍有不足，城乡之间、区域之间发展不平衡，公共服务水平有待提高。优质教育、医疗资源短缺，文化设施不完善，影响了人民群众的生活质量。

（六）对外开放程度不高

陇南市地处内陆山区，对外开放程度相对较低，与周边地区的经济交流和合作不足，影响了区域经济的整体竞争力。

四 陇南市高质量发展的对策建议

（一）优化产业结构

首先，通过推广农业科技，加快现代农业的发展，提高农产品附加值，推动农业向产业化、现代化转型。提升农产品的市场竞争力，为农民提供更多收入来源。其次，积极发展文化旅游、新能源、生物医药等新兴产业，培育新的经济增长点。再次，加强产业链建设，推动产业集聚发展，提高产业竞争力。优化产业布局，加强上下游产业的协同发展，提升产业整体效率。最后，鼓励企业进行技术创新和产品升级，以提升市场竞争力。政府通过提供政策支持、资金补助和技术指导，激发企业的创新活力，推动企业不断推出新产品、新技术，满足市场需求，增强企业的市场竞争力。

（二）扩充人才、资金及技术资源

在人才方面，建立健全人才引留机制，通过制定优惠政策、提供优厚待遇吸引高层次人才来陇南市发展。完善人才评价和激励机制，重视人才培养培训，不断提升人才的素质和能力。加大对教育资源的投入力度，支持高校和职业院校发展，加强校企合作，培养适应市场需求的高素质人才。积极营造良好的人才发展环境，优化人才服务流程，搭建创新创业平台，激发人才的潜力和活力。在资金方面，加大对科技创新的投入力度，建立多元化的投融资体系，为科技创新提供资金保障。鼓励社会资本投向科技创新领域，形成多元化的资金支持体系。在技术方面，建立健全科技创新激励机制，搭建合作平台，促进产学研一体化，加速科技成果从实验室走向市场，转化为实际生产力。

（三）加强生态环境保护

将生态环境保护放在突出位置，加大生态功能修复力度，加强水土保持和地质灾害防治工作。保护水源涵养区，减少水土流失，降低自然灾害对生

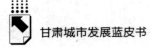

态环境的威胁。积极推进绿色生产方式，发展循环经济，鼓励企业采用清洁生产方式，推广节能减排技术，减少废弃物排放，提高资源利用效率。重视生态环境保护宣传教育工作，通过各种渠道广泛宣传生态环境保护的重要性，引导市民积极参与生态环境保护行动。建立健全生态环境保护法律法规体系，加强对污染源的监管。

（四）加快基础设施建设

首先，重点加强交通、水利、信息等基础设施建设，通过新建和改造提升公路、铁路、桥梁、水库等关键设施，确保基础设施能够更好地满足经济社会发展需求，提高生产要素的流动效率和资源配置的合理性。其次，积极推进城乡基础设施一体化发展，着力缩小城乡差距。通过统筹规划和资源配置，提升农村基础设施建设水平，实现城乡基础设施的互联互通和共建共享。最后，加强城市规划和建设，优化城市空间布局，完善城市公共服务设施，提升城市绿化、美化水平，改善城市人居环境。

（五）提高公共服务水平

首先，加大对教育、医疗、文化等公共服务领域的财政投入力度，通过新建和改扩建学校、医院、文化设施等，不断提升公共服务能力，确保市民能够享受到更高质量的公共服务。其次，积极推进基本公共服务均等化，着力保障人民群众的基本生活需求。通过制定和实施一系列政策措施，确保城乡之间、区域之间在基础教育、基本医疗、公共文化等领域的服务差距逐步缩小，让所有市民都能平等享受到基本公共服务。再次，注重社会治理创新，努力提高社会治理水平。引入现代信息技术，优化社会治理机制，提升社区服务和管理能力，营造和谐稳定的社会环境，进一步增强市民的安全感和幸福感。最后，优化公共服务资源配置，通过科学规划和合理布局，整合现有资源，避免重复建设和资源浪费，确保公共服务资源的高效利用。同时，优化市场竞争机制，提升公共服务供给质量和效率，满足市民多样化的服务需求。

（六）扩大对外开放

首先，积极加强与周边地区的经济交流和合作，通过建立多层次、宽领域的合作机制，促进资源共享、优势互补，扩大区域间的经贸往来，提升陇南市在区域经济中的地位和影响力。其次，积极参与"一带一路"建设，拓展国际合作空间，推动陇南市的优质产品和服务"走出去"，同时吸引共建"一带一路"国家的先进技术和管理经验，实现互利共赢。最后，优化营商环境，简化审批流程，提升政务服务效率。实施优惠政策，减轻企业负担，增强外资吸引力。强化外贸平台建设，助力企业开拓国际市场，增强国际竞争力。

B.14
甘南藏族自治州城市高质量发展报告

邓生菊 *

摘　要： 2014~2023 年，甘南藏族自治州综合发展指数总体呈上升态势，其中协调发展和绿色发展在全省表现良好，创新发展、共享发展、开放发展仍有进步空间。甘南藏族自治州在高质量发展中存在以下问题：创新要素明显短缺，创新驱动发展能力不强；结构性矛盾突出，协调发展水平有待提升；生态环境较为脆弱，环境治理压力仍然较大；扩投资兴贸易困难，开放发展成效不佳；共享发展亟须提速，民生短板有待补齐。为推进甘南藏族自治州高质量发展，本报告提出以下对策建议：着力提升科技水平，增强创新驱动发展能力；着力优化经济结构，夯实协调发展根基；着力保护生态环境，促进绿色发展转型；着力引投资强贸易，提升开放发展水平；着力补齐民生短板，推动共享发展升级。

关键词： 新发展理念　高质量发展　甘南藏族自治州

一　甘南藏族自治州发展现状

甘南藏族自治州（以下简称"甘南州"）是全国 10 个藏族自治州之一，地处青藏高原东北边缘与黄土高原西部过渡地段，总面积为 4.5 万平方公里，辖 8 县市。全州地势西北高东南低，最高海拔 4920 米，最低海拔 1172 米。近年来，甘南州认真贯彻新发展理念，高质量发展水平逐步提升。

＊ 邓生菊，甘肃省社会科学院生态文明研究所副所长、研究员，主要研究方向为区域经济。

（一）城镇人口总量和城镇化率逐年提升

2015～2023年，甘南州户籍人口总体稳定，2015～2021年小幅上升，2022～2023年略有下降。2015年，全州户籍人口为72.83万人，其中藏族人口为40.34万人，占总人口数的55.39%；2021年，全州户籍人口为75.34万人，比上年末增加0.12万人，其中藏族人口为42.94万人，占总人口数的56.99%；2023年，全州户籍人口为74.59万人，比上年末减少0.23万人，其中藏族人口为43.17万人，比上年末增加0.19万人，占总人口数的57.88%（见图1）。

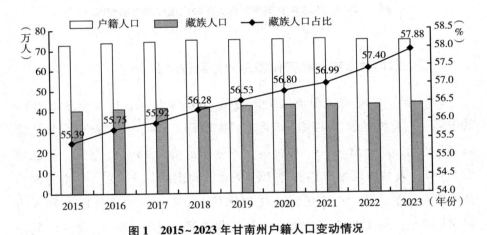

图1 2015～2023年甘南州户籍人口变动情况

资料来源：历年《甘南藏族自治州国民经济和社会发展统计公报》。

2015～2023年，甘南州常住人口呈先升后降态势，2015～2019年人口总量不断扩大，2020～2023年人口净流出明显。但无论常住人口总量如何变化，全州城镇人口总量持续扩大，城镇化率也不断提升。2015年，全州常住人口为70.50万人，其中城镇人口为21.50万人，城镇化率为30.50%；2019年，全州常住人口为72.32万人，其中城镇人口为26.76万人，城镇化率为37.00%；2023年，全州常住人口为66.87万人，其中城镇人口为30.36万人，城镇化率为45.40%（见图2）。

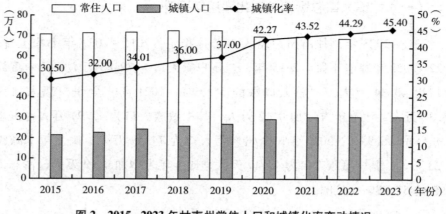

图2 2015~2023年甘南州常住人口和城镇化率变动情况

（二）以特色农牧业和文化旅游业为首位产业

2023年，甘南州实现地区生产总值260.81亿元，同比增长6.0%。其中第一产业增加值为44.03亿元，同比增长3.8%；第二产业增加值为32.67亿元，同比增长15.9%；第三产业增加值为184.11亿元，同比增长5.0%；人均地区生产总值为38569元，同比增长7.7%。全州完成社会消费品零售总额50.7亿元，同比增长8.5%；一般公共预算收入为14.43亿元，同比增长47.3%；一般公共预算支出为237.32亿元，同比增长2.5%；固定资产投资同比增长-3.9%；城镇居民人均可支配收入为32745元，同比增长6.8%；农村居民人均可支配收入为11765元，同比增长8.1%。

近年来，甘南州坚持生态优先、绿色发展，在特色农牧业和文化旅游业两大首位产业上聚焦发力，特色优势农业发展水平不断提升，第三产业成为拉动经济增长的主引擎。2023年甘南州三次产业结构为16.88∶12.53∶70.59，体现出第三产业在经济总量中处于绝对主导地位。

（1）特色农牧业

甘南州是全国五大牧区之一，农牧业增加值占全州第一产业增加值的比重为 69.16%。2023 年全州农作物种植面积为 131.90 亩，粮经饲比为 54.7：37.2：8.0；肉类总产量为 10.35 万吨，同比增长 6.3%；牛奶产量为 8.10 万吨，同比增长 2.0%；绵羊毛产量为 1396.00 吨，同比增长 3.5%。

（2）文化旅游业

甘南州自然景观、历史文化、民族民俗特色鲜明，是国家首批全域旅游示范区，先后荣获"西部最具魅力的旅游景区""中国最具民族特色旅游目的地""国家精品旅游景区"等荣誉称号，具有发展文化旅游业的独特优势。截至 2024 年初，甘南州已有 A 级旅游景区 36 个、观景台 89 处、文化旅游标杆村 17 个、全域旅游专业村 103 个、生态文明小康村 706 个，培育精品民宿和星级农家乐 3000 余家。2023 年全州接待国内外游客 2200 万人次，同比增长 341%；实现旅游综合收入 110 亿元，同比增长 346%。

（三）经济发展受生态环境保护刚性约束强

甘南州是江河重要水源补给区，也是全国全省典型的生态脆弱区和国家重要的生态安全大屏障，拥有 4 个国家级自然保护区、4 个省级自然保护区、5 个国家级森林公园、10 个省级森林公园、2 个国家级地质公园、3 个省级地质公园、2 个省级风景名胜区、2 个国家草原自然公园。甘南州是黄河、长江上游重要的水源涵养区和补给区，黄河、洮河、大夏河、白龙江及其 120 多条支流贯穿全境，黄河在甘南州境内流经 433.3 公里，补充黄河源区总径流量的 58.7%，长江二级支流白龙江年均径流量占嘉陵江总流量的 60%，玛曲、尕海湿地面积为 801 万亩，是国家生态主体功能区和国家首批生态文明先行示范区。

甘南州加强黄河重要水源补给区生态保护，治理鼠害草原、流动沙丘、沙化草地、退化草原，核减超载牲畜，加强小流域治理，上万户游牧民实现定居；持续实施天然林保护、退耕还林、封山育林、植树造林、退牧还草、湿地保护等工程，生态环境得到修复，绿色植被覆盖率达到 95% 以上；创建"五无甘南"，实施大气、水体、土壤污染防治项目，空气质量优良天数保持在全省前列，饮用水水源水质全部达到优良；加强生物多样性保护，大

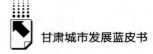

熊猫、亚洲金猫、羚牛、金丝猴等珍稀野生动物濒危状况逐步缓解，各类植物得到有效保护。

甘南州生态环境质量对我国生态安全具有重要的战略价值，坚决保护好生态环境是全州首要任务。对此，甘南州坚决顾全大局，一方面加强"三线一单"（生态保护红线、环境质量底线、资源利用上线和生态环境准入清单）生态环境分区管控，严守生态刚性约束，严把新建项目准入关，严格企业环境影响评价，杜绝经济效益高但破坏生态环境的项目，以生态环境高水平保护服务经济高质量发展；另一方面转变发展方式，淘汰高耗能高污染落后产能，推进企业绿色化改造，并立足资源优势，探索发展新能源产业、文化旅游业、畜产品加工业、中藏药材加工业等。

（四）多元历史文化交流交融底蕴深厚

甘南州历史悠久，新石器时期就有人类在此生活。随着历史变迁，甘南羌部建立自己的部落联盟，民族间的交流频繁起来。秦时部分地方属临洮管辖，唐初废郡置州，西北部属吐谷浑、吐蕃范围，之后在不同朝代，甘南州的行政管辖几经变迁。1953 年 10 月，甘南藏族自治区成立，1955 年 7 月 1 日改为甘南藏族自治州。在历史长河中，多民族在这里游牧狩猎、聚居生活、通婚繁衍，积累了深厚的文化底蕴，民族民俗风情浓郁独特，香浪节、晒佛节、采花节、花儿会、赛马、锅庄舞等几十种民俗节庆活动异彩纷呈，使甘南州被誉为"中国的小西藏，甘肃的后花园"。甘南州不仅是藏汉文化交汇地带、游牧文明向农耕文明的过渡地带，而且是古丝绸之路"唐蕃古道"的重要通道，有全国文物保护单位夏河拉卜楞寺、卓尼禅定寺和碌曲郎木寺等 121 座藏传佛教寺院。甘南州还有中国工农红军长征经历的天险腊子口、俄界会议遗址、茨日那毛泽东旧居等十多处革命历史遗迹，已成为人们缅怀英烈、开展爱国主义和革命传统教育的重要基地。

（五）基础设施和社会民生持续改善

甘南州实施打基础利长远惠民生的基础设施项目，夏河机场复航，临夏至合作、王格尔塘至夏河高速，大岭山至新城、合作至和政、博拉至阿拉公路建成通车，实现县县通二级公路、所有乡镇和建制村通硬化路，2024 年上半年全州公路总里程达到 8590 公里；安全饮水、电力、通信、市政、网络、天然气等实现全覆盖，"引洮济合""引洮入潭"等水利工程建成投运，城镇综合服务和辐射带动能力显著提高；强化数字政府建设，全程网办率达99%。甘南州坚持以人为本，围绕教育医疗、社会保障、就业住房、社会救助等，着力解决群众最关心、最直接、最现实的利益问题；推进教育资源均等化，2024 年初九年义务教育巩固率达 99.35%；医疗卫生服务体系更加完善，标准化村卫生室实现全覆盖，基层首诊比例提升至 65%；推进社会保障提标扩面，千方百计促进就业，对特困人员给予救助兜底保障。甘南州全力满足群众精神文化需求，甘南大剧院、州体育场、州图书馆等一大批文体重大项目建成使用，截至 2023 年末已建成文化馆 9 个、博物馆（纪念馆）17 个、公共图书馆 9 个，公共文化事业繁荣发展。

二 2014～2023年甘南州发展变化分析

党的十八大以来，在党中央、国务院及省委、省政府领导的支持和关怀下，甘南州州委、州政府带领各族人民全面贯彻新发展理念，增强科技创新能力，促进经济社会协调发展，切实推进生态优先、绿色发展，积极扩大对外开放，持续提升改革成果共享水平，在攻坚克难和不懈奋斗中，高质量发展水平总体提升。

（一）高质量发展

从 2014～2023 年甘南州综合发展指数看（见图 3），一是综合发展指数持续提升，由 2014 年的 0.130 稳步提升到 2023 年的 0.200，表明全州高质量发展水平保持稳定提升态势。二是综合发展指数与省会兰州市相比存在一定差距。2014 年二者相差 0.305，2023 年相差 0.356。与同为少数民族自治州的临夏回族自治州（以下简称"临夏州"）相比，甘南州综合发展指数略高，2014 年和 2023 年分别比临夏州高 0.059 和 0.053，但二者差距正在缩小。

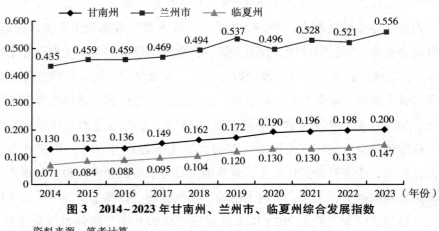

图 3　2014~2023 年甘南州、兰州市、临夏州综合发展指数

资料来源：笔者计算。

从 2014~2023 年甘南州高质量发展分项指数看（见图 4），各分项指数存在明显差异。其中，共享发展指数、协调发展指数增速较快，指数值也比其他 3 项更高；创新发展指数、绿色发展指数增速较慢；开放发展指数总体维持在较低水平。数据表明，甘南州要加大创新、绿色、开放发展力度。

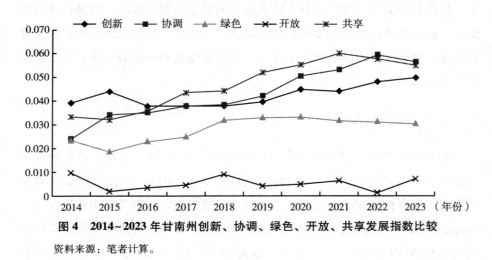

图 4　2014~2023 年甘南州创新、协调、绿色、开放、共享发展指数比较

资料来源：笔者计算。

（二）创新发展

图 5 显示，2014～2023 年，甘南州创新发展指数呈现小幅微升的态势，2014 年为 0.039，2023 年提高到 0.050，仅提高了 0.011，表明全州创新发展能力有待增强。

图 5　2014～2023 年甘南州、兰州市、临夏州创新发展指数

资料来源：笔者计算。

与全省科技创新能力较强的兰州市相比，差距持续扩大。2014～2023年，兰州市创新发展指数由 0.191 提高到 0.293，提高了 0.102，兰州市与甘南州创新发展指数的差距由 0.152 扩大到 0.243。

2014～2023 年，甘南州与临夏州相比，创新发展指数略高，两州差距略有缩小。2014 年甘南州创新发展指数为 0.039，高出临夏州（0.013）0.026；2023 年甘南州创新发展指数为 0.050，高出临夏州（0.025）0.025，两州差距略微缩小。

（三）协调发展

图 6 显示，2014～2023 年，甘南州协调发展指数整体呈现提升态势，2014 年为 0.024，2023 年提高到 0.057，提升了 0.033，表明全州经济社会发展更加协调，发展中的结构性矛盾得到较好化解。

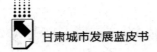
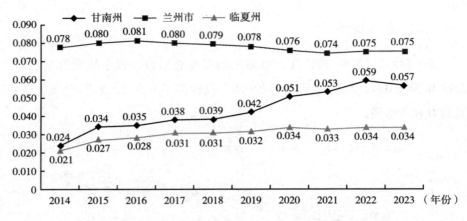

图6　2014~2023年甘南州、兰州市、临夏州协调发展指数

资料来源：笔者计算。

甘南州与兰州市的协调发展差距持续缩小。2014~2023年，兰州市协调发展指数由0.078下降到0.075，下降了0.003，甘南州协调发展指数与兰州市的差距由0.054缩小到0.018。

2014年，甘南州协调发展指数为0.024，高出临夏州（0.021）0.003；2023年，甘南州协调发展指数为0.057，高出临夏州（0.034）0.023，两州差距不断扩大。

（四）绿色发展

图7显示，2014~2023年，甘南州绿色发展指数总体呈现提升态势，2014年为0.023，2023年提高到0.031，提高了0.008，表明全州发展方式进一步转变，绿色发展水平有所提升。

2014~2023年，甘南州与兰州市的绿色发展差距有所缩小。2014年，甘南州绿色发展指数比兰州市低0.007；2023年，甘南州绿色发展指数高于兰州市。

2014~2023年，甘南州与临夏州相比，绿色发展指数值低。2014年，甘南州绿色发展指数为0.023，低于临夏州（0.027）0.004；2023年，甘南州绿色发展指数为0.031，低于临夏州（0.033）0.002，但与临夏州的差距正在缩小。

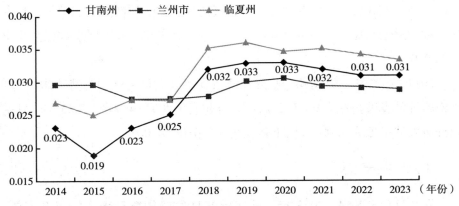

图7　2014~2023年甘南州、兰州市、临夏州绿色发展指数

说明：由于图中曲线相互交叉，全部添加数据会造成混乱，本图只呈现甘南州数据。

资料来源：笔者计算。

（五）开放发展

图8显示，2014~2023年，甘南州开放发展指数总体呈现下降态势，2014年为0.010，2023年下降到0.007，下降了0.003，表明全州开放发展程度较低。

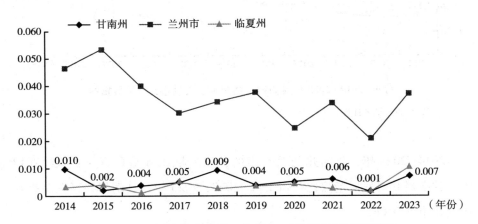

图8　2014~2023年甘南州、兰州市、临夏州开放发展指数

说明：由于图中曲线相互交叉，全部添加数据会造成混乱，本图只呈现甘南州数据。

资料来源：笔者计算。

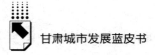

2014~2023 年，甘南州绿色发展指数明显低于兰州市。2014 年，甘南州开放发展指数比兰州市低 0.037；2023 年，甘南州开放发展指数比兰州市低 0.030。

2014~2023 年，甘南州与临夏州开放发展指数均呈波动态势。2014 年，甘南州开放发展指数为 0.010，高出临夏州（0.003）0.007；2023 年，甘南州开放发展指数为 0.007，低于临夏州（0.010）0.003。

（六）共享发展

图 9 显示，2014~2023 年，甘南州共享发展指数呈现小幅提升态势，2014 年为 0.033，2023 年提高到 0.055，提高了 0.022，表明全州社会民生福祉有所增进，改革发展成果更好惠及大众。

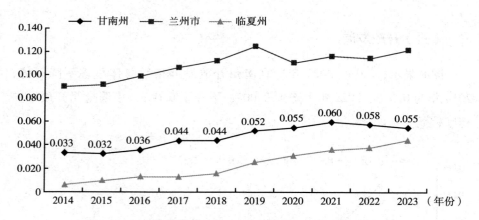

图 9　2014~2023 年甘南州、兰州市、临夏州共享发展指数

资料来源：笔者计算。

2014~2023 年，甘南州与兰州市的共享发展指数差距有所扩大。2014 年，甘南州共享发展指数比兰州市低 0.057；2023 年，甘南州共享发展指数比兰州市低 0.067。

2014~2023 年，甘南州与临夏州相比，共享发展指数略高。2014 年，甘南州共享发展指数为 0.033，高出临夏州（0.007）0.026；2023 年，甘南州共享发展指数为 0.055，高出临夏州（0.045）0.010，与临夏州的差距正在缩小。

三 甘南州在高质量发展中存在的问题①

（一）创新要素明显短缺，创新驱动发展能力不强

创新既需要以机构为载体，又需要以人才、资金等为保障。甘南州地处青藏高原，地理位置偏远，经济发展相对滞后，缺少大型创新型企业，对创新人才、创新资本、创新技术都缺乏吸引力，创新型团队不足，全州创新驱动发展能力较弱。

甘南州创新要素支撑明显不足。从 2022 年全省甘南州科学研究与技术服务相关指标来看（见表 1），甘南州有相关机构 4 家，占全省（232 家）的 1.72%；科技活动人员 208 人，占全省（14890 人）的 1.40%；研发人员 30 人，占全省（10100 人）的 0.30%；科技活动收入 5562 万元，占全省（676308 万元）的 0.82%；科技经费内部支出 5523 万元，占全省（645484 万元）的 0.86%；研发经费内部支出 531 万元，占全省（413915 万元）的 0.13%。

表 1 2022 年全省、甘南州科学研究与技术服务相关指标

地区	机构数（家）	科技活动人员（人）	研发人员（人）	科技活动收入（万元）	科技经费内部支出（万元）	研发经费内部支出（万元）
甘南州	4	208	30	5562	5523	531
全省	232	14890	10100	676308	645484	413915

---

① 本部分数据除特殊标注外，均来源于相关年份甘肃、甘南州统计年鉴及国民经济和社会发展统计公报。

（二）结构性矛盾突出，协调发展水平有待提升

一是甘南州城乡居民人均可支配收入总体偏低。2023 年，甘南州城镇居民人均可支配收入为 32745 元，是全省平均水平的 82.21%；农村居民人均可支配收入为 11765 元，是全省平均水平的 89.60%（见图 10）。二是甘南州城乡居民收入差距还需继续缩小。2023 年，甘南州城乡收入比为 2.78，优于全省 3.03 的水平，但相比全国 2.39 的水平仍有差距。三是甘南州城乡消费比高于全省平均水平，且多年未明显改善。2023 年甘南州城乡消费比为 2.79（见图 11），高于全省 2.15 的水平，反映出甘南州城乡消费差距仍然较大，这可能是因为甘南州牧区占有较高比重，商贸物流市场体系建设相对滞后，消费市场挖掘不足。

图 10　2014～2023 年甘南州城乡居民人均可支配收入

甘南州与全国、全省平均发展水平相比仍有较大差距。如 2023 年甘南州人均地区生产总值为 38569 元，是全国平均水平（89358 元）的 43.16%，是全省平均水平（47867 元）的 80.58%。二是甘南州所辖县市经济规模和经济增速有明显差异。

甘南州经济结构比较单一，经济韧性不强。一是三次产业结构不够协

图11 2014～2023年甘南州城乡居民人均消费

调,虽然第三产业所占比重较高,符合三次产业的演进规律,但事实上,这是基于特殊自然条件下第一、第二产业受生态刚性约束的弱发展,而非高质量发展。二是第二产业对矿产资源依赖度高,资源型产业给生态环境带来压力。

(三)生态环境较为脆弱,环境治理压力仍然较大

甘南州自然本底较为脆弱,地质条件不稳定,气候条件恶劣,加之随着经济社会发展,人类活动对自然环境的侵扰加剧,全球气候变暖,极端天气和地质灾害风险增加,甘南州防止草原退化沙化、提升水源涵养能力、维护生物多样性面临较大压力。

受限于以资源依赖型和初级加工业为特点的经济结构及较低的环境治理能力,甘南州部分领域仍存在短板。2022年,甘南州一般工业固体废物产生量为61.72万吨,综合利用量为6.70万吨,综合利用率仅为10.86%,亟待提升。此外,甘南州单位地区生产总值废水排放量近年来呈现上升趋势,节能减排工作力度仍需加大。

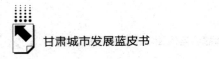
（四）扩投资兴贸易困难，开放发展成效不佳

招商引资规模不大。2023 年甘南州签约省外项目 38 个，签约金额为 215.85 亿元，当年到位资金 52.40 亿元；同期全省招商引资金额突破万亿元，到位资金 5961.3 亿元。2024 年上半年，甘南州签约省外项目 64 个，签约金额为 122.38 亿元，同期全省新签约招商引资项目 2165 个，签约金额为 2498.2 亿元。与全省水平相比，甘南州招商引资规模仍有差距。

对外贸易发展水平较低。2023 年全州进出口总额为 6208 万元，仅占全省（491.7 亿元）的 0.13%，其中，出口 2191 万元，仅占全省（123.8 亿元）的 0.18%；进口 4017 万元，仅占全省（367.9 亿元）的 0.11%。

（五）共享发展亟须提速，民生短板有待补齐

近年来，甘南州全力加强基础设施建设，发展科教文卫和社会保障等社会事业，共享发展水平明显提升，但也存在一些短板需要补齐。2022 年，甘南州社区养老服务机构床位数为 2997 张，仅占全省的 2.00%；每万人卫生技术人员数为 75.12 人，低于全省 83.17 人的水平。2022 年，甘南州省府合作市建成区面积为 14.21 平方公里，仅占全省（968.07 平方公里）的 1.47%；城市建设用地面积为 12.38 平方公里，仅占全省（980.83 平方公里）的 1.26%；城区人口为 6.03 万人，仅占全省（534.05 万人）的 1.13%；建成区绿地面积为 444 公顷，仅占全省（32028 公顷）的 1.39%。从以上数据可以看出，甘南州基础设施建设及资源整合能力仍需提升，亟待进一步加大社会保障力度，增进民生福祉，以进一步提升共享发展水平。

四　甘南州高质量发展的对策建议

（一）着力提升科技水平，增强创新驱动发展能力

加强创新队伍建设。围绕重点科技需求，加大科技创新投入力度，拓宽

科技创新人才职业发展通道，提升创新人才薪酬待遇，制定优惠政策，引进高层次创新人才到甘南州发展。同时，更加重视本地人才培养，拓展专业技术人员继续教育途径，支持他们参加各类学术交流活动，及时掌握专业领域前沿动态，持续提高科研素养和专业技能。健全以创新价值、创新质效、创新贡献、创新成果转化应用为导向的人才评价机制。

激发企业创新活力。大力培育科技型企业，加大科技型中小企业孵化力度，支持省级科技型企业发展，促进高新技术企业、专精特新企业发展壮大。加大与省内外高校和科研院所的合作力度，推进产学研深度融合，支持龙头企业牵头组建创新联盟，承担重点科技项目，联合攻关关键性技术，推进行业技术进步。促进各类创新要素向企业集聚，鼓励企业加大研发投入力度，完善提升创新动力活力、促进科技成果及时转化应用的体制机制，不断提升产品技术含量和市场竞争力。

搭建科技创新平台。围绕现代农牧业、生态环境保护、藏医藏药、清洁能源、生物技术、生命健康等重点领域，创建技术创新中心、重点实验室、产业技术创新联盟等技术创新平台，增加财政科技投入，优化科技资源配置，加强应用研究和集成创新，攻关关键核心技术，提高创新链整体效能。

（二）着力优化经济结构，夯实协调发展根基

提升城乡协调度。一是全面发展经济，增加就业机会。推动第一产业强特色延链条、第二产业深加工促转型、第三产业强文旅活商贸，通过经济繁荣发展促进就业，提高城乡居民总体收入。二是缩小城乡收入差距。以提升农牧民收入为关键，着力培育农业全产业链，提升农牧业产品精深加工能力，大力培育品牌，积极拓展市场空间，在农牧产品增值增效中提升农牧民收入。三是缩小城乡消费差距。着力为农牧民消费提供良好的环境，完善农村交通物流体系建设，健全电商物流配送体系，完善商超、便利店等市场体系，规范市场秩序，打击假冒伪劣产品，使农牧民消费更便捷、更安全。

提升产业协调发展水平。一是加快现代农牧业建设步伐。培育壮大"牛羊猪鸡菜果菌药+青稞"特色优势产业，发展绿色农畜产品生产基地，

推进农牧民专业合作社升级，培育农牧业全产业链，做强华羚、燎原、安多、雪顿等重点企业，发挥特色优势，发展好"九色甘南．臻品牦牛"区域公用品牌，做精做强中藏药、山野珍品等特色优势产业，提升农牧业综合生产能力与效益。二是全力推动工业高质量发展。围绕新能源、有机肥、青稞酒等重点产业链，加强招商引资，突出强龙头、补链条、聚集群，培育规模以上工业企业，发展高附加值精深加工业，提升产业规模，形成全产业链发展态势。推动传统产业绿色化、智能化、数字化改造，因地制宜培育数据信息、绿色环保等战略性新兴产业，不断优化产业结构，增强产业链韧性和稳定性，提升经济核心竞争力和质量效益。优化工业经济发展支撑条件，推进技术服务、仓储货运、信息服务、金融服务、商务服务、法律服务等生产性服务业发展，为工业经济高质量发展提供支撑。三是发展好以文旅产业为引擎的服务业。加大全方位多场景线上线下宣传力度，深化与国内外旅游企业的合作，持续打造精品旅游线路和生态景观廊道，统筹办好各类节会赛事，加强景区基础设施建设，推进智慧旅游建设，提升旅游服务质量。

推动区域协调发展。加强县市基础设施建设，特别是交通基础设施，促进县市高水平、高效率互联互通，形成活跃的人流、物流、技术流、信息流、产品流等。加强县市间产业合作，搭建常态化交流合作平台，根据各县市资源禀赋和产业基础，挖掘各自特色优势，推进产业优势互补和利益共享，在关联带动中破解发展不平衡、不充分问题；优化县市营商环境，促进量大面广和就业增收带动力强的民营经济发展，全面落实减税降费等支持政策，激发市场主体活力，增强县市经济发展动力。

（三）着力保护生态环境，促进绿色发展转型

持续推进生态保护修复。继续实施玛曲黄河水源涵养区和碌曲尕海、黄河首曲湿地等生态修复工程，以及天然林保护、退耕还林、退牧还草、水土保持、生物多样性保护等重点生态工程，推进国土增绿，提高森林覆盖率和草原综合植被覆盖度，提升生态稳定性。

推动传统产业绿色转型。加快传统资源型产业向绿色化、数字化、智能

化转型，建设发展矿业和绿色矿山，增强矿产资源的精深加工能力，提升产品附加值和核心竞争力。优化能源结构，提升能源产出效率，降低碳排放强度，提升固体废弃物和废水废渣等的综合利用率。发展生态农牧业，继续实施有机肥替代化肥，打造高原绿色有机农牧产品生产加工基地、中藏药生产加工基地和高原生态有机肥生产加工基地。

加强生态宜居甘南州建设。持续巩固"五无甘南"成效，深入推进全域无垃圾、无化肥、无塑料、无污染、无公害行动，加强环境污染综合治理，营造绿色、洁净、安全的发展环境。加大财政资金投入力度，加强环保基础设施建设，完善城区污水管网，提高城乡垃圾污水收集率和综合利用率，巩固环境整治成效。

（四）着力引投资强贸易，提升开放发展水平

加快基础设施提档升级。加强交通、电力、供水、天然气等传统基础设施，以及光纤宽带网络、5G 基站、数据中心、人工智能、新能源充电桩等新型基础设施建设，加强科研基础设施、生态环境基础设施建设，提升甘南州交通通达度和对外联系的便捷性、时效性，推动大数据、云计算、区块链等新一代信息技术在重点领域应用，改善科技创新基础条件，增强城市发展和产业发展的承载力，提升城市管理效率和服务水平，为开放发展奠定物质基础。

加大招商引资工作力度。提升招商引资质量，打造专业化招商团队，立足甘南州资源禀赋和产业基础，围绕特色农牧业、清洁能源、文化旅游业等强化产业链培育，利用各种经贸洽谈会、投资贸易促进会、商品展览展示会、招商推介会等，开展重点产业链招商。持续推进"放管服"改革，进一步优化营商环境，增加系统化政策供给，简化行政审批流程，提升审批效率，降低企业经营的制度成本。构建项目跟踪服务机制，及时解决项目在建设、运营中遇到的问题，实行"一企一策"，精准解决企业发展中的难题，推进招商引资项目早落地、早开工、早见效。

扩大对外经济贸易合作。着力发展牦牛、藏羊、奶制品、青稞、羊肚菌

等特色农牧业及其精深加工业，深度开发功能型产品，培育有市场竞争力的特色品牌体系，打造对外贸易的产品基础。培育壮大外贸企业，组织学习国际贸易规则、法律法规和风险管理相关知识，鼓励企业开展市场调研，明确发展定位，加强符合国际标准的产品研发，加强产品质量全过程控制，积极参与经济贸易活动。主动参与"一带一路"建设，加强与共建"一带一路"国家和地区的经贸合作，积极参加国内外展会、经贸洽谈会、产品推介会等，加强与贸易商和代理商的合作，建立国内外营销网络和销售渠道，提高产品知名度，拓展国内外市场。

（五）着力补齐民生短板，推动共享发展升级

办好高质量教育文化事业。坚持教育优先发展，持续深化教育改革，基于牧区和民族地区特点，优化教育资源布局，补齐教育领域短板，加强教师队伍建设，改善教育基础设施和寄宿制学校办学条件，提升学校教学管理水平。发展高质量职业教育，面向市场需求优化专业结构和课程结构，提升教育职业素养，不断提升教学质量和就业质量。保护传承洮砚雕刻技艺、甘南藏族唐卡、锅庄舞等非物质文化遗产，举办非遗文化推广活动，加快培养非遗传承人。加强对夏河拉卜楞寺等文物遗迹的保护修复，加强文物保护和活化利用。加强博物馆、科技馆、公共文化数字化平台等文化设施建设，提升公共文化服务水平，广泛开展群众文化活动，增强文化自信。

提升医疗卫生服务能力。加大财政资金投入力度，突出基层医疗卫生服务体系建设，优化医疗卫生资源布局，加强医疗卫生机构基础设施建设和医疗设备配置，完善医疗机构管理制度，加强重点专科和薄弱学科建设，提升卫生技术人员数量和质量，改善医疗服务环境和就医条件，加强公共卫生预防体系建设。

提高社会保障水平。增强社会保障意识，提升群众参保率，引导农牧民、灵活就业人员等群体积极参加医疗保险和养老保险，稳步提高企业退休人员养老金和城乡居民养老金标准。完善社会救助体系，确保低保对象、特困人员等特殊群体的基本生活得到保障。促进社会就业，加强职业技能培

训，优化创业服务，强化政策支持，提高群众收入水平。

提高基础设施建设水平。基于甘南州自然地理条件和农牧结合特点，重点加强交通、电力、供水、通信等基础设施建设，促进高质量互联互通。加强城镇供热、燃气、垃圾污水处理等基础设施建设，提升城镇综合服务能力。

B.15
临夏回族自治州城市高质量发展报告

李 晶[*]

摘 要: 2014~2023年,临夏回族自治州综合发展指数呈提高趋势,由0.071提高至0.147,但与甘肃省会兰州市相比,差距由0.364扩大至0.409。创新、协调、绿色、开放和共享发展指数均呈提升趋势,创新发展指数由0.013提升至0.025,协调发展指数由0.021提升至0.034,绿色发展指数由0.027提升至0.033,开放发展指数由0.003提升至0.010,共享发展指数由0.007提升至0.045。在今后发展中,临夏回族自治州应深化体制机制改革,激发发展活力;优化产业结构,推动产业升级;强化创新驱动,提升核心竞争力;优化营商环境,增强发展吸引力;加强生态保护,实现绿色发展。

关键词: 共享发展 创新发展 高质量发展 临夏回族自治州

一 临夏回族自治州发展现状

临夏回族自治州(以下简称"临夏州")是全国两个回族自治州和甘肃两个少数民族自治州之一,有汉、回、东乡、保安、撒拉等42个民族。全州总面积为8169平方公里,辖1市7县。截至2023年底,全州户籍人口为248.68万人,常住人口为210.11万人。

---

* 李晶,博士,甘肃省社会科学院农业农村发展研究所副研究员,主要研究方向为农业生态水文、农村发展等。

（一）经济发展方面

1. 经济指标稳中有进①

近年来，临夏州经济保持快速增长。2014～2023 年，临夏州 GDP 从 202.97 亿元增长到 439.70 亿元，正向 500 亿元大关发起冲刺（见图 1）；人均 GDP 从 10166 元增长到 20812 元，翻了一番（见图 2）。此外，2023 年临夏州固定资产投资、社会消费品零售总额、一般公共预算收入均有所增长，分别增长 30%、12% 和 6%。

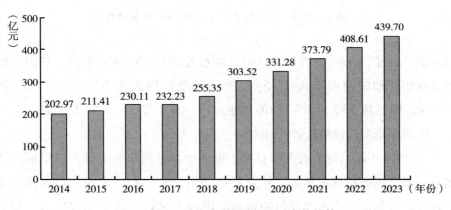

图 1　2014～2023 年临夏州 GDP 变化趋势

2. 工业与制造业强势崛起②

通过实施一系列稳增长、促发展政策，临夏州工业经济持续壮大，产业结构不断优化。规模以上工业增加值保持快速增长，制造业成为经济增长的重要引擎。清洁能源、建材、食品和农副产品加工、皮革纺织等工业集群逐步形成，涌现出一批龙头企业，带动了产业链上下游协同发展。同时，临夏州积极推进科技创新和转型升级，提高产品附加值和市场竞争力。2024 年 1～8 月，全州规模以上工业增加值同比增长 16.9%，比 1～7 月提升 0.7 个

---

① 本部分资料来源：历年《甘肃统计年鉴》。
② 本部分资料来源：2024年1～8月临夏州经济运行情况，甘肃省统计局。

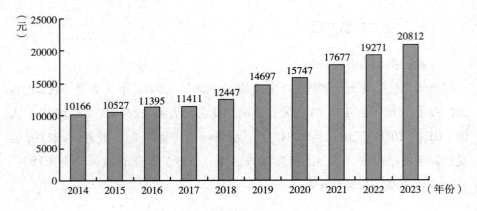

图 2　2014~2023 年临夏州人均 GDP 变化趋势

百分点。其中，采矿业增长 31.6%，制造业增长 16.2%，电力、热力、燃气及水生产和供应业增长 17.5%。重工业增长势头尤为强劲，增速达到 18.6%，明显高于轻工业 8.5% 的增速。

3. 固定资产投资增长势头迅猛①

自 2014 年起，随着各类项目的不断落地，临夏州固定资产投资额持续增长，累计投资额逐年增加。特别是在"十三五"和"十四五"时期，投资增速显著加快，重点项目纷纷落地，带动了区域经济的快速发展。截至 2024 年，临夏州固定资产投资较 10 年前翻了数倍，为区域经济社会发展注入了强劲动力。2024 年 1~8 月，全州固定资产投资同比增长 13.3%，尽管较 1~7 月有所回落，但仍保持较高水平。

4. 基础设施不断完善

近年来，临夏州基础设施建设取得显著成就。交通方面，多条高速公路和铁路相继建成通车，如临合高速、兰合铁路等，大大提升了区域交通便捷度。同时，机场和一级旅游公路等重大项目积极推进，内通外联的交通网络日趋完善。城镇化建设方面，实施了多项城镇基础设施项目，推动了城市面貌的焕然一新。此外，农村基础设施大幅改善，自来水管网、动力电、危旧

---

① 本部分资料来源：2024年1~8月临夏州经济运行情况，甘肃省统计局。

房改造等项目全面实施，改善了农村居民的生活条件。

5. 商贸流通与旅游业日渐繁荣①

临夏州自古以来就是商贸流通的重要枢纽，商贸流通业的发展为全州经济注入了新的活力。近年来，临夏州积极推进商贸流通业的转型升级，打造了一批商贸流通企业集群和产业园区。同时，全州旅游业的快速发展为经济增长注入了新的动力。临夏州旅游人数由 2014 年的 730.00 万人次增长到 2023 年的 3103.06 万人次（见图 3）。2024 年 1~8 月，全州共接待游客 3373.3 万人次，同比增长 53.30%，实现旅游收入 179.9 亿元，同比增长 43.90%。

图 3　2014~2023 年临夏州旅游人数

（二）文化建设方面

1. 文化活动日渐丰富

临夏州的文化创作和文化活动近年来呈现繁荣发展的态势。小说、散文、诗歌等作品层出不穷，文化作品数量和质量都实现了飞跃。同时，各类文化活动如文化节、艺术节、书画展、读书会等吸引了众多市民和游客的热情参与。

---

① 本部分资料来源：2024年1~8月临夏州经济运行情况，甘肃省统计局。

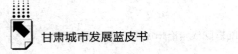

2. 更加重视非物质文化遗产的传承与保护

临夏州拥有丰富的非物质文化遗产资源，如花儿、河州贤孝等。近年来，临夏州高度重视非物质文化遗产的传承与保护工作，通过举办培训班、演出展示、培养文化传承人等方式，使这些宝贵的文化遗产得到有效传承和广泛传播。同时，临夏州积极推动非物质文化遗产与旅游业的融合发展，让游客在游览中感受到了临夏州的文化魅力。

3. 文化设施投入增加

凤林书院、临夏州博物馆、泄湖峡大禹文化广场等公共文化设施的建设和改造，为市民提供了更多文化学习和娱乐活动场所。同时，临夏州积极推进数字文化建设，通过建设数字图书馆、开展数字文化活动等方式，让市民更加便捷地获取文化信息和服务。

（三）社会治理方面

1. 民族更加团结稳定

近年来，临夏州深入贯彻党的民族政策，积极开展民族团结进步创建活动，形成了各民族团结互助、和谐共处的良好局面。同时，临夏州加强社会治理体系建设，推出网格化管理、智慧化治理等创新举措，确保了全州社会环境的持续稳定。

2. 法治建设成效显著

近年来，临夏州通过加强法治宣传教育、完善法律服务体系、加强司法监督等措施，不断提高全州法治化水平。同时，临夏州积极推进司法体制改革和诉讼制度改革，优化司法资源配置，提高司法效率和质量，确保司法公正和权威。

（四）民生改善方面

1. 教育事业全面发展

近年来，临夏州通过实施学前教育扩容提质、义务教育薄弱环节改善与能力提升、普通高中办学条件改善等工程，不断改善办学条件、提高教育质量。同时，临夏州积极推进教育公平和素质教育发展，努力让每个孩子都能享受到优质的教育资源和服务。

2. 医疗卫生不断提质

医疗卫生是民生保障的重要内容。临夏州积极推进医疗卫生体制改革和医疗服务体系建设工作，不断提高医疗服务水平和质量。通过加强基层医疗卫生机构建设、推进医疗人才队伍建设、完善医疗保障制度等措施，不断满足人民群众日益增长的健康需求。同时，临夏州积极开展健康扶贫工作，确保贫困群众看得起病、看得好病。

3. 社保体系更加健全

社会保障是民生之基。临夏州通过加强社会保险扩面征缴工作、提高社会保障待遇水平、完善社会救助制度等措施，不断提高社会保障水平。同时，积极推进养老服务体系建设工作，加大老年人关爱和保障工作力度。

4. 居民收入和消费水平不断提升

2014~2023 年，临夏州城镇、农村居民收入均实现了大幅增长，分别由2014 年的 13778 元和 4127 元增长至 2023 年的 27216 元和 10446 元，增长率分别为 97.53% 和 153.11%（见图 4）。

图 4　2014~2023 年临夏州城镇及农村居民收入

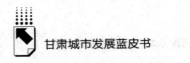

二 临夏州高质量发展水平分析

近年来，临夏州坚持以习近平新时代中国特色社会主义思想为指导，深入学习贯彻习近平总书记对甘肃重要讲话重要指示批示精神，在打赢脱贫攻坚战、全面建成小康社会的基础上，奋力走好中国式现代化临夏实践之路，取得高质量发展的突出成效，成为经济繁荣、社会进步、民族团结、山川秀美的新时代典范。

（一）总体评价：综合发展指数整体提高

2014~2023 年，临夏州综合发展指数呈提高趋势，由 0.071 提高至 0.147。但与甘肃省会兰州市相比存在一定差距，差距由 0.364 扩大到 0.409（见图 5）。

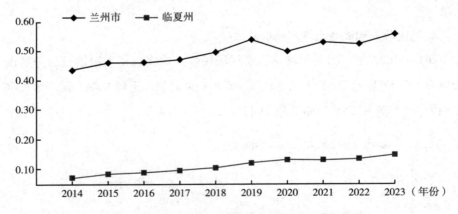

图 5　2014~2023 年临夏州、兰州市综合发展指数

资料来源：笔者计算。

（二）分项评价：高质量发展存在短板

高质量发展是创新、协调、绿色、开放和共享 5 个系统各自运行良好、相互达到平衡和协调的发展状态。临夏州高质量发展分项指标并不均衡，高质量发展存在短板。

临夏州近年来坚持以民生福祉为导向，致力于完善公共服务，积极修公园、建学校、通公路，人民群众的获得感、幸福感、安全感不断增强。创新发展方面，临夏州近年来不断加大 R&D 经费和财政性教育费的投入力度，扩大优质教育资源供给，高校专任教师、在校师生数量均有明显增长，创新发展指数由 2014 年的 0.013 提升至 2023 年的 0.025。协调发展方面，随着产业结构的不断优化、城乡居民收入和消费水平的不断提升，临夏州协调发展指数由 2014 年的 0.021 提升至 2023 年的 0.034。绿色发展方面，临夏州聚焦生态建设绿色基底，协同推进降碳、减污、扩绿、增长，绿色发展指数由 2014 年的 0.027 提升至 2023 年的 0.033。但要注意的是，2020~2023 年，该州绿色发展指数有所下降。临夏州在大力实施工业企业培育工程的同时，应深入打好污染防治攻坚战，持续推动绿色低碳转型。开放发展方面，临夏州开放发展指数由 2014 年的 0.003 提升至 2023 年的 0.010，但与其他分项指数相比始终偏低，对高质量发展综合水平造成影响。临夏州应聚焦高水平对外开放，大力培育外贸型企业，充分发挥民族特色，助力开放发展指数进一步提升。共享发展方面，临夏州共享发展指数由 2014 年的 0.007 提升至 2023 年的 0.045，提升幅度较大，体现了临夏州共享发展取得积极成效（见图6）。

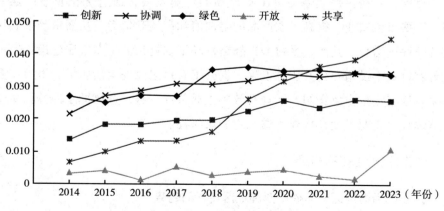

图6　2014~2023 年临夏州高质量发展分项指数

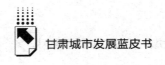
三　临夏州高质量发展面临的机遇

（一）国家战略机遇

1. "一带一路"倡议

随着"一带一路"倡议的深入实施，临夏州作为古丝绸之路的重要节点，其区位优势逐渐凸显。该倡议为临夏州提供了广阔的开放合作空间，不仅促进了临夏州与共建"一带一路"国家和地区的贸易往来，还带动了基础设施建设、文化旅游、金融投资等领域的合作与发展。临夏州可以借此机会，加强与共建"一带一路"国家和地区的互联互通，优化资源配置，提升产业竞争力。

2. 黄河流域生态保护和高质量发展

作为黄河上游的重要水源补给区和生态安全屏障，临夏州在黄河流域生态保护和高质量发展中扮演着关键角色。国家对该区域的政策支持、资金投入和技术引导，为临夏州加强生态环境治理、推动绿色转型提供了有力保障。临夏州可以借此机会，推动传统产业转型升级，培育新兴产业，实现经济发展与环境保护的双赢。

3. 乡村振兴

首先，乡村振兴战略促进了临夏州的产业发展，通过优化农业产业结构、发展特色农业，提高了农产品的附加值和市场竞争力，从而带动了农村经济的快速增长。其次，乡村振兴战略推动了临夏州的生态宜居建设，通过改善农村基础设施和公共服务设施，提升了农村居民的生活质量。最后，乡村振兴战略注重乡风文明、治理有效和生活条件改善，这有助于提升临夏州的整体社会文明程度，构建和谐稳定的农村社会环境。

（二）产业转移机遇

1. 东部沿海地区产业向中西部地区转移的趋势

随着东部沿海地区产业结构的优化升级，部分产业开始向中西部地区转移。临夏州凭借相对低廉的土地成本、丰富的劳动力资源和良好的政策环境，成为承接产业转移的重要目的地。通过积极承接产业转移，临夏州可以迅速壮大自身经济，优化产业结构，提升产业链水平。

2. 承接产业转移的优势与潜力

在产业转移的过程中，临夏州可以依托自身资源禀赋和产业基础，培育和发展一批具有地方特色的产业集群。例如，临夏州在牛羊养殖、皮革毛纺、食品加工等方面具有传统优势，可以通过引进先进技术和管理经验，推动这些特色产业向高端化、品牌化发展。同时，结合文化旅游、商贸物流等产业，形成多元化、多层次的产业体系。

（三）消费升级机遇

1. 居民消费结构升级

在消费升级的背景下，消费者更加注重产品品质和服务体验。临夏州可以借此机会，推动传统产业改造升级，提升产品质量和服务水平。同时，积极培育和发展新兴消费业态和模式，如电子商务等，拓展消费市场空间。

2. 居民收入水平提高

随着经济的快速发展和居民收入水平的不断提高，消费者对产品和服务的需求呈现多元化、个性化的趋势。临夏州应抓住这一机遇，优化消费环境，提升消费品质，满足消费者日益增长的美好生活需要。通过发展特色餐饮、文化旅游、健康养生等产业，吸引更多消费者前来体验和消费。

3. 旅游市场快速发展

随着游客数量的增加和旅游花费的提升，旅游业成为临夏州重要的经济支柱之一。例如，2024年国庆假期期间，临夏州共接待游客213.16万人次，实现旅游花费10.84亿元，较上年同期均有显著增长。与此同时，旅游业的快速发展促进了临夏州产业结构的优化升级。通过发展高等级旅游景区、旅游度假区、乡村旅游重点村镇等，临夏州不断丰富旅游产品供给，提升旅游服务质量，推动旅游业高质量发展。

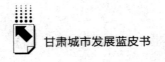

（四）科技创新赋能

1. 科技创新政策利好

近年来，国家和地方政府出台了一系列支持科技创新的政策措施，为临夏州加强科技创新提供了有力保障。临夏州可以充分利用这些政策资源，加大科技研发投入力度，完善科技创新体系，培育创新型人才，引领产业升级和经济发展方式转变。

2. 科技成果加快转化

临夏州可以加强与高校、科研机构等创新主体的交流与合作，推动科技成果向现实生产力转化。通过引进和培育高新技术企业、建设科技创新平台等，促进科技成果转化和产业化。同时，鼓励企业加大研发投入力度，推动技术创新和产业升级。

3. 数字经济蓬勃发展

当前，数字经济已成为推动经济发展的重要引擎。临夏州可以充分利用数字技术赋能传统产业转型升级，推动数字经济与实体经济深度融合。通过发展大数据、云计算、人工智能等新兴技术产业，提升产业智能化水平。同时，加强数字基础设施建设，为数字经济发展提供有力支撑

四　临夏州高质量发展面临的挑战

（一）经济基础依旧薄弱，发展不均衡

临夏州近年来经济总量持续增长，但整体基础依然薄弱。这主要表现在以下几个方面。

1. 经济总量偏小

尽管近年来临夏州 GDP 年均增速保持在较高水平，但与发达地区相比仍显缓慢，与全省及全国平均水平相比仍有较大差距，这直接限制了临夏州在高质量发展中的综合竞争力和潜力。

2. 人均指标偏低

2023 年，临夏州人均 GDP 为 20812 元，低于全国平均水平。这反映出临夏州居民收入水平整体偏低，消费需求不足，难以支撑经济的高质量发展。

3. 发展不够均衡

临夏州内部各县市之间经济发展不均衡现象较为突出。一些县市由于资源禀赋、交通条件等因素的限制，经济发展相对滞后，难以与全州整体水平同步提升。

（二）产业结构单一，转型升级困难

临夏州的产业结构相对单一，以农业和传统工业为主，高新技术产业和服务业发展相对滞后，导致产业转型升级困难重重。具体表现在以下几个方面。

1. 农业基础薄弱

虽然临夏州农业资源丰富，但存在自然资源条件、产业结构与布局、科技支撑与服务体系、农民素质与生产能力以及基础设施等方面的制约。同时，农产品加工链条较短、附加值较低，难以形成具有市场竞争力的品牌和产品。

2. 工业发展滞后

一是从工业规模和数量上看，临夏州的工业企业数量相对较少，与省内其他市州相比存在明显差距。同时，临夏州的规模以上企业数量有限，且以小微企业为主，中型企业占比较低，严重影响了工业经济的整体竞争力和发展潜力。二是从工业产业结构上看，整体较为单一，以水力发电、化工和原材料初加工为主，存在重工业比重高、轻工业和新兴产业发展相对滞后的问题，这种结构不仅难以抵御市场风险，还限制了工业经济的多元化发展。三是从工业产品市场表现上看，由于产业链条短、产品附加值低等问题，临夏州工业企业在市场竞争中处于不利地位；同时，由于临夏州经济发展相对滞后、居民需求规模和档次偏低等问题，工业产品的市场

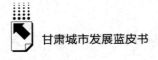

需求相对不足。

3. 服务业发展不足

当前，临夏州服务业发展仍然依赖传统行业，如电信业，交通运输、仓储和邮政业等，这些行业虽然在一定程度上支撑了服务业的增长，但尚未形成多元化的产业结构。同时，社会化养老、社区服务、体育健身、医疗及公益性信息服务等新兴生活性服务业比重较低，而软件与信息服务、电子商务、中介服务、现代物流、旅游业等知识密集型、高附加值的现代服务业发展仍不充分，有的甚至尚处于起步阶段。

（三）科技创新投入不足，创新驱动发展能力较弱

科技创新是高质量发展的关键驱动力。然而，临夏州在科技创新方面的投入相对不足，导致创新驱动发展能力较弱。具体表现在以下几个方面。

1. 科技创新投入偏低

2021 年，临夏州全部工业企业研究与试验发展（R&D）经费投入为4580.3 万元，比上年下降 49.9%，R&D 经费投入强度为 0.12%，比上年下降 0.16 个百分点。全州 R&D 人员为 292 人，比上年下降 36.9%，其中研究人员 84 人，比上年下降 53.0%。2022 年，临夏州 R&D 经费投入强度为0.21%，虽然比上年提升 0.09 个百分点，但仍相对较低。整体来看，临夏州在科技创新方面的投入相对较少，导致企业在技术研发、产品创新等方面的投入不足，难以形成具有市场竞争力的新产品和新技术。

2. 科研实力较弱

一方面，临夏州科研机构数量相对较少，且规模普遍不大，难以形成强大的科研合力。这限制了科研活动的广度和深度，也影响了科研成果的产出和转化。另一方面，临夏州在吸引和留住高端科研人才方面面临诸多困难，如地理位置偏远、经济发展水平相对较低等。这导致科研团队的整体素质和创新能力受到限制。

3. 科技成果转化率低

临夏州在科技成果转化方面存在较多问题，如科技成果与市场需求脱

节、科技成果转化机制不健全等。这导致科技成果难以转化为现实生产力，难以对经济发展产生实质性推动作用。

（四）基础设施建设滞后，制约发展活力

基础设施建设是经济社会发展的重要支撑。然而，临夏州在基础设施建设方面相对滞后，制约了发展活力。具体表现在以下几个方面。

1. 交通条件落后

临夏州道路基础设施建设起步较晚且进展缓慢，交通运输方式单一，货运和客运的灵活性和效率受到限制。交通条件落后不仅增加了运输成本，也影响了临夏州与外界的经济交流和人员往来。

2. 水利设施不足

临夏州的水利设施相对不足，难以满足农业生产和居民生活需求。特别是一些县市存在水资源短缺和灌溉设施落后的问题，导致农业生产效率较低，难以形成规模效益。

3. 信息化水平低

临夏州信息化设施落后、信息闭塞问题较为突出，特别是农村地区。这限制了信息技术在经济发展中的应用。

（五）生态环境保护压力大，可持续发展面临挑战

临夏州地处黄河上游地区，生态环境保护压力大，在高质量发展的道路上必须处理好经济发展和生态环境保护的关系。目前，临夏州在生态环境保护方面仍面临以下挑战。

1. 生态环境脆弱

临夏州地处青藏高原与黄土高原的过渡地带，地势复杂多变，大部分地区属于温带半干旱气候，年均降水量相对较低，且降水分布不均，生态环境相对脆弱，水土流失、土地荒漠化等问题较为突出。这要求临夏州在经济发展中必须采取更加严格的生态环境保护措施。

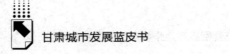

2. 污染排放控制难度大

临夏州的生态环境保护工作涉及面广，涵盖工业、燃煤、扬尘、餐饮油烟、机动车等领域，污染源多样且复杂；同时，入河排污口的排查整治工作面临诸多挑战，需要进行全面摸底排查、监测溯源；此外，冬季取暖方式的转变和改造项目的推进也面临诸多困难，需要协调解决项目实施中的各种问题。特别是一些传统工业企业和农村地区污染排放控制难度较大，需要采取更加有效的治理措施。

3. 绿色发展理念落实不到位

尽管绿色发展理念已经深入人心，但在实际工作中仍存在以牺牲环境为代价换取经济发展的问题。如在一些工矿区及城镇周边，仍有不少化工、冶金、造纸等行业企业在生产过程中产生大量的废水、废气、固体废弃物等污染物，如果处理不当，会对环境造成严重影响。

（六）政策支持和体制机制不完善

政策支持和体制机制是实现高质量发展的重要保障，然而临夏州在这方面仍存在一些不足，具体表现在以下几方面。

1. 政策支持力度不足

尽管国家和省级层面出台了一系列支持民族地区和贫困地区发展的政策措施，但在具体落实过程中仍存在一些问题，如政策覆盖面不够广、支持力度不够大等，限制了政策的实际效果。

2. 体制机制不健全

临夏州政府职能转变不到位，市场机制不健全，社会管理体制不完善，制约了经济社会的健康发展。

（七）人才短缺和人才流失问题严重

人才是实现高质量发展的核心要素，然而临夏州在人才方面仍面临诸多挑战，具体表现在以下几方面。

1. 人才总量不足

临夏州的经济发展相对滞后，产业结构相对单一，对人才的吸引力较弱。许多高素质的人才更倾向于选择发达地区就业和发展，导致临夏州的人才流入量有限。同时，本地培养的人才也有一部分选择外出谋求更好的发展机会，人才流失现象较为严重。教育资源的相对匮乏也是人才总量不足的重要原因。临夏州的教育水平与发达地区相比存在差距，高等教育机构数量较少，培养的高层次专业人才数量有限，难以满足当地经济社会发展需求。

2. 人才结构不合理

在行业分布上，人才主要集中在教育、医疗等传统领域，而新兴产业、高新技术领域以及现代服务业的人才相对短缺，这在一定程度上限制了临夏州产业的转型升级和创新发展。从专业结构来看，缺乏具有创新能力和实践经验的复合型人才。例如，在农业现代化、工业智能化、旅游产业化等方面，既懂技术又懂管理的人才匮乏。此外，年龄结构也不够合理，年轻人才储备不足，人才队伍缺乏活力和创新精神。

3. 人才发展环境有待优化

临夏州在人才发展政策支持力度方面存在不足，在人才引进、培养、激励等方面的政策还不够完善和具有竞争力。人才的待遇和福利水平相对较低，薪酬、住房、医疗等方面的保障不够充分。创新创业平台的缺乏也制约了人才的发展。临夏州的科研机构、企业研发中心等数量较少，短时间内无法为人才提供良好的科研和创新条件。

五　临夏州高质量发展的对策建议

（一）深化体制机制改革，激发发展活力

1. 持续推进"放管服"改革

一是继续深化简政放权。清理和规范行政许可事项，按照国家和省级部

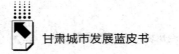

署，组织编制州、县两级行政许可事项清单，并向社会公开发布。同时，做好下放行政许可事项的落实工作，确保事项放得下、接得住、管得好。坚持推行"证照分离"改革，开展全面自查，重点自查直接取消审批事项是否存在保留审批或变相审批情况，以及优化审批服务事项是否落实清单办理要求等。二是全面优化政务服务。加快推进行政审批服务"一网通办"，实现线上线下融合办理。完善各级政务服务中心功能，推动政务服务向基层延伸，实现就近办理；推广"只跑一次"改革，全面落实"只跑一次"要求，通过优化流程、精简材料、压缩时限等措施，提高审批效率和服务质量。同时，加强窗口人员培训和管理，增强服务意识和能力。三是持续加强事中事后监管。建立健全事中事后监管机制，深入推进"双随机、一公开"监管、跨部门综合监管和"互联网+监管"等模式。加强对市场主体的信用监管和分类监管，提升监管精准化和智能化水平。鼓励和支持新产业、新模式、新业态发展，实施包容审慎监管。四是全面强化科技支撑。推动数字政府建设，依托大数据、云计算等现代信息技术，加强政务服务平台建设和应用。推动政务服务事项网上办理和掌上办理等"不见面审批"方式的应用和普及。加强数据共享和互认，推动部门间数据共享和业务协同，打破信息孤岛和数据壁垒。加快电子证照等的应用和推广，实现政务服务事项跨区域、跨部门、跨领域"一网通办"。

2. 强化市场准入管理

按照"非禁即入"要求，开展市场准入限制专项清理，取消歧视性附加条件和隐性条款。一是放宽市场准入。对民间投资尤其是中小微企业进入资源开发、交通、市政等领域，除另有规定外一律取消最低注册资本、股比结构等限制。二是推动公平竞争。在招投标、用地等方面，对大中小企业一视同仁，不得设置不合理条件限制中小微企业参与市场竞争。

（二）优化产业结构，推动产业升级

1. 打造特色产业集群

立足临夏州资源禀赋和产业基础，重点打造一批特色产业集群。一是打造牛羊全产业链。依托丰富的畜牧业资源，大力发展牛羊全产业链，积极开辟预制菜、明胶、血红素、牛心包、骨艺等产业新赛道，提升产品附加值和市场竞争力。二是打造绿色有机农畜产品加工链。建设全省绿色有机农畜产品生产加工基地，推广绿色生态种植养殖技术，提高农产品品质和品牌影响力。三是打造劳动密集型产业链。利用人口红利，发展劳动密集型产业，如纺织服装、食品加工等，促进就业和经济增长。

2. 加快工业转型升级

坚定不移强工业、兴产业，推动工业经济转型升级。一是大力实施"5540"百亿工业企业培育工程，通过政策扶持、资金引导等方式，培育一批百亿元级工业企业，壮大工业经济规模。二是打造产业集群，通过招商引资和培育本土企业，形成产业链上下游协同发展的产业集群，提高产业竞争力。加快形成清洁能源、建材、食品和农副产品加工、皮革纺织、装备和新材料五大工业集群，提升产业集聚度和竞争力。三是继续强化园区建设，优化产业布局，提升产业承载能力。临夏州拥有临夏、东乡、广河经济开发区，永靖工业园区，和政循环经济产业园区5个省级园区，以及康乐县、积石山县工业集中区。这些产业园区和工业集中区通过不断完善基础设施和公共服务设施，吸引了大量企业入驻，形成了产业集聚效应。下一步，临夏州要更加注重园区之间的协同发展，推动产业链上下游企业紧密合作，实现资源共享和优势互补。

3. 发展全域全季节旅游

充分发挥临夏州独特的旅游资源优势，大力发展全域全季节旅游。一是因地制宜打造旅游品牌。依托临夏世界地质公园、炳灵寺世界文化遗产旅游区、刘家峡国家级旅游度假区等优质旅游资源，擦亮"花儿临夏·在河之州"旅游品牌。二是进一步丰富旅游产品。深入挖掘临夏州独特的民俗文化，推出民俗文化体验活动，包括传统手工艺品制作、民族歌舞表演、特色美食制作等，借此开发多样化的旅游产品，如生态旅游、文化旅游、红色旅游等，满足不同游客的需求。三是提升服务质量。提升旅游基础设施建设和服务水平，提高游客满意度和体验感。针对公共厕所建设管护不到位、环境卫生不达标、占道经营、旅游交通不顺畅等问题，全面明确工作目标、整治重点、任务分工等；根据游客的偏好和需求，优化旅游行程安排，提升游客的参与感和满意度；为游客提供更多的附加服务，如导游服务、翻译服务、接送机服务等，提高游客的满意度。

（三）强化创新驱动，提升核心竞争力

1. 坚持科技创新驱动

加大科技创新投入力度，提升企业自主创新能力。一是支持企业研发投入。通过税收减免、资金补助等方式支持企业增加研发投入，开展技术创新和产品研发。二是建设创新平台。鼓励和支持企业建设技术创新中心、重点实验室等创新平台，提升技术创新能力。三是引进高端人才。出台优惠政策，吸引国内外高端人才来临夏州创新创业，为科技创新提供人才支撑。

2. 推动数字化转型

加快数字经济发展步伐，推动传统产业数字化转型。一是建设数字基础设施。加快5G、大数据中心、工业互联网等新型基础设施建设步伐，为数字经济发展提供有力支撑。二是推动产业数字化。利用大数据、云计算、人工智能等先进技术优化传统产业生产流程和管理模式，提升产业数字化水平。三是发展数字经济新业态。积极培育电子商务、数字金融、远程医疗等数字经济新业态，拓展经济发展新空间。

3. 加强科技创新与产业融合

推动科技创新与产业发展深度融合，实现创新驱动发展。一是建立产学研合作机制。鼓励企业与高校、科研院所建立产学研合作机制，开展联合攻关和技术创新合作，促进科技成果转化应用。二是推广先进适用技术。加强先进适用技术的引进和推广应用，提升产业技术水平和市场竞争力。三是优化创新生态。加强知识产权保护和市场监管，维护公平竞争的市场环境，激发全社会创新活力。

（四）优化营商环境，增强发展吸引力

1. 优化政务服务

持续优化政务服务流程，提升政务服务效能。一是发布政务服务事项清单。发布州级政务服务事项清单，明确政务服务事项和办理流程。二是强化"一网通办"。实现政务服务事项全程网办率99%以上，提升政务服务便利化程度。三是落实帮办代办服务。建立完善企业帮办代办服务机制，为企业提供全程帮办代办服务，减轻企业负担。

2. 加强招商引资

深入开展招商引资工作，吸引更多优质项目落户临夏州。一是谋划重点招商项目。围绕临夏州重点产业和特色优势资源，谋划论证一批重点招商项目，吸引投资者关注。二是开展精准招商。通过举办招商推介会、参加国内外知名展会等方式，加强与国内外知名企业的沟通，开展精准招商活动。三是落实招商优惠政策。出台一系列招商优惠政策，如税收减免、土地优惠等，降低企业投资成本，提升投资吸引力。

3. 加强营商环境建设

加强营商环境建设，营造市场化法治化国际化营商环境。一是加强法治建设。完善法律法规体系，加大执法力度，保障市场主体合法权益，营造公平公正的市场环境。二是优化政策环境。制定完善促进企业发展的政策措施，如税收优惠、财政补贴等，减轻企业负担，激发企业发展活力。三是提升服务水平。增强政府部门服务意识和服务能力，提升服务质量和效率，为企业提供更加便捷高效的服务。

（五）加强生态保护，实现绿色发展

1. 强化生态文明建设

一是加强教育与宣传。牢固树立"绿水青山就是金山银山"理念，通过广泛的教育和宣传活动，加深公众对生态文明的认识和理解。这包括在学校教育中引入生态文明课程，以及在媒体和公共活动中大力宣传生态文明理

念和实践案例。二是树立绿色价值观。倡导并实践绿色消费、绿色生产等绿色生活方式。鼓励人们选择环保产品，减少浪费、降低污染，从而培养全社会的绿色价值观和责任感。三是推动科技创新。利用科技手段促进生态文明建设，如开发环保材料和技术、推广清洁能源、提高资源利用效率等，为生态文明建设提供有力支持。四是加强法律法规建设。完善与生态文明建设相关的法律法规体系，明确各方责任和义务，确保生态文明建设的规范化和制度化。同时，加大对违法行为的处罚力度，保障生态文明建设有效实施。

2. 推进绿色产业发展

一是大力发展林下种植业。扩大林下种植规模，推广林下种植大豆、马铃薯、辣椒、萝卜、食用菌、牡丹、芍药等，提高土地利用率和产出效益。二是大力发展林下养殖业。通过"养殖场+合作社+农户"的养殖模式，充分利用林下资源，拓展林下养蜂、养鸡、养羊、养牛等产业，实现生态保护与经济增长的双赢。三是大力发展森林康养业。依托全州丰富的森林资源和独特的民俗文化，打造森林旅游、农家乐等旅游休闲项目，提升旅游业附加值。

3. 加强生态环境保护

一是持续开展国土绿化。加大植树造林力度，提高森林覆盖率和林地绿化率，增强生态系统的稳定性和恢复能力。二是强化林地治理。加强对现有林地的保护和管理，防止乱砍滥伐和非法占用林地行为的发生。三是推进水环境治理。加强河流、湖泊等水体的保护和治理，提高水质优良率和饮用水水源地水质达标率。四是实施生态修复工程，建设生态隔离带和生态驳岸，促进水生态系统的恢复和稳定。五是强化大气污染防治。加强大气污染源监管和治理，减少工业废气、汽车尾气等污染物的排放。

4. 推动绿色金融创新

一是加大绿色信贷支持力度。鼓励金融机构加大对绿色生态产业和清洁能源产业的信贷支持力度，降低融资成本，提高融资效率。创新绿色信贷产品和服务模式，满足企业多样化的融资需求。二是大力发展绿色金融市场。培育和发展绿色债券、绿色基金等绿色金融产品，拓宽绿色融资渠道。加强绿色金融监管和风险防范机制建设，保障绿色金融市场的健康稳定发展。

5. 加强政策支持和保障

一是进一步完善政策体系。制定完善促进绿色发展的政策措施和规划方案，明确发展目标、重点任务和保障措施。加强政策宣传和解读工作，提高政策知晓率和执行度。二是进一步强化科技支撑。加大科技研发投入力度，推动绿色技术的研发和应用。加强科技人才培养和引进工作，为绿色发展提供有力的人才保障。三是加强监督考核。建立健全绿色发展监督考核机制，将绿色发展指标纳入政府绩效考核体系。加强对绿色发展工作的督促检查和评估考核工作，确保各项政策措施有效落实。

附　录
甘肃城市发展热点事件

陈学强[*]

甘肃城市发展热点事件的选取，从媒体关注度、政府关注度、民众关注度和专家认可度四个方面对新闻事件进行打分，并计算加权得分（各维度占比均为 25%）。具体而言，媒体关注度根据媒体报道量计算；政府关注度根据生态事件是否受到政府部门督导、通报或认可，以及政府部门层次和数量进行计算；民众关注度根据百度搜索指数计算；专家认可度通过参照前文评价报告中的城市综合发展指数计算。最后对数据库中的热点事件进行专家组审议打分。

热点 1：兰州新区地区生产总值增速连续 7 年领跑国家级新区

兰州新区是甘肃的"希望新城""未来之城"。2011～2024 年，兰州新区地区生产总值增长约 75 倍，固定资产投资增长 91 倍，一般公共预算收入增长 79 倍，常住人口增长 6.3 倍，城乡居民人均可支配收入分别增长 5.1 倍、4.7 倍。自 2017 年以来，兰州新区经济增速连续 7 年领跑国家级新区。

获批 12 年来，兰州新区实现城市从拓荒筑基到崛起腾飞、产业从蓝图规划到集链成群、创新从探索培育到支撑驱动、生态从黄土荒丘到花海绿洲、民生从兜底保障到优质共享、党建从夯基固本到科学引领。先后获批国家可持续发展实验区、绿色金融改革创新试验区等重大改革创新试点，获

* 陈学强，理学博士，上海市城建设计总院兰州院负责人，高级工程师，兰州大学规划院特聘教授，主要研究方向为城市道路交通规划及设计。

"联合国杰出环境治理工程奖""中国最具投资营商价值新区""绿色发展优秀城市"等 20 多项荣誉。

兰州新区高效落实助企惠企系列政策，企业项目前期费用、生产经营成本大幅降低，经营主体从不足 1000 户增长到 4 万户，服务民营经济发展、营商环境建设等改革成效第三方测评全省第一，行政审批、商事制度、要素市场化配置等一批改革经验在全省、全国复制推广。

兰州新区大力发展新质生产力，累计引进优质产业项目 1300 个，总投资额达 6000 亿元，构建起绿色化工、新能源新材料、装备制造、生物医药、数据信息、商贸物流、现代农业等优势产业集群，产业投资、工业增加值年均增长 30% 以上，万元 GDP 能耗仅为全国平均水平的 1/4。整合优化科创资源，建成各类创新平台 180 余个，全社会研发投入占地区生产总值的比重达 3.8%，科技进步贡献率达 61.8%。

热点 2：天水麻辣烫火爆全网

天水承担着维护黄河流域和黄土高原生态安全、增强水源涵养和生物多样性保护的重要功能，在甘肃省委、省政府的坚强领导下，天水始终坚持生态优先、绿色发展，将生态文明建设融入政治建设、经济建设、文化建设、社会建设各方面和全过程。2021 年，天水获得系统化全域推进海绵城市建设示范城市，2022 年创建国家生态文明建设示范市，2023 年获得中国黄河流域城市生态保护优秀城市，2024 年成功创建甘肃省级森林城市。

2024 年 3 月"甘肃天水麻辣烫"火爆出圈，在各大社交平台登上热搜榜，被网友刷屏点赞并喊话"建议全国推广"。不少游客赶到天水只为吃一碗正宗麻辣烫。而天水也开启了宠粉模式，连夜刷墙铺路、开通麻辣烫专线，比甘肃麻辣烫更火热的，是天水人的热情。不少网红博主、吃货"特种兵"甚至不远千里"坐高铁去甘肃吃麻辣烫"，相关话题也登上各大平台热搜榜。"甘肃天水麻辣烫"频频在各大社交平台登上热搜榜，累计播放量达 8 亿次。一碗麻辣烫带火了一座城，全国麻辣烫看甘肃，甘肃麻辣烫看天水。

特别是 2024 年 9 月 11 日，习近平总书记到天水市考察调研。先后考察了伏羲庙、麦积区南山花牛苹果基地、麦积山石窟，了解当地推动文化遗产保护传承、发展特色现代山地果业等情况，为天水文化名城建设增添了动力，为当地文化和旅游融合发展提供了根本遵循。

热点 3：酒泉建设新能源城市

酒泉风能、光热资源富集，全市风能资源总储量达 2 亿千瓦，可开发量约 1 亿千瓦，占全国可开发量的 1/7。光热资源蕴藏量为 20 亿千瓦，可开发量约 10 亿千瓦，属国家光热资源分布一类地区。依托资源优势，酒泉成为全国首个千万千瓦级风电基地；国务院确定的全国重要新能源开发利用示范区，以及国家新能源战略布局的重要支点；西北清洁能源向中东部地区输送的重要通道。

在新能源产业方面，酒泉现有发电企业 181 家，风电装机容量达 1803 万千瓦，占全省总量的 69.0%，光伏装机容量为 909 万千瓦，占全省总量的 36.1%。新能源发电装机规模在全国地级市中位居前列，新能源发电量占全省的 61.6%。以新能源带动新工业，聚焦"风光水火核"，全力做强风电、光伏、光热、储能、氢能、智慧电网 6 条装备制造产业链，酒泉经开区风电装备制造产业集群入选国家级中小企业特色产业集群，酒泉实现从"资源大市"到"能源强市"、从"风电走廊"到"新能源基地"的转变。

在新质生产力方面，酒泉积极推进新能源与石油化工、煤化工、基础化工多极耦合发展，现有现代化工企业 55 家，新增新材料企业 21 家。大力推进航天产业发展，启动建设金塔县航天航空产业园，推动实施火箭总装测试厂房、商业航天保障服务基地等 10 个航空航天领域项目，航空航天产业发展取得实质性突破。紧抓国家重大产业落地建设有利契机，酒泉将核及核关联产业作为全市工业四大主导产业之一，依托甘肃酒泉核产业园，重点围绕涉核装备制造，发展核服务业、供应链管理以及商贸服务等行业。

热点 4：庆阳建设中国算谷

依托"东数西算"工程强大的政策引力和资源集聚效应，庆阳市按照全力打造"东数西算枢纽地"的目标要求，加快建园区、落项目、扩算力、聚集群、促融合，聚力打造全国最大的绿色算力生态基地和算力租赁中心，引进龙芯中科建设全国最大的国产化数据安全存储基地，建成数据要素流通平台和数据交易平台。目前，全市算力规模达到 2.7 万 P，已成为全国八大算力枢纽节点中增速最快、增量最大的数据中心集群。

在数字经济方面，酒泉全方位拓展产业链，发展电力装备制造、机柜芯片、低空经济等新业态。对接 98 家央企开展人工智能产业合作，支持开展行业垂直大模型训练。国内近半人工智能头部企业落户庆阳，正在建设全国规模最大的人工智能产业链。

在新兴产业方面，庆阳超前谋划布局数算电融合产业体系，积极对接庆阳—郑州—哈密和庆阳—苏州—巴州城市算力网试验场建设，聚焦提高庆阳数据中心集群产业契合度，加快推动人工智能软件和芯片适配，重点支持人工智能大模型训练和应用。

热点 5：敦煌以文塑城

2023 年，敦煌接待游客 1682 万人次，特别是 5～10 月的旅游旺季，鸣沙山上、月牙泉边都挤满了游客，莫高窟里也是人头攒动。由于文物保护要求，莫高窟网络预约门票每日限额发售 6000 张，在旅游旺季可以说是一票难求。敦煌，自古以来就是丝绸之路上的重要节点，见证了东西方文明的交汇与融合，拥有 3 处世界文化遗产，分别是莫高窟、玉门关遗址、悬泉置遗址；两大世界自然奇观，分别是鸣沙山月牙泉和敦煌世界地质公园。

敦煌高标准建成国际会展中心、敦煌大剧院、城市规划馆等城市文化地标。打造敦煌夜市中亚风情街、上元市集、党河风情线等城市生活地标，将敦煌文化艺术元素融入城市建设与市民生活。建成覆盖城乡的公共文化服务体系，实现博物馆、文化馆、图书馆、美术馆、体育场等文化阵地常态化免费开放。城市会展建设走在全国前列，2023 年 3 月敦煌荣获"2022 年度中国优秀会展城市奖"。

打造展览展会新高地，建成具有敦煌文化艺术的敦驿、碧月山居、敦煌敢曼万达文华酒店等高端酒店。文旅消费新业态、新模式、新场景不断涌

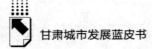
现。打造敦煌文旅新 IP，"万人星空演唱会"持续火爆，中亚风情街、敦煌印局、沙州艺境数字美学空间建成运营，全面呈现敦煌文化和丝路文化的历史内涵与当代价值，充分发挥"一带一路"文化交流平台的重要作用。

大力推动敦煌城市特色化建设，科学布设小绿地、小巷道、水安防、水生态、水景观、水文化，建设具有浓厚敦煌文化氛围的小游园、口袋公园、街头花园。2024 年，全市绿地率达 39.87%，绿化覆盖率达 45.09%，人均公共绿地面积达 15.43 平方米。城市生态环境明显改善，切实形成"举目满眼新，移步皆是景"的城市风貌。

加快完善敦煌至红柳河铁路、敦煌至鄯善铁路、S240 公路等交通网络。全面提升敦煌莫高国际机场综合保障能力，开通国际国内航线 30 条，通航城市 21 座，年旅客吞吐量突破 120 万人次，跃升为西北地区最具现代化的民用机场和国内重要的旅游支线机场。创新"交通+文旅"融合发展模式，开通韩国、中国香港旅游包机服务，引进敦煌至西宁"丝路梦享号"陆上游轮，推动敦煌文化"走出去"。

社会科学文献出版社

皮 书

智库成果出版与传播平台

❖ 皮书定义 ❖

皮书是对中国与世界发展状况和热点问题进行年度监测，以专业的角度、专家的视野和实证研究方法，针对某一领域或区域现状与发展态势展开分析和预测，具备前沿性、原创性、实证性、连续性、时效性等特点的公开出版物，由一系列权威研究报告组成。

❖ 皮书作者 ❖

皮书系列报告作者以国内外一流研究机构、知名高校等重点智库的研究人员为主，多为相关领域一流专家学者，他们的观点代表了当下学界对中国与世界的现实和未来最高水平的解读与分析。

❖ 皮书荣誉 ❖

皮书作为中国社会科学院基础理论研究与应用对策研究融合发展的代表性成果，不仅是哲学社会科学工作者服务中国特色社会主义现代化建设的重要成果，更是助力中国特色新型智库建设、构建中国特色哲学社会科学"三大体系"的重要平台。皮书系列先后被列入"十二五""十三五""十四五"时期国家重点出版物出版专项规划项目；自2013年起，重点皮书被列入中国社会科学院国家哲学社会科学创新工程项目。

皮书网

（网址：www.pishu.cn）

发布皮书研创资讯，传播皮书精彩内容
引领皮书出版潮流，打造皮书服务平台

栏目设置

◆ **关于皮书**
何谓皮书、皮书分类、皮书大事记、
皮书荣誉、皮书出版第一人、皮书编辑部

◆ **最新资讯**
通知公告、新闻动态、媒体聚焦、
网站专题、视频直播、下载专区

◆ **皮书研创**
皮书规范、皮书出版、
皮书研究、研创团队

◆ **皮书评奖评价**
指标体系、皮书评价、皮书评奖

所获荣誉

◆ 2008 年、2011 年、2014 年，皮书网均
在全国新闻出版业网站荣誉评选中获得
"最具商业价值网站"称号；
◆ 2012 年，获得"出版业网站百强"称号。

网库合一

2014 年，皮书网与皮书数据库端口合
一，实现资源共享，搭建智库成果融合创
新平台。

皮书网

"皮书说"
微信公众号

权威报告·连续出版·独家资源

皮书数据库
ANNUAL REPORT(YEARBOOK)
DATABASE

分析解读当下中国发展变迁的高端智库平台

所获荣誉

- 2022年，入选技术赋能"新闻+"推荐案例
- 2020年，入选全国新闻出版深度融合发展创新案例
- 2019年，入选国家新闻出版署数字出版精品遴选推荐计划
- 2016年，入选"十三五"国家重点电子出版物出版规划骨干工程
- 2013年，荣获"中国出版政府奖·网络出版物奖"提名奖

皮书数据库　　　　"社科数托邦"
　　　　　　　　　微信公众号

成为用户

　　登录网址www.pishu.com.cn访问皮书数据库网站或下载皮书数据库APP，通过手机号码验证或邮箱验证即可成为皮书数据库用户。

用户福利

- 已注册用户购书后可免费获赠100元皮书数据库充值卡。刮开充值卡涂层获取充值密码，登录并进入"会员中心"—"在线充值"—"充值卡充值"，充值成功即可购买和查看数据库内容。
- 用户福利最终解释权归社会科学文献出版社所有。

数据库服务热线：010-59367265
数据库服务QQ：2475522410
数据库服务邮箱：database@ssap.cn
图书销售热线：010-59367070/7028
图书服务QQ：1265056568
图书服务邮箱：duzhe@ssap.cn

社会科学文献出版社　皮书系列
SOCIAL SCIENCES ACADEMIC PRESS (CHINA)

卡号：643214134825
密码：

S 基本子库
SUB DATABASE

中国社会发展数据库（下设 12 个专题子库）

紧扣人口、政治、外交、法律、教育、医疗卫生、资源环境等 12 个社会发展领域的前沿和热点，全面整合专业著作、智库报告、学术资讯、调研数据等类型资源，帮助用户追踪中国社会发展动态、研究社会发展战略与政策、了解社会热点问题、分析社会发展趋势。

中国经济发展数据库（下设 12 专题子库）

内容涵盖宏观经济、产业经济、工业经济、农业经济、财政金融、房地产经济、城市经济、商业贸易等 12 个重点经济领域，为把握经济运行态势、洞察经济发展规律、研判经济发展趋势、进行经济调控决策提供参考和依据。

中国行业发展数据库（下设 17 个专题子库）

以中国国民经济行业分类为依据，覆盖金融业、旅游业、交通运输业、能源矿产业、制造业等 100 多个行业，跟踪分析国民经济相关行业市场运行状况和政策导向，汇集行业发展前沿资讯，为投资、从业及各种经济决策提供理论支撑和实践指导。

中国区域发展数据库（下设 4 个专题子库）

对中国特定区域内的经济、社会、文化等领域现状与发展情况进行深度分析和预测，涉及省级行政区、城市群、城市、农村等不同维度，研究层级至县及县以下行政区，为学者研究地方经济社会宏观态势、经验模式、发展案例提供支撑，为地方政府决策提供参考。

中国文化传媒数据库（下设 18 个专题子库）

内容覆盖文化产业、新闻传播、电影娱乐、文学艺术、群众文化、图书情报等 18 个重点研究领域，聚焦文化传媒领域发展前沿、热点话题、行业实践，服务用户的教学科研、文化投资、企业规划等需要。

世界经济与国际关系数据库（下设 6 个专题子库）

整合世界经济、国际政治、世界文化与科技、全球性问题、国际组织与国际法、区域研究 6 大领域研究成果，对世界经济形势、国际形势进行连续性深度分析，对年度热点问题进行专题解读，为研判全球发展趋势提供事实和数据支持。

法律声明

“皮书系列”（含蓝皮书、绿皮书、黄皮书）之品牌由社会科学文献出版社最早使用并持续至今，现已被中国图书行业所熟知。“皮书系列”的相关商标已在国家商标管理部门商标局注册，包括但不限于 LOGO（ ）、皮书、Pishu、经济蓝皮书、社会蓝皮书等。“皮书系列”图书的注册商标专用权及封面设计、版式设计的著作权均为社会科学文献出版社所有。未经社会科学文献出版社书面授权许可，任何使用与“皮书系列”图书注册商标、封面设计、版式设计相同或者近似的文字、图形或其组合的行为均系侵权行为。

经作者授权，本书的专有出版权及信息网络传播权等为社会科学文献出版社享有。未经社会科学文献出版社书面授权许可，任何就本书内容的复制、发行或以数字形式进行网络传播的行为均系侵权行为。

社会科学文献出版社将通过法律途径追究上述侵权行为的法律责任，维护自身合法权益。

欢迎社会各界人士对侵犯社会科学文献出版社上述权利的侵权行为进行举报。电话：010-59367121，电子邮箱：fawubu@ssap.cn。

社会科学文献出版社